2011年第三季度

Quarter Three, 2011

中国货币政策执行报告

CHINA MONETARY POLICY REPORT

中国人民银行货币政策分析小组

Monetary Policy Analysis Group of
the People's Bank of China

中国金融出版社

China Financial Publishing House

责任编辑：吕冠华
责任校对：刘　明
责任印制：裴　刚

图书在版编目(CIP)数据

2011年第三季度中国货币政策执行报告(2011 nian Disan Jidu Zhongguo Huobi Zhengce Zhixing Baogao)/中国人民银行货币政策分析小组编.—北京：中国金融出版社，2012.2
ISBN 978-7-5049-6259-1

I.①2… II.①中… III.①货币政策－研究报告－中国－2011 IV.①F822.0

中国版本图书馆CIP数据核字(2012)第014383号

出版
发行　中国金融出版社
社址　北京市丰台区益泽路2号
市场开发部　(010)63266347，63805472，63439533 (传真)
网 上 书 店　http://www.chinafph.com
　　　　　　(010)63286832，63365686 (传真)
读者服务部　(010)66070833，62568380
邮编　100071
经销　新华书店
印刷　北京汇元统一印刷有限公司
装订　平阳装订厂
尺寸　210毫米×285毫米
印张　10.75
字数　252千
版次　2012年2月第1版
印次　2012年2月第1次印刷
定价　98.00元
ISBN 978-7-5049-6259-1/F. 5819

本书执笔人

总　　纂：张晓慧　　纪志宏

审　　稿：李　波　　谢　多　　宣昌能　　盛松成　　朱　隽　　王　宇
　　　　　刘　薇

统　　稿：张　蓓　　管　化

执　　笔：

第一部分：邱潮斌　　曾冬青　　陈文弢

第二部分：赵　婷　　李　超　　穆争社　　田　拓

第三部分：胡新杰　　戴　赜　　刘　婷

第四部分：白雪飞　　叶　欢　　马志扬　　牛慕鸿　　闫丽娟

第五部分：谢光启　　潘宏胜

附录整理：付竞卉　　段　炼等

提供材料的还有：张翠微　　李　斌　　罗　瑜　　史蓉菊　　程艳芬
　　　　　　　　林振辉　　王佐罡　　曾园园　　刘　琨　　曹红钢
　　　　　　　　薛丽娜　　徐荟竹　　车士义　　杨华帅　　许　玥
　　　　　　　　陈　敏　　岳　栋　　钟子明　　丁　康

英文总纂：宋湘燕

英文统稿：曹志鸿

英文翻译：曹志鸿　　刘文中　　马　辉　　滕　锐　　齐　喆　　王蓓婕

英文审校：Nancy Hearst（美国哈佛大学费正清东亚研究中心）

Contributors to This Report

CHIEF EDITORS:

ZHANG Xiaohui JI Zhihong

READERS:

LI Bo XIE Duo XUAN Changneng SHENG Songcheng ZHU Jun WANG Yu LIU Wei

EDITORS:

ZHANG Bei GUAN Hua

AUTHORS:

PART ONE: QIU Chaobin ZENG Dongqing CHEN Wentao

PART TWO: ZHAO Ting LI Chao MU Zhengshe TIAN Tuo

PART THREE: HU Xinjie DAI Ze LIU Ting

PART FOUR: BAI Xuefei YE Huan MA Zheyang NIU Muhong YAN Lijuan

PART FIVE: XIE Guangqi PAN Hongsheng

APPENDIX: FU Jinghui DUAN Lian et al.

OTHER CONTRIBUTORS: ZHANG Cuiwei LI Bin LUO Yu SHI Rongju CHENG Yanfen LIN Zhenhui WANG Zuogang ZENG Yuanyuan LIU Kun CAO Honggang XUE Lina XU Huizhu CHE Shiyi YANG Huashuai XU Yue CHEN Min YUE Dong ZHONG Ziming DING Kang

ENGLISH EDITION

CHIEF EDITOR: SONG Xiangyan

EDITOR: CAO Zhihong

TRANSLATORS: CAO Zhihong LIU Wenzhong MA Hui TENG Rui QI Zhe WANG Beijie

PROOFREADER:

Nancy Hearst (Fairbank Center for East Asian Research, Harvard University)

内容摘要

2011年第三季度，国民经济保持平稳较快发展，经济增长由政策刺激向自主增长有序转变。消费需求保持稳定，固定资产投资增长较快，对外贸易更趋平衡，内需作为经济增长动力变得更强，农业生产形势良好，工业生产增长平稳，居民收入继续增加，物价过快上涨势头得到初步遏制。前三个季度，实现国内生产总值（GDP）32.1万亿元，同比增长9.4%，居民消费价格同比上涨5.7%。

第三季度，中国人民银行按照国务院统一部署，围绕保持物价总水平基本稳定这一宏观调控的首要任务，继续实施稳健的货币政策，着力提高政策的针对性、灵活性和有效性，综合交替使用数量型工具和价格型工具以及宏观审慎政策工具，加强银行体系流动性管理，引导货币信贷平稳增长，保持合理的社会融资规模，引导金融机构合理把握信贷投放节奏和调整信贷结构。同时，继续完善人民币汇率形成机制，稳步推进金融企业改革。

稳健的货币政策成效逐步显现，货币信贷增长向常态水平回归，与经济平稳较快增长相适应。2011年9月末，广义货币供应量M2余额为78.7万亿元，同比增长13.0%。人民币贷款余额同比增长15.9%，比年初增加5.68万亿元，同比少增5 977亿元。前三个季度社会融资规模为9.80万亿元，融资方式多元化发展。9月非金融企业及其他部门贷款加权平均利率为8.06%。9月末，人民币对美元汇率中间价为6.3549元，比上年年末升值4.21%。

当前经济增长趋稳是主动调控的结果。一段时期内世界经济形势依然复杂多变，国际金融危机深层次影响继续显现，国内经济发展也面临不少新情况、新变化、新挑战，但中国经济本身平稳增长的内在动力较强，宏观经济有望继续保持平稳较快发展。中国人民银行将按照国务院的统一部署，以科学发展为主题，以加快转变经济发展方式为主线，继续实施稳健的货币政策，更加注重政策的针对性、灵活性和前瞻性，密切监测国内外经济金融形势发展变化，把握好政策的力度和节奏，适时适度进行预调微调，巩固经济平稳较快发展的良好势头，保持物价总水平基本稳定，加强系统性风险防范。

根据经济金融形势和外汇流动的变化情况，综合运用多种货币政策工具组合，健全宏观审慎框架，保持货币信贷和社会融资规模的合理适度增长。加强信贷政策与产业政策的协调配合，引导金融机构着力优化信贷结构，切实做到有保有压，保证国家重点在建、续建项目的资金需要，重点支持符合产业政策的中小企业，支持民生工程尤其是保障性安居工程。继续加强地方融资平台公司贷款、表外业务和房地产金融的风险管理，加强对民间借贷的监测分析，加强系统性风险防范。稳步推进利率市场化改革和人民币汇率形成机制改革，继续深化金融企业改革。大力发展金融市场，优化融资结构，推动金融市场服务实体经济发展。

Executive Summary

In Q3 of 2011 the Chinese economy continued its steady and fairly rapid development, gradually moving from policy-stimulus-driven to endogenous growth. Consumer demand remained stable, fixed-asset investments increased relatively rapidly, and external trade was more balanced. Domestic demand became a driving force behind the economic growth, performance in the agricultural and industrial sectors was stable, household income grew, and the momentum for an excessive spike in prices was initially contained. In the first three quarters, the Gross Domestic Product (GDP) registered RMB32.1 trillion yuan, up 9.4 percent year on year, and the Consumer Price Index (CPI) rose by 5.7 percent year on year.

In Q3 the People's Bank of China (PBC), in accordance with the overall arrangements of the State Council, regarded inflation control as the top priority of macroeconomic management, continued its prudent monetary policy, and improved the targeting, flexibility, and effectiveness of its policy measures. A mix of price-based and quantitative monetary instruments as well as macro-prudential tools were employed to step up liquidity management, guide the steady growth of money and credit, maintain all-system financing aggregates at a reasonable volume, and guide financial institutions to properly manage the pace of lending and to improve the credit structure. Meanwhile, the RMB exchange rate regime continued to improve and reform of the financial sector advanced.

The effects of the prudent monetary policy were gradually revealed and growth of money and credit began to return to normal, commensurate with the stable and fairly rapid growth of the economy. At the end of September 2011, broad money supply M2 recorded RMB78.7 trillion yuan, up 13.0 percent year on year. Outstanding RMB loans were up 15.9 percent year on year, representing growth of RMB5.68 trillion yuan from the beginning of the year and RMB597.7 billion yuan less than the growth registered during the first nine months of 2010. In the first three quarters of 2011, all-system financing aggregates posted RMB9.80 trillion yuan and financing became more diversified. In September, the weighted average lending rate offered to non-financial enterprises and other sectors posted 8.06 percent. At end-September 2011, the central parity of the RMB against the US dollar was RMB6.3549 yuan, up 4.21 percent over end-2010.

The current stabilization of economic growth is the outcome of preemptive macroeconomic management. In the period ahead, the world economic situation is likely to remain complex, with the global financial crisis continuing to have a deeply- rooted impact and new problems, changes, and challenges emerging on the domestic front. However, endogenous drivers are readily available for stable economic growth. The economy is likely to continue its stable and fairly rapid development. In line with the overall arrangements of the State Council, the PBC will follow the theme of sustainable development, facilitate the transformation of the patterns of economic growth, continue to implement a prudent monetary policy, place more focus on the policy targeting, flexibility, and forward-looking characteristics , closely monitor economic and financial developments at home and abroad, properly manage the pace and strength of macroeconomic management, and initiate fine-tuning and preemptive adjustments as appropriate in order to consolidate the momentum for stable and rapid development, to maintain price stability, and to step up prevention of systemic risks.

In view of economic and financial developments and the flow of foreign exchange funds, a combination of multiple policy tools will be employed and the macro-prudential policy framework will be improved to keep the all-system financing aggregates at a proper pace. Coordination of credit and industrial policies will be strengthened. The PBC will guide financial institutions to manage the pace of lending, to implement the differentiated credit policy, to make sure the fund demands of ongoing and follow-up projects are satisfied, to focus on supporting SMEs that are compatible with the industrial policies, and to support projects that enhance people's welfare, especially government-subsidized housing projects. Risk management of lending to local government financing platforms, off-balance-sheet assets, and real estate financing will be enhanced, and efforts will be made to beef up prevention of systemic risks. The market-based interest rate reform and the RMB exchange rate regime reform will be advanced. The PBC will continue to deepen the reform of financial institutions, develop financial markets, optimize the financing structure, and promote the development of financial markets to serve the real economy.

目　录

①数据来源：中国人民银行、国家统计局、商务部、海关总署、国家外汇管理局、世界银行、国际货币基金组织、世界贸易组织、联合国贸易和发展会议等。

②数据来源：相关中央银行、国家统计机构、世界银行、国际货币基金组织等。

Contents

Figures

1. Source: The People's Bank of China, National Bureau of Statistics, Ministry of Commerce, General Administration of Customs, State Administration of Foreign Exchange, World Bank, International Monetary Fund, World Trade Organization, and United Nations Conference on Trade and Development, etc..

1. Source : Central banks, national statistical agencies in relevant countries, The World Bank, IMF, etc..

第一部分　货币信贷概况

2011年第三季度，稳健的货币政策成效逐步显现，货币信贷增长向常态水平回归，与经济平稳较快增长相适应，金融运行总体平稳。

一、货币供应量增速回落

2011年9月末，广义货币供应量M2余额为78.7万亿元，同比增长13.0%，增速比6月末低2.9个百分点。狭义货币供应量M1余额为26.7万亿元，同比增长8.9%，增速比6月末低4.2个百分点。流通中货币M0余额为4.7万亿元，同比增长12.7%，增速比6月末低1.7个百分点。前三个季度现金净投放2 557亿元，同比少投放1 045亿元。总体来看，2011年以来M2和M1增长逐季度放缓，货币总量增速平稳回调，符合宏观调控预期和稳健的货币政策要求。另外，考虑到2011年以来表外理财等金融创新对M2增速回落的影响因素，当前实体经济的实际货币条件仍保持适度合理的水平。

9月末，基础货币余额为21.2万亿元，同比增长32.8%，比年初增加3.0万亿元。货币乘数为3.71，比6月末低0.13。金融机构超额准备金率为1.4%。其中，农村信用社为3.4%。

专栏1　M2增长平稳回调

2011年前三个季度，广义货币供应量M2增长向常态平稳回调，M2增速从上年年末19.7%的高位回调至9月末的13.0%。总体上看，这是稳健的货币政策有效发挥作用的结果，符合宏观调控的预期。尽管M2增速从数值上看比前几年低，但考虑到金融创新等因素，货币条件与经济平稳较快增长仍是基本相适应的。

一、金融创新对货币统计的影响日益加大

目前金融工具不断创新，企业与居民投资渠道日渐丰富，分流了企业与居民存款，使货币供应量有所低估。

（一）非存款类金融机构在存款类金融机构的存款，包括信托公司、租赁公司、证券机构、保险机构在存款类金融机构的活期存款和定期存款。其与整个金融市场运行联系紧密，与M2的流动性水平基本一致。2011年9月末，非存款类金融机构在存款类金融机构的存款为2.8万亿元，比年初增加5 499亿元，同比增长31.9%。

（二）住房公积金中心存款，是指住房公积金中心通过受托银行归集的、沉淀在受托银行的公积金存款。这部分存款能够在支取时或以住房公积金贷款的形式构成对实体经济的货币供应。2011年9月末，住房公积金中心存款余额为6 992亿元，比年初增加1 130亿元，同比增长39.0%。

（三）银行表外理财资金，是指商业银行发行且在其资产负债表外核算的理财产品吸收的资金。这类理财产品银行不承担信用风险，投资风险由客户自行承担。2011年9月末，商业银行表外理财产品余额为3.3万亿元，比年初增加9 275亿元，同比增长45.7%。表外理财产品具有一定的存款替代特征，已经成为商业银行竞争客户资金资源的重要方式。

（四）境外金融机构在境内的存款，主要是指近年来通过贸易结算等渠道分流为境外金融机构在境内的人民币存款。这部分存款支付清算功能特征明显，可在一定程度上影响国内的流动性和总需求。

上述项目近来增长较快，另外还有大量其他创新型金融机构、金融工具，如货币市场基金、资金信托投资计划、银行承兑汇票也分流了存款，致使货币供应量增速对实际货币条件的衡量出现了一定程度的低估，因此应全面认识与看待当前货币供应量的变化。

二、当前货币条件符合宏观调控的要求

从上一轮稳健的货币政策时期M2增速、货币流通速度的变化、贷款和社会融资规模等多个角度看，当前货币条件基本符合宏观调控的要求。

（一）在上一轮稳健的货币政策时期（1998～2007年），有一半年份的M2增速低于15%，最高为2003年的19.6%，最低为2000年的12.3%，算术平均数为15.9%。在加入金融创新等因素后，目前实际货币增速只比这一平均水平略低一些。如果再考虑到过去两年为应对国际金融危机形成了较高水平的货币存量，以及中国经济增速趋稳，那么现在的货币总量与实体经济的需要是基本相适应的。

（二）过去由于货币化等因素，中国货币流通速度总体上有下降的趋势。但在通货膨胀较高的年份，因为存在货币购买力可能下降的预期，货币流通速度一般会加快，相应减少对货币的需求。2011年前三个季度，货币流通速度正是处于相对较高的水平。为了稳定通货膨胀预期，货币总量增长也需要有所控制。

（三）从贷款和社会融资规模看，增长速度并不慢。2011年9月末，金融机构人民币贷款余额同比增长达到15.9%，比2000～2008年平均水平高0.4个百分点。同时，中国融资结构趋于多元化发展，直接融资比例上升，债券、股票以及信托委托贷款、外汇贷款等多渠道融资都发挥了重要作用，经济运行对增量货币的依赖程度在下降。

货币供应量只是货币政策的一个中介目标，对中介目标的分析、调节和管理，仍然应当服务于货币政策最终目标的需要。由于金融创新不断发展，经济形势也总是处于变化之中，中央银行必须根据总需求的变化对中介目标的变动进行全面评估，在对形势进行准确判断的基础上，选择运用适当的货币政策工具组合进行调控，以实现货币政策最终目标。

二、金融机构存款增长有所放缓

9月末，全部金融机构（含外资金融机构，下同）本外币各项存款余额为81.0万亿元，同比增长13.9%，增速比6月末低3.6个百分点，比年初增加8.2万亿元，同比少增2.1万亿元。人民币各项存款余额为79.4万亿元，同比增长14.2%，增速比6月末低3.4个百分点，比年初增加8.1万亿元，同比少增2.1万亿元。外币存款余额为2 557亿美元，同比增长9.0%，比年初增加300亿美元，同比多增68亿美元。

从人民币存款部门分布看，住户存款和非金融企业存款增速继续放缓。9月末，金融机构住户存款余额为33.7万亿元，同比增长13.6%，增速比6月末低3.4个百分点，比年初增加3.6万亿元，同比少增2 581亿元。非金融企业人民币存款余额为29.1万亿元，同比增长10.9%，增速比6月末低3.9个百分点，比年初增加1.3万亿元，同比少增2.2万亿元。9月末，财政性存款余额为3.8万亿元，同比增长12.3%，比年初增加1.2万亿元，同比多增151亿元。

三、金融机构贷款增长向常态回归

9月末，全部金融机构本外币贷款余额为56.2万亿元，同比增长16.0%，增速比6月末低0.8个百分点，比年初增加6.0万亿元，同比少增4 887亿元。

人民币贷款增速继续放缓。9月末，人民币贷款余额为52.9万亿元，同比增长15.9%，增速比6月末低1.0个百分点，比年初增加5.68万亿元，同比少增5 977亿元。其中，第三季度贷款增加1.5万亿元，同比少增1 481亿元，但比2009年同期仍多增2 949亿元。各地项目投资、中小企业、保障房建设、“三农”及抗灾救灾等信贷需求仍然较强。从部门分布看，住户贷款和非金融企业贷款增速均有所放缓。9月末，住户贷款同比增长22.7%，比6月末低2.1个百分点，比年初增加2.0万亿元，同比少增3 630亿元。其中，个人住房贷款增长放缓，比年初增加6 576亿元，同比少增4 145亿元。非住房消费贷款增势较好，比年初增加4 833亿元，同比多增555亿元。非金融企业及其他部门贷款同比增长13.5%，比6月末低0.6个百分点，比年初增加3.7万亿元，同比少增2 450亿元。其中，中长期贷款比年初增加1.7万亿元，同比少增1.9万亿元，增长继续放缓。票据融资比年初减少59亿元，同比少减8 039亿元。分机构看，中资全国性大型银行贷款同比少增较多，中资全国性中小型银行贷款同比多增。

外币贷款增速有所回升。9月末，金融机构外币贷款余额为5 239亿美元，同比增长24.4%，比6月末高2.2个百分点，比年初增加734亿美元，同比多增309亿美元。从投向看，贸易融资增加268亿美元，同比多增192亿美元，保持了对进出口贸易的支持力度；境外贷款与中长期贷款增加265亿美元。

四、社会融资规模稳步增加，融资方式多元化发展

初步统计，2011年前三个季度社会融资规模为9.80万亿元，比上年同期少1.26万亿元。其中，人民币贷款增加5.68万亿元，同比少增5 977亿元；外币贷款折合人民币增加4 770亿元，同比多增1 849亿元；委托贷款增加1.07万亿元，同比多增5 625亿元；信托贷款增加848亿元，同比少增3 924亿元；未贴现的银行承兑汇票增加9 825亿元，同比少增9 843亿元；企业债券净融资8 397亿元，同比少1 373亿元；非金融企业境内股票融资3 515亿元，同比少113亿元。

表1 2011年前三个季度分机构人民币贷款情况

单位:亿元

	2011年前三个季度		2010年前三个季度	
	新增额	同比多增	新增额	同比多增
中资全国性大型银行①	27 773	-5 566	33 339	-14 542
中资全国性中小型银行②	17 765	1 047	16 718	-6 807
中资区域性中小型银行③	4 090	-371	4 461	-1 845
农村合作金融机构④	8 836	-1 155	9 992	468
外资金融机构	565	-545	1 109	1 174

注：①中资全国性大型银行是指本外币资产总量超过2万亿元的银行（以2008年年末各金融机构本外币资产总额为参考标准）。

②中资全国性中小型银行是指本外币资产总量小于2万亿元且跨省经营的银行。

③中资区域性中小型银行是指本外币资产总量小于2万亿元且不跨省经营的银行。

④农村合作金融机构包括农村商业银行、农村合作银行、农村信用社。

数据来源：中国人民银行。

从结构看，融资方式多元化发展。一是人民币贷款占比基本稳定。前三个季度新增人民币贷款占同期社会融资规模的58.0%，比上年同期高1.0个百分点。二是外币贷款比重明显上升。前三个季度新增外币贷款占同期社会融资规模的4.9%，同比高2.5个百分点。三是直接融资份额保持稳定。前三个季度非金融企业债券和境内股票融资合计1.19万亿元，占同期社会融资规模的12.2%，占比与上年同期持平。四是非银行金融机构对经济的支持力度明显增强。前三个季度保险公司赔偿和小额贷款公司及贷款公司新增贷款合计为3 065亿元，明显多于上年同期。五是实体经济通过金融机构表外融资占比下降较多。前三个季度以未贴现的银行承兑汇票、委托贷款和信托贷款方式合计融资2.14万亿元，占同期社会融资规模的21.8%，同比低4.9个百分点。

五、金融机构贷款利率继续小幅上行

金融机构对非金融企业及其他部门贷款利率总体保持上行走势，升幅逐月回落。9月，贷款加权平均利率为8.06%，比6月上升0.77个百分点。其中，一般贷款加权平均利率为7.80%，比6月上升0.44个百分点；票据融资加权平均利率为9.55%，比6月上升2.57个百分点。个人住房贷款利率稳步上升，9月加权平均利率为7.36%，比6月上升0.53个百分点。

从利率浮动情况看，执行上浮利率的贷款占比显著上升。9月，执行上浮利率的贷款占比为67.19%，比6月上升6.04个百分点。执行下浮利率和基准利率的贷款占比分别为6.96%和25.86%，比6月分别下降2.98个和3.05个百分点。

受近期国际市场利率持续走高和境内外汇资金供求变动等因素影响，外币存贷款利率总体呈现小幅上升走势。9月，活期、3个月以内大额美元存款加权平均利率分别为0.35%和2.99%，比6月分别上升0.09个和0.20个百分点；3个月以内、3（含3个月）～6个月美元贷款加权平均利率分别为3.37%和3.75%，比6月分别上升0.21个和0.29个百分点。

六、人民币汇率弹性明显增强

2011年第三季度，人民币小幅升值，双向浮动特征明显，汇率弹性明显增强，人民币汇率预期总体平稳。9月末，人民币对美元

表2　2011年1～9月金融机构人民币贷款各利率区间占比

单位：%

月份	下浮	基准	上浮					
	[0.9，1.0)	1.0	小计	(1.0，1.1]	(1.1，1.3]	(1.3，1.5]	(1.5，2.0]	2.0以上
1月	21.35	29.45	49.20	15.97	15.01	6.08	8.67	3.48
2月	19.94	31.80	48.26	17.91	14.55	5.61	7.29	2.90
3月	13.96	30.22	55.82	18.25	17.76	6.96	9.24	3.60
4月	12.54	28.43	59.04	18.72	20.56	7.39	9.14	3.22
5月	11.18	27.96	60.87	20.81	21.34	7.29	8.69	2.74
6月	9.94	28.91	61.15	20.56	22.70	7.22	8.08	2.60
7月	8.53	26.72	64.74	20.75	23.98	8.14	8.99	2.89
8月	6.05	25.27	68.67	22.40	25.80	8.42	9.06	3.00
9月	6.96	25.86	67.19	21.62	25.47	8.29	8.89	2.91

数据来源：中国人民银行。

表3　2011年1～9月大额美元存款与美元贷款平均利率

单位：%

月份	大额存款						贷款				
	活期	3个月以内	3(含3个月)～6个月	6(含6个月)～12个月	1年	1年以上	3个月以内	3(含3个月)～6个月	6(含6个月)～12个月	1年	1年以上
1月	0.24	1.99	2.01	1.87	3.47	4.45	2.76	2.92	3.04	2.91	3.35
2月	0.27	2.14	2.68	2.55	3.34	3.91	2.94	3.16	3.12	3.16	3.16
3月	0.32	2.31	2.67	3.01	2.91	4.47	3.04	3.26	3.76	3.25	3.15
4月	0.28	2.61	2.58	2.96	4.19	5.20	3.02	3.25	3.57	3.41	3.16
5月	0.29	2.63	3.14	3.38	3.60	5.58	3.12	3.44	3.68	3.54	3.60
6月	0.26	2.79	2.80	2.66	1.48	3.22	3.16	3.46	3.73	3.78	3.46
7月	0.33	2.68	2.98	3.39	2.78	5.47	3.30	3.58	4.23	3.90	3.78
8月	0.31	2.95	3.47	3.44	3.58	5.36	3.34	3.69	4.03	3.97	3.58
9月	0.35	2.99	3.81	3.15	3.86	5.61	3.37	3.75	4.37	3.70	3.76

数据来源：中国人民银行。

汇率中间价为6.3549元，比6月末升值1 167个基点，升值幅度为1.84%，比上年年末升值4.21%。2005年人民币汇率形成机制改革以来至2011年9月末，人民币对美元汇率累计升值30.24%。根据国际清算银行的计算，2011年前三个季度，人民币名义有效汇率升值1.58%，实际有效汇率升值4.24%；2005年人民币汇率形成机制改革以来至2011年9月，人民币名义有效汇率升值16.59%，实际有效汇率升值27.81%。

第二部分 货币政策操作

2011年第三季度，中国人民银行按照国务院统一部署，围绕保持物价总水平基本稳定这一宏观调控的首要任务，继续实施稳健的货币政策，着力提高政策的针对性、灵活性和有效性，加强银行体系流动性管理，引导货币信贷平稳增长，保持合理的社会融资规模，引导金融机构合理把握信贷投放节奏和调整信贷结构，继续完善人民币汇率形成机制，稳步推进金融企业改革，促进经济金融平稳健康发展。

一、灵活开展公开市场操作

适时适度开展公开市场操作。中国人民银行进一步加强对影响流动性供求各个因素的分析监测，与其他货币政策工具相配合，合理调节银行体系流动性水平。第三季度累计发行中央银行票据1 640亿元，开展正回购操作6 290亿元。截至9月末，中央银行票据余额约为1.93万亿元。

优化公开市场操作工具组合。中国人民银行积极应对季节性因素及市场环境变化引起的短期流动性波动，视银行体系流动性供求变化灵活搭配中央银行票据和短期正回购开展对冲操作，并适时增加7天期短期正回购操作品种，不断优化公开市场操作工具组合，进一步提高对冲操作的针对性和灵活性。

合理把握公开市场操作利率弹性。与存贷款基准利率调整和流动性管理要求相配合，中国人民银行视市场利率走势变化合理把握公开市场操作利率弹性，有效引导市场预期。截至9月末，3个月期、1年期和3年期中央银行票据的发行利率分别为3.1618%、3.5840%和3.97%，分别较6月末同期限品种的发行利率上升8.17个基点、8.58个基点和8个基点；正回购操作利率也相应有所上行。

适时开展中央国库现金管理操作。第三季度共开展了三期国库现金管理商业银行定期存款业务，操作规模共计900亿元。

二、进一步完善存款准备金交存制度

从2011年9月起，中国人民银行将保证金存款纳入存款准备金交存范围，并根据金融机构流动性状况在3～6个月内逐步实施到位。这是对存款准备金交存基数的常规性调整和制度完善。中国金融机构存款准备金制度规定的、需要交存存款准备金的一般性存款范围是动态调整的。中国人民银行根据金融发展状况和货币政策调控需要，近年来已陆续将表内理财产品、国库现金管理定期存款、金融控股公司存款等逐步纳入交存存款准备金的一般性存款范围。随着中国金融市场不断向广度和深度发展，银行承兑汇票、信用证、保函等业务及相应保证金存款增长较快。把保证金存款纳入一般性存款计交准备金，有利于维护准备金交存基数的完整性，健全存款准备金制度的调控功能。

继续实施差别准备金动态调整措施，根据形势变化对有关参数作了适当调整，通过把信贷增长与逆周期资本要求联系起来，有效引导金融机构保持信贷平稳增长、优化信贷结构。

三、适时上调存贷款基准利率

中国人民银行于7月7日上调金融机构人民币存贷款基准利率。其中，1年期存款基准利率由3.25%提高到3.50%，1年期贷款基准利率由6.31%提高到6.56%，各上调0.25个百分点。适时上调存贷款基准利率，对于稳定通货膨胀预期、引导货币信贷合理增长发挥了积极作用，对于巩固房地产调控效果、优化资金配置、居民财富保值等也具有积极意义。

四、加强“窗口指导”和信贷政策引导

中国人民银行继续加强和改善“窗口指导”，引导金融机构合理把握信贷投放节奏，优化信贷结构，防范信贷风险。加强信贷政策与产业政策的协调配合，要求金融机构认真贯彻“有扶有控”的信贷政策，着力优化信贷结构。积极推进涉农信贷政策导向效果评估工作和中小企业信贷政策导向效果评估工作，鼓励和引导金融机构进一步提高对“三农”的金融服务水平，加大对中小企业的信贷支持，尽力满足符合国家产业政策、环保政策和信贷条件且资金困难的中小企业的合理信贷需求。引导金融机构加大对节能减排、战略性新兴产业、文化产业等重点领域的信贷支持，改进和完善妇女、大学生、残疾人、农民工等特殊群体就业创业和老少边穷地区发展的金融支持和服务，执行好差别化房贷政策，加强对地方政府融资平台的放贷管理，严格控制对高耗能、高排放行业和产能过剩行业的贷款，促进经济结构调整。

总体来看，对中小企业、“三农”的信贷支持力度较强。截至2011年9月末，金融机构发放中小企业人民币贷款（含票据贴现）余额为20.76万亿元，比年初增加2.26万亿元，其中，小企业贷款余额为10.13万亿元，同比增长24.3%，分别比同期大中型企业贷款余额增速高13.9个和11.7个百分点。截至2011年9月末，金融机构发放本外币涉农贷款余额为13.96万亿元，占各项贷款比重为24.8%。

五、促进跨境人民币业务发展

2011年8月22日，中国人民银行会同五部委发布《关于扩大跨境贸易人民币结算地区的通知》，将跨境贸易人民币结算境内地域范围扩大至全国。10月13日，商务部发布《关于跨境人民币直接投资有关问题的通知》，中国人民银行发布《外商直接投资人民币结算业务管理办法》，允许境外投资者以人民币来华投资。前三个季度，银行累计办理跨境贸易人民币结算业务15 409.8亿元，同比增长6.9倍。第三季度，银行累计办理跨境贸易人民币

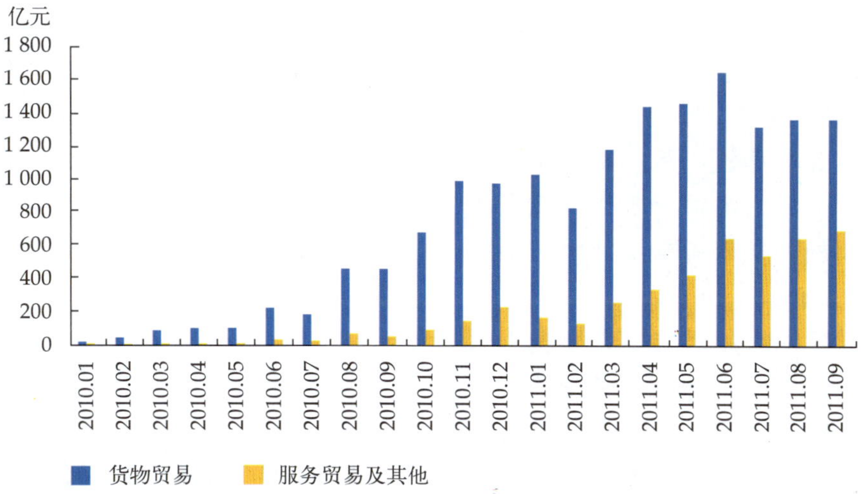

数据来源：中国人民银行。

图1　跨境贸易人民币结算情况

结算业务5 834.1亿元，比上个季度有所回落。其中，货物贸易结算金额为3 968.6亿元，服务贸易及其他经常项目结算金额为1 865.5亿元。第三季度，跨境贸易人民币结算实际收付总金额为4 195.7亿元，其中，实收1 569.0亿元，实付2 626.7亿元，收付比从上季度的1：2.9上升至1：1.67，跨境贸易人民币结算收付平衡状况持续改善。前三个季度，银行共办理对外直接投资人民币结算金额为108.5亿元。截至9月末，境内代理银行为境外参加银行共开立1 149个人民币同业往来账户，账户余额为2 025.2亿元，户均余额为1.76亿元；境外企业在境内共开立人民币结算账户为3 734个，账户余额为867.7亿元，户均余额为2 324万元。

六、完善人民币汇率形成机制

继续按主动性、可控性和渐进性原则，进一步完善人民币汇率形成机制，重在坚持以市场供求为基础，参考一篮子货币进行调节，增强人民币汇率弹性，保持人民币汇率在合理均衡水平上的基本稳定。第三季度，人民币对美元汇率中间价最高为6.3549元，最低为6.4748元，65个交易日中34个交易日升值、31个交易日贬值。最大单日升值幅度为0.28%（176点），最大单日贬值幅度为0.14%（90点）。

人民币对欧元、日元等其他国际主要货币汇率双向波动。9月末，人民币对欧元、日元汇率中间价分别为1欧元兑8.6328元人民币、100日元兑8.2978元人民币，分别较6月末升值8.44%和贬值3.30%。2005年人民币汇率形成机制改革以来至2011年9月末，人民币对欧元汇率累计升值16.00%，对日元汇率累计贬值11.95%。

第三季度，银行间外汇即期市场人民币对美元成交64 707.1亿元人民币，人民币对欧元成交196.3亿元人民币，人民币对港元成交194.9亿元人民币，人民币对日元成交67.7亿元人民币，人民币对卢布成交29.3亿元人民币，人民币对英镑成交2.8亿元人民币，人民币对马来西亚林吉特成交0.5亿元人民币。银行间外汇市场人民币对俄罗斯卢布、马来西亚林吉特等新兴市场货币报价成交日趋活跃，为微观经济主体提供了双边直接汇率，支持了双边经贸发展。

专栏2　人民币与新兴市场货币挂牌直接交易

1994年人民币汇率形成机制改革以来，中国银行间外汇市场挂牌了美元、欧元、日元、英镑和港元五种国际储备货币。本轮国际金融危机以来，主要货币汇率波动加大，微观主体出于节约汇兑成本的需要，对人民币与新兴市场货币兑换交易的需求不断上升。

为了满足经济主体的需求，中国人民银行探索在银行间外汇市场挂牌人民币对新兴市场货币交易。2010年8月19日，银行间外汇市场挂牌了人民币对马来西亚林吉特交易。2010年9月，中俄两国政府联合发布《中俄关于全面深化战略协作伙伴关系的联合声明》提出“中方支持俄方提出的人民币和卢布在两国银行间外汇市场挂牌交易”。经双方中央银行积极推动，2010年11月22日，中国银行间外汇市场挂牌人民币对卢布交易；2010年12月15日，俄罗斯莫斯科银行间货币交易所挂牌人民币对卢布交易。

与银行间外汇市场人民币对欧元、日元、英镑和港元等非美元储备货币交易相比，人民币对新兴市场货币交易规则具有两个不同的特点：一是中间价形成方式不同，目前人民币对欧元、日元、英镑和港元等非美元货币的中间价由人民币对美元中间价与欧元、日元、英镑和港元兑美元汇率套算确定，但人民币对林吉特和卢布的中间价则不经第三方货币套算，而是由做市商报价直接得出，市场汇率也是由商业银行根据人民币对林吉特以及人民币对卢布的供求情况交易直接形成。二是浮动幅度不同，人民币对林吉特、卢布的交易价格在中间价上下5%的幅度内浮动，高于人民币对非美元储备货币上下3%的浮动区间。

挂牌以来，中国银行间外汇市场人民币对新兴市场货币交易健康发展，报价日益活跃，成交快速增长。截至2011年9月末，银行间外汇市场人民币对卢布成交33.10亿元人民币，2011年下半年以来，交易量已超过了人民币对英镑的交易量，与人民币对欧元、日元、港元的交易量接近；人民币对林吉特交易也逐步活跃。境外市场人民币对新兴市场货币交易取得良好的开端，截至2011年9月末，俄罗斯莫斯科银行间货币交易所人民币对卢布成交4.49亿元人民币。

人民币与新兴市场货币在银行间外汇市场挂牌交易，一是有利于企业避免使用第三方货币结算产生的二次汇兑行为，为进出口企业节约汇兑成本。二是降低由于第三方货币汇率波动给双边贸易带来的汇率风险，便利经济主体使用本币结算。三是形成统一、透明的不经过第三方货币套算的人民币与新兴市场货币双边直接汇率，提高了双边直接汇率透明度，为微观经济主体兑换交易提供便利。四是为银行对客户办理新兴市场货币结售汇业务提供平盘渠道，降低银行的成本与风险，支持银行柜台人民币对新兴市场货币兑换业务的开展。五是有利于人民币离岸市场的发展。

随着新兴市场经济体的快速发展，其在全球经济中的地位越来越重要，新兴市场经济体货币的作用也日益提升。今后将根据市场需求，进一步发展在双方银行间外汇市场挂牌人民币对新兴市场经济体货币交易，促进中国与新兴市场经济体之间的经贸往来，更好地为跨境贸易人民币结算业务发展服务。

七、继续推进金融机构改革

重点金融机构改革稳步推进。2011年9月，中国人民银行发布《关于扩大中国农业银行“三农金融事业部”改革试点范围等有关事项的通知》，明确将中国农业银行黑龙江、河南、河北、安徽4个省、371个县的县支行纳入“三农金融事业部”的改革试点范围，改革试点范围扩大到12个省（自治区、直辖市）的929个县。同时，要求中国农业银行继续深化体制机制改革，进一步加大服务“三农”的投入力度，不断提升“三农”和县域的金融服务水平。继续推进政策性金融机构改革。6月末，中投公司向中国出口信用保险公司注资200亿元人民币；目前，中国出口信用保险公司正在逐步落实改革方案的有关要求。中国农业发展银行改革工作小组于8月正式成立，标志着中国农业发展银行改革工作全面启动。

农村信用社改革试点取得重要的阶段性成果。一是农村信用社资产质量显著提升。按贷款五级分类口径统计，9月末，全国农村信用社不良贷款余额和比例分别为3 738亿元和5.7%，比上年年末分别下降466亿元和1.7个百分点。资本充足率为9.6%，比上年年末上升1.2个百分点。二是农村信用社资金实力显著增强，涉农信贷投放大幅增加。9月末，全国农村信用社的各项存贷款余额分别为9.7万亿元和6.6万亿元，占全国金融机构各项存贷款余额的比例分别为12.2%和12.4%，比上年年末分别提高0.3个和0.6个百分点。涉农贷款、农户贷款余额分别为4.5万亿元和2.4万亿元，比上年年末分别增加6 252亿元和3 161亿元，增幅分别为16.1%和15.5%。三是产权制度改革取得一定进展。截至9月末，全国共组建以县（市）为单位的统一法人农村信用社1 942家，农村商业银行134家，农村合作银行214家。

八、深化外汇管理体制改革

继续加大对"热钱"流入的检查和打击力度。组织开展对外商投资企业资本金结汇和银行外汇业务等专项检查，加大对大要案件的查处力度。破获多起地下钱庄、非法网络炒汇等违法犯罪案件，有力打击各类违法犯罪活动。加大对银行、企业和个人外汇违法违规的通报力度，进一步震慑违法、违规行为。

加强跨境资金流动监管。针对跨境套利活动，拟订完善外汇市场管理政策预案。采取有效措施加强贸易外汇流入真实性审核，鼓励有真实贸易投资需求的购付汇；借助税务杠杆强化外商直接投资资本金管理；鼓励企业出口收入存放境外等。加强与商务部门沟通协调，从严控制外资房地产企业设立备案。改进银行执行外汇管理规定情况考核制度，督促银行合规经营。

推进货物贸易等外汇管理重点领域改革。9月初，国家外汇管理局与国家税务总局、海关总署联合发布《关于货物贸易外汇管理制度改革试点的公告》，拟于12月1日起在江苏等7个省（直辖市）进行进出口核销改革试点，进一步实现便利化与监管有效性的有机统一。

第三部分 金融市场分析

2011年第三季度，金融市场继续健康、平稳运行。货币市场交易活跃，市场利率在波动中有所回落；债券收益率曲线总体有所上移，债券市场发行规模明显增加；股票市场指数整体下行，股票融资有所减少。

一、金融市场运行分析

（一）货币市场交易活跃，市场利率高位略有回落

银行间回购、拆借市场交易活跃，成交量总体增加。前三个季度，银行间市场债券回购累计成交71.8万亿元，日均成交3 842亿元，日均成交同比增长11.1%；同业拆借累计成交23.9万亿元，日均成交1 276亿元，日均成交同比增长18.4%。从期限结构看，市场交易仍主要集中于隔夜品种，回购和拆借隔夜品种的成交分别占各自总量的75.5%和84.2%，占比同比分别下降4.5个和3.5个百分点。交易所市场政府债券回购累计成交13.6万亿元，同比增长202.2%。

从机构融资情况看，融资主体结构仍保持原有格局。国有商业银行仍是主要的资金供给方，但融出资金量有所减少，外资金融机构由上年同期的净融入转变为净融出2 191亿元；证券公司及基金公司资金需求下降较多。

第三季度，货币市场利率在波动中有所回落。2011年以来，货币市场利率总体高于上年。质押式债券回购和同业拆借月加权平均利率继6月分别达到年内最高点4.94%和4.56%后有所回落，受国庆节前现金集中投放、商业银行季度末指标考核等因素影响，9月较7月、8月有所上升，分别为3.75%和3.74%，比6月分别低119个和82个基点，比上年12月分别高63个和82个基点。各期限Shibor总体波动下行。9月末，隔夜、1周、3个月Shibor为4.8925%、5.0025%和5.6466%，分别较6月末下降11个、160个和75个基点。

人民币利率互换交易大幅增加。前三个季度，人民币利率互换市场发生交易16 925笔，名义本金总额为21 546亿元，同比大幅增长170.0%。从期限结构来看，1年期及1年期以下交易最为活跃，其名义本金额为15 539亿元，占总量的72.1%。从参考利率来看，人民币利

表4 2011年前三个季度金融机构回购、同业拆借资金净融出、净融入情况

单位：亿元

	回购市场		同业拆借	
	2011年前三个季度	2010年前三个季度	2011年前三个季度	2010年前三个季度
国有商业银行	-151 721	-182 021	33 417	-22 842
其他商业银行	47 273	70 866	-20 381	6 791
其他金融机构	99 006	84 319	-5 404	13 313
其中：证券公司及基金公司	42 429	57 981	7 214	2 274
保险公司	19 055	10 414	—	—
外资金融机构	5 441	26 835	-7 632	2 738

注：本表其他金融机构包括国家开发银行、政策性银行、农村信用社联社、财务公司、信托投资公司、保险公司、证券公司及基金公司；负号表示净融出，正号表示净融入。

数据来源：中国外汇交易中心。

表5　2006年至2011年第三季度利率衍生产品交易情况

	债券远期		利率互换		远期利率协议	
	交易笔数(笔)	交易量(亿元)[①]	交易笔数(笔)	名义本金额(亿元)	交易笔数(笔)	名义本金额(亿元)
2006年	398	664.5	103	355.7	—	—
2007年	1 238	2 518.1	1 978	2 186.9	14	10.5
2008年	1 327	5 005.5	4 040	4 121.5	137	113.6
2009年	1 599	6 556.4	4 044	4 616.4	27	60.0
2010年	967	3 183.4	11 643	15 003.4	20	33.5
2011年第一季度	159	212.6	4 775	5 667.9	2	2.0
2011年第二季度	66	237.7	4 834	6 607.6	0	0
2011年第三季度	148	431.1	7 316	9 271.0	1	1.0

注：①自2009年起，债券远期交易量改按结算金额统计。
数据来源：中国外汇交易中心。

率互换交易的浮动端参考利率主要包括7天回购定盘利率和Shibor，与之挂钩的利率互换交易名义本金占比分别为55.7%和40.6%。

（二）国债收益率曲线总体有所上移，债券发行规模明显增加

银行间债券市场现券交易量平稳增长。前三个季度累计成交47.8万亿元，日均成交2 554亿元，日均成交同比增长7.4%。从交易主体看，国有商业银行和外资金融机构是银行间现券市场上的净买入方，分别净买入现券4 721亿元和1 641亿元；其他商业银行和其他金融机构是主要的净卖出方，分别净卖出现券4 940亿元和1 422亿元。交易所国债现券成交988亿元，同比少成交332亿元。

9月末，中债综合净价指数为98.5点，比6月末下跌0.61%；中债综合财富指数为136.31点，比6月末上涨0.31%。交易所市场国债指数为129.8点，比6月末上涨0.93%。

国债收益率曲线总体有所上移。受CPI持续高位运行、存款准备金率连续上调等因素的影响，银行间市场国债收益率曲线总体呈现上移的趋势。9月末，国债1年期、5年期、15年期和20年期的收益率水平分别比6月末高出13

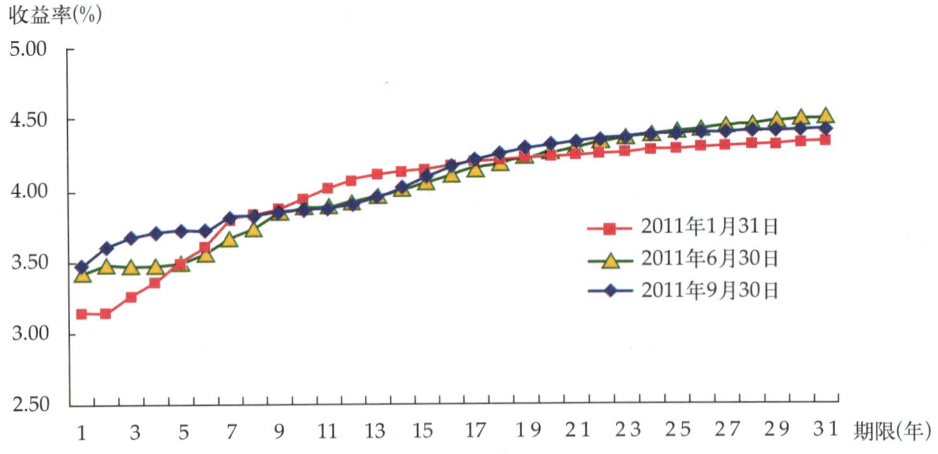

数据来源：中央国债登记结算有限责任公司。

图2　2011年前三个季度银行间市场国债收益率曲线变化情况

个、17个、5个和4个基点。

债券市场发行规模明显增加。前三个季度累计发行各类债券（不含中央银行票据）4.69万亿元，同比增长20.2%。其中，商业银行为提高资本充足率而发行的银行次级债和混合资本债继续较快增长，同比增长109.8%；政策性金融债也保持较快的发行进度，同比增长78.4%；国债发行规模小幅下降，前三个季度共发行1.40万亿元，同比减少6.0%。截至9月末，中央国债登记结算有限责任公司债券托管量余额为20.7万亿元，同比增长3.5%。

在全球金融市场波动性增强的背景下，受市场机构预期变化、风险偏好及配置需求等多重因素影响，不同类型债券发行利率走势有所分化。9月发行的10年期国债利率为3.93%，比6月发行的同期限国债利率低6个基点；9月国家开发银行的10年期政策性银行债利率为5.07%，比6月发行的同期限债券高46个基点。Shibor对债券类产品定价基准作用不断提升。前三个季度，一级市场共发行以Shibor为基准的浮动利率债券11只，总发行量为1 121亿元，占全部浮息债发行总量的25%，其中，浮动利率政策性金融债7只，发行量为1 097亿元。另外，发行企业债137只，共发行1 606亿元，全部参照Shibor定价。

（三）票据融资小幅增长，票据市场利率震荡上行

票据融资余额小幅增长，票据市场交易活跃。前三个季度，企业累计签发商业汇票11.2万亿元，同比增长26.3%；累计贴现18.2万亿元，同比下降5.2%。期末商业汇票未到期金额为6.5万亿元，同比增长23.9%；贴现余额为1.5万亿元，同比下降5.3%。第三季度，金融机构继续加强对信贷总量和结构的调整，合理控制票据融资增长。票据融资期末余额比上个季度末增加1 363亿元，比第二季度多增162亿元。票据融资余额在各项贷款中占比为2.8%，同比下降0.6个百分点。受货币市场利率和票据市场供求变化等多种因素影响，第三季度票据市场利率继续震荡上行，总体处于历史高位。

（四）股票市场指数整体下行，股票融资有所减少

股票市场指数整体下行。9月末，上证综合指数和深证成份指数分别收于2 359点和10 292

表6　2011年前三个季度主要债券发行情况

债券品种	发行额(亿元)	同比增长(%)
国债①	14 017	-6.0
其中：地方政府债券	1 416	-16.4
国家开发银行及政策性金融债	16 168	78.4
银行次级债、混合资本债	1 669	109.8
银行普通债	20	100
企业债券②	14 572	13.8
其中：短期融资券	7 182	27.6
中期票据	4 801	12.4
公司债券	973	178.9

注：①国债含财政部代理发行的地方政府债券。

②包括企业债、短期融资券、中期票据、中小企业集合票据及公司债券。

数据来源：中国人民银行、中央国债登记结算公司。

点，比6月末分别回落14.6%和15.0%。沪市A股平均市盈率从6月末的16.5倍下降到9月末的14.2倍；深市从30.7倍回落到27.0倍。创业板指数有所下行。9月末，深圳证券交易所创业板指数收于791点，比6月末回落6.5%。

股票市场成交量略有下降。前三个季度，沪、深股市累计成交34.8万亿元，同比下降0.6%；日均成交1 894亿元，同比少成交44亿元。创业板累计成交金额为1.29万亿元，同比增长27.1%。9月末，市场流通市值为17.6万亿元，比上年年末减少8.8%，同比增长15.5%。创业板流通市值为2 516亿元，同比增长124.8%。

股票市场筹资额有所减少。前三个季度，各类企业和金融机构在境内外股票市场上通过发行、增发、配股、行权以及可转债等方式累计筹资4 682亿元，同比少筹资2 969亿元。其中，A股发行和配股融资3 914亿元，同比少融资1 937亿元。

（五）保险总资产继续较快增长

前三个季度，保险业累计实现保费收入1.13万亿元；累计赔款、给付2 873亿元，同比增长27.0%。其中，财产险赔付同比增长24.1%，人身险赔付同比增长30.3%。

保险业总资产保持稳定增长走势。9月末，保险业总资产为5.7万亿元，同比增长19.3%。其中，银行存款同比增长31.5%，投资类资产同比增长13.4%。

（六）外汇市场交易活跃

人民币外汇远期和“外币对”交易规模继续快速扩张。前三个季度，人民币外汇即期成交27 667亿美元，同比增长20.5%；人民币外汇掉期交易累计成交金额折合13 165亿美元，同比增长38.5%，其中，隔夜美元掉期成交7 524亿美元，占掉期总成交额的57.2%；人民币外汇远期市场累计成交1 767亿美元，同比增长2 343.0%。前三个季度“外币对”累计成交金额折合734亿美元，同比增长63.7%，其中，成交最多的产品为美元对港元，占市场份额比重为44.6%，同比下降20.5个百分点。外汇市场交易主体进一步增加。截至2011年9月末，共有即期市场会员307家，远期市场会员73家，掉期会员71家，人民币对外汇期权市场会员20 家。

（七）黄金市场运行平稳

前三个季度，上海黄金交易所各贵金属品种总成交金额为3.34万亿元，同比增长150.4%。其中，黄金累计成交5 291.1吨，同比增长14.6%，成交金额为17 418.0亿元，同比增长46.1%；白银累计成交19.43万吨，同比增长529.0%，成交金额为15 831.6亿元，同比增长1 126.2%；铂金累计成交50.18吨，同比增长23.7%，成交金额为191.4亿元，同比增长31.7%。

国内黄金价格走势与国际黄金市场保持

表7　2011年9月末主要保险资金运用余额及占比情况

	余额(亿元人民币)		占资产总额比重(%)	
	2011年9月末	2010年9月末	2011年9月末	2010年9月末
资产总额	57 257	47 995	100.0	100.0
其中：银行存款	17 183	13 070	30.0	27.2
投资	35 428	31 253	61.9	65.1

数据来源：中国保险监督管理委员会。

一致，整体呈震荡上升趋势。第三季度，伦敦下午定盘价最高达1 895美元每盎司，最低为1 598美元每盎司，国内黄金（AU9 995）最高价为每克395元，最低价为每克322元。9月末，国内黄金收盘价为每克337.77元，比6月末上涨了7.9%。

二、金融市场制度建设

（一）加强银行间债券市场管理

进一步规范银行间债券市场债券结算代理业务。2011年8月，《中国人民银行办公厅关于进一步加强全国银行间债券市场债券结算代理业务管理有关事项的通知》发布，对46家银行间市场结算代理人开展结算代理业务的制度建设、部门岗位设置、风险防范等相关事项进行了进一步明确和细化。

上海清算所开办短期融资券登记和托管业务。2011年8月，经中国人民银行批复同意，上海清算所发布了《关于短期融资券登记托管结算业务的公告》，从2011年9月1日起开办新发行短期融资券的登记和托管业务。上海清算所开办短期融资券登记托管业务是落实二十国集团（G20）场外衍生产品市场改革目标的实质性一步，也有助于上海国际金融中心建设。

（二）完善证券市场基础性制度建设

推进证券市场转融通机制建设。2011年8月，中国证券监督管理委员会发布《转融通业务监督管理试行办法（草案）》及其配套文件，向社会公开征求意见。推出转融通业务，即设立证券金融公司并允许其以自有或者依法筹集的资金和证券出借给证券公司，有利于缓解目前证券公司开展融资融券业务时缺乏足够的资金和证券满足客户需要的问题，对于平衡市场供需、进一步发挥融资融券业务在促进市场价格发现方面的功能具有积极的作用。

进一步加强对证券投资机构的行为规范。2011年8月，中国证券监督管理委员会发布《证券投资基金管理公司公平交易制度指导意见》，要求基金管理公司建立投资组合投资信息保密制度，加强对日常投资中异常交易行为的监督和管理，完善公平交易制度和控制方法，切实保护投资者利益，营造公平有序的行业竞争环境。

启动期货市场账户规范工作。2011年9月，中国证券监督管理委员会发布《关于开展期货市场账户规范工作的决定》，启动期货市场休眠账户处理和历史账户规范工作。这项工作的开展有利于落实期货市场实名制的要求，提高期货市场客户信息的真实性和完整性，对于加强期货市场监测分析的有效性、加大对市场操纵等违规行为的打击力度具有重要作用。

（三）完善保险市场基础性制度建设

发布保险业发展“十二五”规划纲要。中国保险监督管理委员会于8月发布《中国保险业发展“十二五”规划纲要》，明确了保险业“十二五”期间的发展方向、重点任务和政策措施。

规范保险公司保险业务转让行为。中国保险监督管理委员会于9月颁布《保险公司保险业务转让管理暂行办法》，规定保险公司保险业务转让行为应遵循自愿、公开、公平、公正的原则，建立保险业务转让的制度框架和基本流程，设定保险业务转让双方在业务转让过程中应承担的义务以及接受方保险公司应具备的资格和条件，进一步完善保险市场退出机制。

第四部分　宏观经济分析

一、世界经济金融形势

2011年第三季度，全球经济复苏的不稳定性和不确定性进一步增加。一是部分发达经济体复苏陷入停滞，财政风险和金融风险交替上升，经济中的不稳定、不确定因素增加。二是多数新兴市场经济体增长前景乐观，但仍面临抑制通货膨胀和防止短期跨境资本流动大幅波动的挑战，宏观调控难度加大。三是受欧美主权债务危机持续蔓延影响，全球金融市场剧烈波动，主要股票市场出现较大幅度下跌，能源、原材料和粮食等大宗商品价格大幅震荡。由于增长前景黯淡，主要发达经济体均继续放松或维持宽松的货币政策。为应对全球经济复苏中出现的新的不确定性，主要新兴经济体宏观经济政策出现分化。

（一）主要经济体经济形势

美国复苏势头略有回升，但高失业率、房地产市场低迷、消费者和企业信心缺失等问题仍无明显改善。受消费、投资带动，美国第三季度实际GDP增速初值为2.5%，较前两个季度有所提高。贸易赤字稳中有降，9月收窄至431亿美元。但由于经济活动放缓，失业率已连续6个月高于9%。财政赤字持续攀升，美国财政部10月14日公布，2011财年联邦赤字高达1.299万亿美元，仅低于2009财年的历史最高水平。房地产市场略有反弹，考虑到库存和止赎数量仍然较大，复苏前景仍不明朗。通货膨胀率连续10个月上升，9月CPI同比增长3.9%，创下自2008年9月以来的新高。

欧元区主权债务危机的负面效应向银行体

表8　主要经济体宏观经济金融指标

国别	指　标	2010年第三季度			2010年第四季度			2011年第一季度			2011年第二季度			2011年第三季度		
		7月	8月	9月	10月	11月	12月	1月	2月	3月	4月	5月	6月	7月	8月	9月
美国	实际GDP增速（环比折年率，%）	2.5			3.1			0.4			1.3			2.5(初值)		
	失业率（%）	9.5	9.6	9.6	9.6	9.8	9.4	9.0	8.9	8.8	9.0	9.1	9.2	9.1	9.1	9.1
	CPI（同比，%）	1.2	1.1	1.1	1.2	1.1	1.5	1.6	2.1	2.7	3.2	3.6	3.6	3.6	3.8	3.9
	道琼斯工业平均指数（期末）	10 466	10 015	10 788	11 118	11 006	11 578	11 892	12 226	12 320	12 811	12 570	12 414	12 143	11 613	10 913
	纳斯达克指数（期末）	2 255	2 114	2 369	2 507	2 498	2 653	2 700	2 782	2 781	2 874	2 835	2 774	2 756	2 579	2 415
欧元区	实际GDP增速（季度同比，%）	2.0			1.9			2.5			1.6			—		
	失业率（%）	10.1	10.1	10.1	10.1	10.1	10.0	10.0	10.0	10.0	9.9	10.0	10.0	10.1	10.1	10.2
	HICP综合物价指数（同比，%）	1.7	1.6	1.9	1.9	1.9	2.2	2.3	2.4	2.7	2.8	2.7	2.7	2.5	2.5	3.0
	EURO STOXX 50（期末）	2 476	2 450	2 482	2 543	2 478	2 601	2 654	2 713	2 583	2 661	2 632	2 561	2 511	2 238	2 160
日本	实际GDP增速（环比折年率，%）	4.0			-2.4			-3.7			-2.1			—		
	失业率（%）	5.2	5.1	5.0	5.1	5.1	4.9	4.9	4.6	4.6	4.7	4.5	4.6	4.7	4.3	4.1
	CPI（同比，%）	-0.9	-0.9	-0.6	0.2	0.1	0.0	0.0	0.0	0.0	0.3	0.3	0.2	0.2	0.2	0.0
	日经225指数（期末）	9 537	8 824	9 369	9 202	9 937	10 229	10 238	10 624	9 755	9 850	9 694	9 816	9 833	8 955	8 700

数据来源：各经济体相关统计部门及中央银行。

系和实体经济扩散，成员国经济全面下滑，金融市场动荡加剧。一是核心国家增长动力明显减弱。第二季度德国GDP环比仅增长0.1%，为两年来最低，法国经济停滞不前，希腊、爱尔兰等国形势持续恶化，第二季度欧元区GDP同比增长仅为1.6%，较第一季度下降0.9个百分点。二是通货膨胀压力增大。9月HICP同比涨幅上升至3.0%，连续10个月高于欧洲中央银行2%的通货膨胀目标。三是失业率居高不下。9月欧元区失业率高达10.2%。

为妥善解决主权债务问题，7月21日召开的欧盟峰会批准了1 090亿欧元的第二轮希腊救助方案，但各方在细节上仍有分歧，加之希腊等国减赤进展缓慢，金融市场持续动荡。一是市场担心危机可能向欧元区核心国家蔓延。二是主权债务危机逐渐演变为银行危机。国际货币基金组织（IMF）发布的2011年秋季《全球金融稳定报告》估计，欧洲银行业持有的主权债务直接账面损失高达2 080亿欧元（占银行股本金的12%），若将相关衍生产品考虑在内，账面损失高达3 970亿欧元。9月14日，穆迪公司宣布下调法国兴业银行和农业信贷银行的评级；10月4日，比利时政府宣布拆分法国、比利时两国合资的德克夏银行集团（Dexia Group），该行成为欧债危机中倒下的第一家银行。为维护金融稳定、提振市场信心，10月26日召开的欧元区领导人峰会宣布出台一揽子救助计划，就希腊债务减记比例、优化欧洲金融稳定基金（EFSF）资源、提高银行资本充足率等重要问题达成框架性共识。

日本经济有所反弹，但贸易部门再次出现逆差。第二季度日本实际GDP下跌2.1%，跌幅较前两个季度略有收窄。9月核心CPI连续6个月实现同比正增长，但耐用消费品的价格仍在下降。出口在震后于8月首次实现同比正增长，但受日元升值和震后能源进口需求激增的影响，当月商品贸易赤字高达7 796亿日元。另外，就业状况持续改善，8月和9月失业率连续降至4.3%和4.1%的年内最低水平（该统计并未包括重震灾区）。

主要新兴经济体继续保持强劲增长，但仍面临通货膨胀、跨境资本流动波动和发达国家需求放缓等风险。主要新兴市场经济体的生产、贸易规模已接近或超过危机前水平，但受国内紧缩政策、国际金融动荡和发达经济体复苏放缓等事件交替影响，跨境资本流动无序波动的风险上升，政策制定难度加大。另外，由于中东欧国家的经济、金融同欧元区高度关联，近期下行风险有所增加。

专栏3　欧洲主权债务危机的最新进展

近期，希腊经济快速衰退，处于债务违约边缘，西班牙、意大利等国主权债务风险上升。投资者对欧债危机蔓延的担忧进一步加剧，金融市场出现新一轮动荡。为妥善解决主权债务问题，10月23日、26日，欧盟各国在布鲁塞尔连续两次召开峰会，重点讨论银行业注资方案。10月26日晚召开的欧元区峰会上，各方就希腊债务减记比例、优化欧洲金融稳定基金（EFSF）资源等问题终于达成框架性共识。

一、欧洲主权债务危机发展的基本情况

希腊债务问题进一步恶化。一是救助拨款未如期到位。9月召开的欧元区财政部部长会议仍未就是否拨付第一轮救助的第6笔援助贷款作出决定。二是希腊未达成其减赤目标。根据希腊政府10月2日公布的预算草案，2011年和2012年赤字占比预计分别达到8.5%和6.8%，而目标水平为7.6%和6.5%。三是德国等欧元区成员尚未批准第二轮希腊救助计划，各国对私人部门在救助方案中承担的损失比例也存在分歧。受此影响，9月以来希腊国债收益率和信用违约掉期（CDS）利差连创新高。

意大利和西班牙再度受到冲击。在8月欧洲中央银行购买意大利、西班牙两国国债之后，两国国债收益率曾一度回落。但由于意大利9月初落实削减赤字和提高经济活力的承诺进展缓慢，投资者开始担忧其债务偿付能力。9月19日，标准普尔公司宣布将意大利长期主权债务评级由A+调降至A。意大利成为截至目前遭评级下调的最大欧元区国家。此后，穆迪公司于10月4日将意大利长期主权债务评级由Aa2下调至A2，惠誉公司也于10月7日分别下调意大利和西班牙的长期主权债务评级。评级下调再次给市场带来压力，意大利和西班牙的国债收益率和CDS利差均有所上升。

欧洲银行体系受到影响。由于市场担忧欧洲银行体系对欧洲主权债务的风险暴露，2011年以来，欧洲银行股普遍弱于大市，大部分银行股已跌至三年来的低点。法国银行业持有的希腊国债和私人部门债权高达567亿欧元，是希腊最大的债权持有者。由于欧元区银行间市场趋紧，法国银行也面临较大的融资压力，9月13日，穆迪公司下调了法国兴业银行和法国农业信贷银行的评级。另外，法国和比利时合资的德克夏银行也陷入困境，比利时政府10月4日宣布拆分该行，标准普尔公司于10月7日将该行评级由A下调至A-。

二、欧洲主权债务危机的原因及救助进展

欧洲主权债务危机愈演愈烈存在深层次的原因。一是金融危机导致各国经济增长停滞、财税收入减少，偿债能力未能有效提高。2010年以来，意大利、西班牙、葡萄牙、希腊、爱尔兰在市场压力下实行了严格的财政紧缩政策，除爱尔兰因向银行注资且税收未达预期导致财政赤字大幅增长以外，其余四国2010年财政赤字均较上年明显下降，但融资成本增加等原因使其政府债务继续攀升，其中，希腊债务占GDP比例最高，已达142.8%。政府债务持续增长使欧洲主权债务危机的解决难度进一步加大。二是欧盟缺乏对各成员国财政政策的有效约束。欧元区仅是一个货币联盟，缺少共同的财政预算和转移支付政策，也没有统一的经济管理机构。财政救助措施由欧盟统一决定，但仍需各国相关部门批准。三是评级机构推波助澜导致债务危机持续扩大。危机以来，三大评级机构连续下调相关国家的长期主权信用评级，引发争议，评级不断下调致使有关国家融资成本不断升高，实现债务可持续性的难度越来越大。

为稳定市场信心，平抑金融市场波动，近期希腊、意大利和西班牙相继推出或继续实施财政紧缩措施，法德两国呈现出积极的援助姿态，欧洲中央银行也表示将继续购买国债，并为融资困难的银行提供短期流动性支持，但市场信心仍然较为脆弱，避险情绪浓重。在此背景下，10月26日召开的欧盟和欧元区峰会宣布出台一揽子救助计划：一是将私人部门持有的希腊债务减记比例提高至50%；二是通过杠杆操作将EFSF的救助能力扩大至1万亿欧元左右；三是在明年6月底前将银行业的核心资本充足率提高至9%。根据上述计划，希腊未来实现债务可持续的前景更为明朗，欧元区的危机救助能力和银行抵御风险能力得到显著增强。一揽子救助方案的出台为妥善解决欧洲主权债务危机带来希望，也为国际社会携手应对当前经济局势增添了动力。救助方案的具体细节将留待11月的欧盟财政部部长会落实。但希腊总理帕潘德里欧10月31日出人意料地表示，希腊将就上述方案举行全民公投，再次引发金融市场震荡。迫于国内外压力，11月3日，帕潘德里欧在召开紧急内阁会议后宣布取消公投。欧洲主权债务危机给全球经济复苏增加了不确定性。目前欧元区正在会同IMF等国际机构探讨如何加速实施纾困方案，如果危机的救助和处理能取得市场认可的成效，将有助于提振信心，促进全球经济复苏。

（二）国际金融市场概况

主要货币间汇率宽幅波动。7月至8月，在欧元区债务问题前景不明、美国经济复苏前景黯淡等因素交替影响下，欧元兑美元汇率宽幅震荡。9月，受欧元区经济数据疲弱及欧洲主权债务危机加剧影响，欧元兑主要货币大幅下滑。受灾后重建资金回流和美欧复苏疲软等因素影响，日元持续升值。9月末，欧元兑美元汇率为1.3384美元/欧元，较6月末贬值7.72%；日元兑美元汇率为77.04日元/美元，较6月末升值4.52%；美联储公布的美元广义名义贸易加权指数为100.33，较6月末上升5.82%。

由于市场担忧银行业对欧洲主权债务危机的风险暴露，信用风险贴水上升，货币市场利率上升。第三季度以来，受美国经济复苏乏力、货币市场避险情绪上升等因素影响，伦敦同业拆借市场美元Libor有所回升。9月末，1年期Libor为0.86%，比6月末上升0.13个百分点。欧元区同业拆借利率Euribor受欧洲主权债务危机升级等因素影响保持高位波动。9月末，1年期Euribor为2.08%，比6月末下降0.08个百分点，比年初上升0.58个百分点。

避险需求进一步压低国际主要债券收益率。8月穆迪公司分别将葡萄牙、爱尔兰主权信用评级下调为垃圾级。9月希腊政府未达到欧盟及国际货币基金组织的援助条件，希腊国债违约风险加大。在此背景下，虽然标普公司8月5日下调了美国主权债务评级，美国国债收

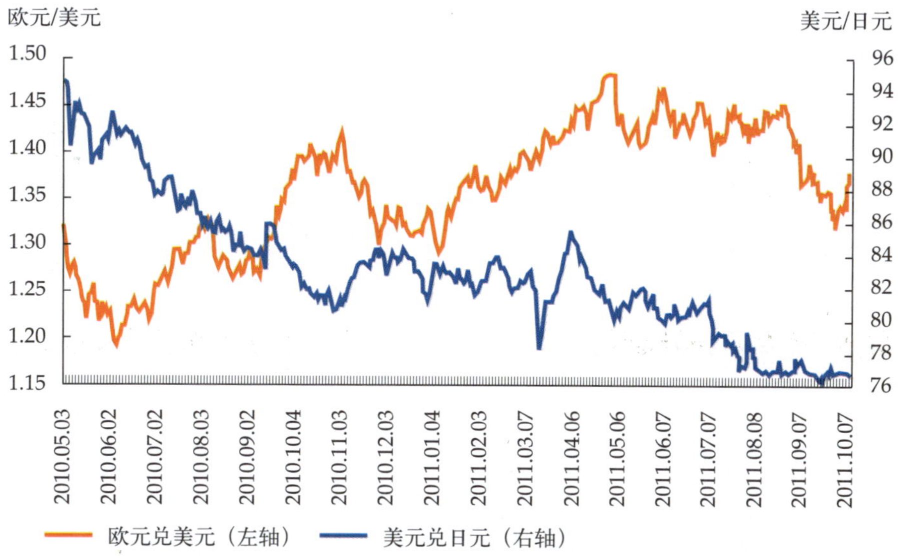

数据来源：路透。

图3 主要货币汇率走势

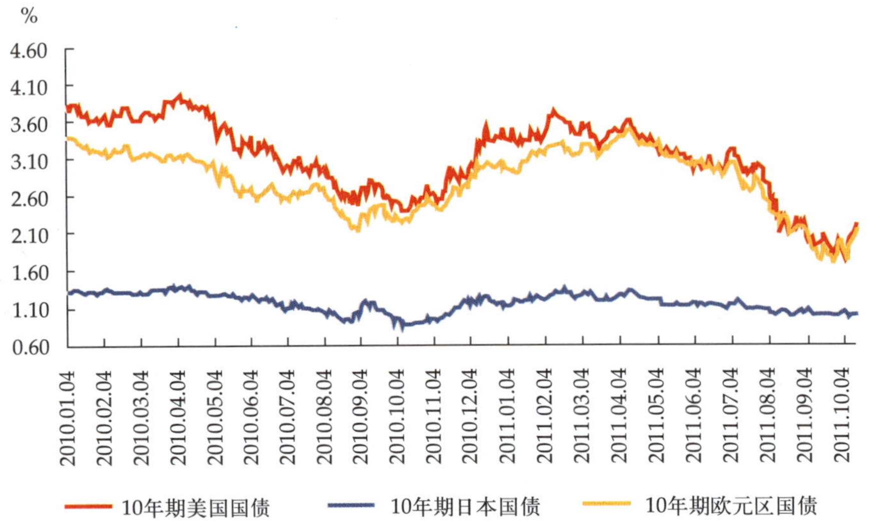

数据来源：路透。

图4　主要国债收益率走势

益率不升反降，德国、法国、日本等主要国家国债收益率进一步走低。截至9月末，美国、欧元区（德国国债）、日本的10年期国债收益率分别收于1.92%、1.90%和1.03%，较上个季度末下降124个、111个和10个基点。

全球主要股市大幅下跌后低位震荡。7月下旬至8月上旬，受标普公司下调美国主权信用评级及欧洲主权债务危机前景恶化拖累，全球主要股市暴跌。此后，美欧经济数据不及预期和全球经济增长前景黯淡等因素加剧市场恐慌情绪，全球主要股市在低位宽幅震荡。9月末，美国道琼斯指数、纳斯达克指数分别收于10 913点和2 415点，较6月末分别下跌12.1%和12.9%；欧元区STOXX50指数收于2 160点，较6月末下跌15.7%；日经225指数收于8 700点，较6月末下跌11.4%。

（三）主要经济体房地产市场走势

美国房地产市场略有反弹，但复苏前景仍不明朗。美国商务部发布的数据显示，9月新房销售量同比下降0.9%；新房销售中间价为每套20.4万美元，同比下降10%；新开工房屋数量同比上升10.2%。全美地产经纪商协会数据显示，9月成屋销售量同比上升11.3%；成屋销售中间价为每套16.54万美元，同比下降3.5%。

欧洲房地产市场复苏态势不一。虽然欧洲主权债务危机导致经济增长动能减弱，德国商业和住宅市场需求仍旧继续增加。法国房地产价格继续上涨，但房地产市场复苏速度正在趋缓。英国HALIFAX房价指数继8月环比下跌1.2%后，9月再跌0.5%。由于经济增长前景黯淡，英国房价仍有下行压力。受全球经济复苏放缓和债务危机加深等因素的影响，欧元区外围国家房地产市场仍无起色。

全球经济放缓和日元升值拖累日本房地产市场复苏。据日本国土交通省统计，9月日本新房开工数量同比下降10.8%，为6个月来首次出现负增长；50家大型建筑公司接到的营建订单8月同比增长9.3%，但9月同比下降9.3%。

（四）主要经济体货币政策

主要发达经济体继续维持宽松的货币政策。8月9日，美国联邦公开市场委员会（FOMC）宣布继续保持0～0.25%的基准利率不变，并将把目前的利率水平至少维持至2013年中期。9月22日，美联储宣布推出“扭转操作”，即在2012年6月底前购买4 000亿美元6

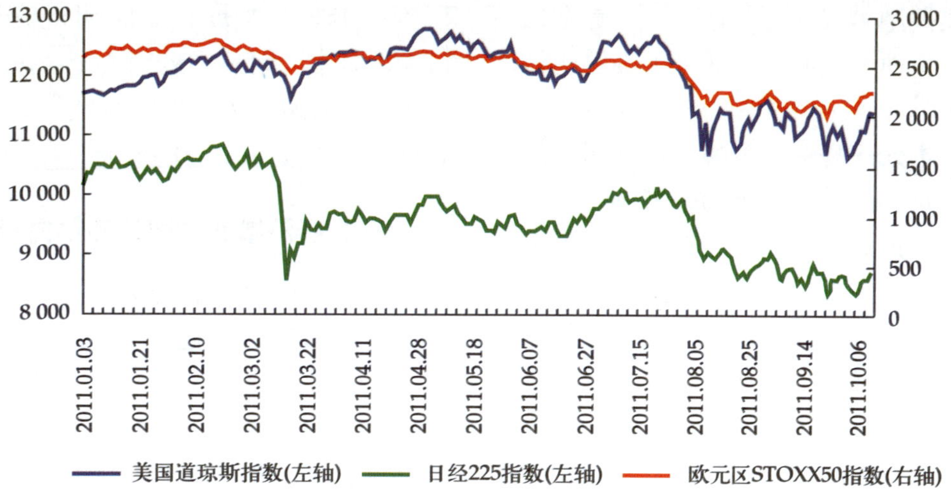

数据来源：路透。

图5　主要股票市场走势

年期至30年期国债，同时出售相同规模的3年期或更短期的国债。11月2日，FOMC决定维持当前政策不变。9月15日，欧洲中央银行宣布在未来三个月内联合美国、英国、日本和瑞士中央银行分三次向欧洲银行业注入美元流动性，以帮助欧洲银行业渡过难关。10月6日，欧洲中央银行宣布维持基准利率不变的同时，计划从11月起推出400亿欧元的新一轮担保债券购买计划，并将从10月起启动两项固定利率的较长期再融资操作（LTROs），分别为期12个月和13个月。11月3日，欧洲中央银行决定下调基准利率，将主要再融资利率、贷款便利利率和存款便利利率分别调低0.25个百分点至1.25%、2.00%和0.50%。日本银行继续实行零利率政策，并分别于8月4日、10月27日宣布将资产购买计划规模增加10万亿日元和5万亿日元，最后至55万亿日元。另外，第三季度日本银行继续向灾区金融机构提供总额为1万亿日元的低息贷款，该项目已延长至2012年4月30日，以继续支持灾后重建。

为应对全球经济复苏中出现的新的不确定性，主要新兴市场经济体宏观经济政策出现分化。第三季度，印度、马来西亚、泰国、越南等国相继采取加息和提高存款准备金率等措施，抑制国内通货膨胀压力。受全球经济增长放缓预期影响，部分新兴市场经济体则放松了货币政策。2011年8月，土耳其、巴西将其基准利率各下调50个基点。

（五）国际经济形势展望

IMF在9月发布的《世界经济展望》中下调了全球和大多数国家的经济增长预测。预计2011年和2012年全球GDP增长均为4%。其中，美国分别增长1.5%和1.8%；欧元区分别增长1.6%和1.1%；日本分别增长-0.5%和2.3%；新兴市场和发展中经济体分别增长6.4%和6.1%。IMF同时预计，由于发达国家普遍采取宽松的货币政策，加上居高不下的大宗商品价格，全球通货膨胀压力总体仍将呈现上升态势。2011年，发达国家的总体通货膨胀率将从2010年的1.6%升至2.6%；新兴市场经济体和发展中经济体的通货膨胀率将从2010年的6.1%升至7.5%。

展望未来，全球经济主要面临以下风险：一是欧洲主权债务问题导致金融市场持续动荡，若危机进一步向核心国家蔓延，可能引发全球系统性风险。二是美国财政整顿的政治僵局、持续疲弱的住房市场及不断恶化的金融状况将可能持续抑制美国的复苏势头。三是宽松的货币政策的负面影响值得警惕。主要发达经济体将在较长时间内维持宽松的货币政策，可能加剧跨境资本无序流动和金融市场动荡，影响全球金融稳定。四是新兴市场经济体的政策制定难度加大。虽然商品价格近期趋稳，但由于需求较为旺盛，主要新兴市场经济体的通货膨胀水平仍有可能维持在高位。一方面，新兴市场经济体希望加息以抑制通货膨胀上涨；另一方面，由于发达经济体利率普遍较低，加息可能吸引更多热钱涌入。

二、中国宏观经济运行分析

2011年第三季度，国民经济保持平稳较快发展，经济增长由政策刺激向自主增长有序转变。消费需求稳定，固定资产投资增长较快，对外贸易更趋平衡，内需增长动力更强，农业生产形势良好，工业生产增长平稳，居民收入继续增加，物价过快上涨势头得到初步遏制。前三个季度，实现国内生产总值（GDP）32.1万亿元，按可比价格计算，同比增长9.4%。其中，第三季度GDP同比增长9.1%，环比增长2.3%。前三个季度，居民消费价格同比上涨5.7%，其中，第三季度同比上涨6.3%。前三个季度，贸易顺差为1 071.0亿美元，其中，第三季度贸易顺差为626.9亿美元。

（一）经济增长的内外需动力更趋协调

城镇居民收入稳定增长，农村居民收入增长较快，国内消费需求保持稳定。前三个季度，城镇居民家庭人均可支配收入为16 301元，同比增长13.7%，扣除价格因素，实际增长7.8%；农村居民人均现金收入为5 875元，同比增长20.7%，扣除价格因素，实际增长13.6%。第三季度全国城镇储户问卷调查结果显示：居民当期收入感受指数为50.3%，比上个季度回落1.8个百分点，居民消费意愿维持低位，储蓄存款意愿提高，投资意愿回落。前三个季度，社会消费品零售总额为13.1万亿元，同比增长17.0%；实际增长11.3%，实际增速比上半年低0.3个百分点。分城乡看，城镇消费增速快于乡村。前三个季度，城镇消费品零售额为11.3万亿元，同比增长17.1%；乡村消费品零售额为1.8万亿元，同比增长16.4%。

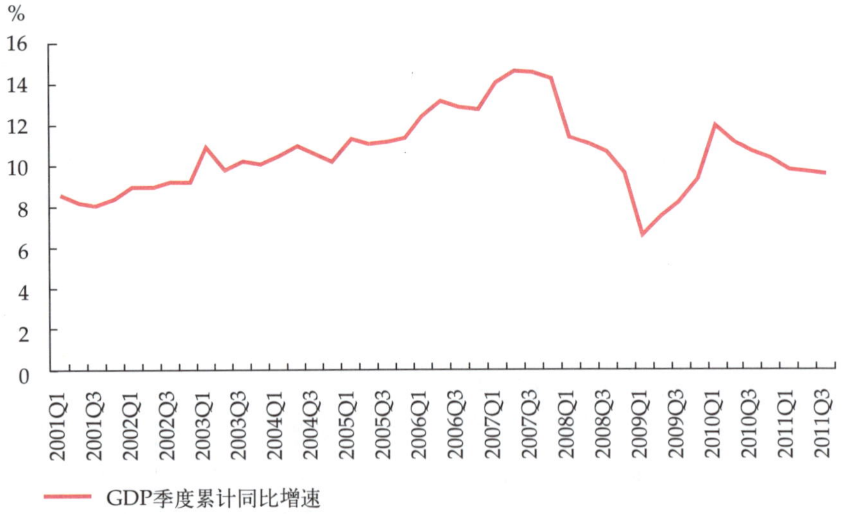

数据来源：国家统计局。

图6　GDP保持平稳较快增长

固定资产投资保持较快增长，中西部投资增速明显快于东部。前三个季度，固定资产投资（不含农户）完成21.2万亿元，同比增长24.9%，实际增长16.9%。其中，国有及国有控股投资为7.3万亿元，同比增长12.7%。分地区看，东部、中部、西部地区固定资产投资同比分别增长22.3%、29.9%和29.5%；分产业看，第一、第二、第三产业投资同比分别增长25.5%、26.9%和23.4%，第一产业投资增速比上半年高4.9个百分点，第二、第三产业增速分别比上半年低0.2个和1.3个百分点。前三个季度，新开工项目计划总投资为18.0万亿元，同比增长23.4%，施工项目计划总投资为55.8万亿元，同比增长19.8%。

出口同比增速回落，进口同比增速回升，贸易顺差较上年同期有所减少，经济增长的内外需动力更趋协调。第三季度，出口为5 181.6亿美元，同比增长20.6%，增速比上个季度低

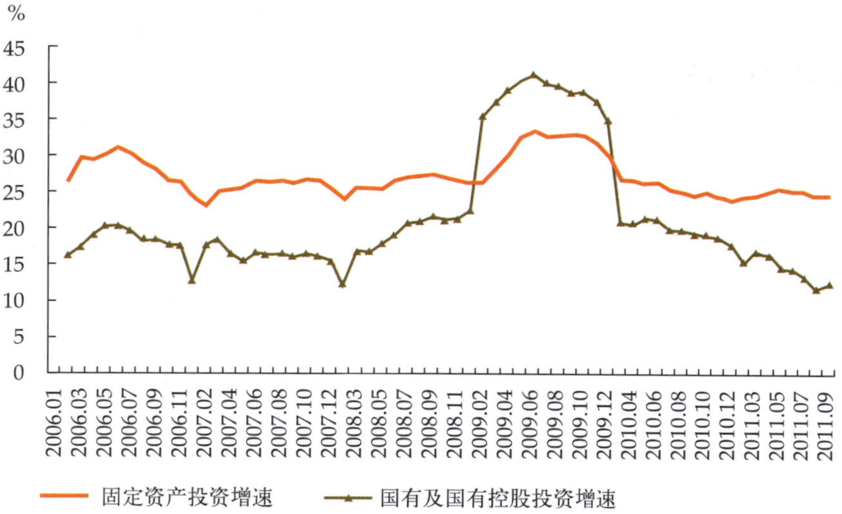

数据来源：国家统计局。

图7 固定资产投资增长较快

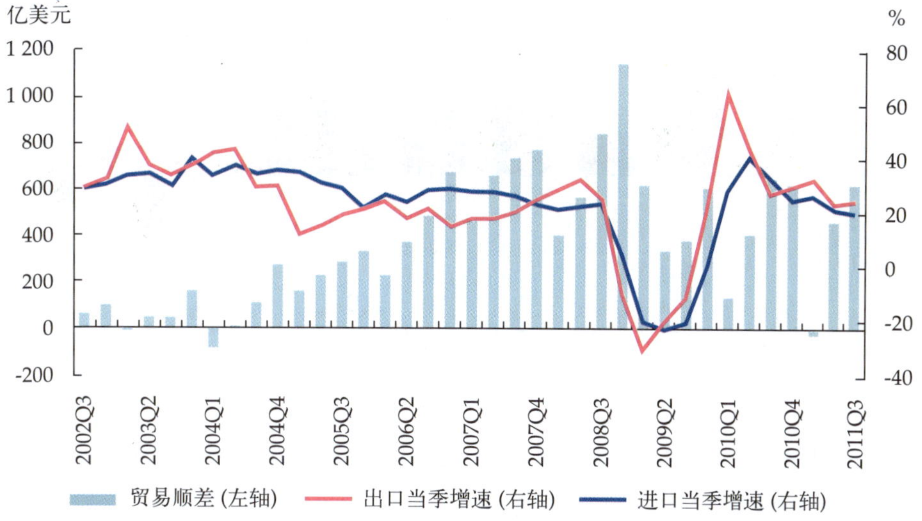

数据来源：海关总署、中国人民银行。

图8 对外贸易更趋平衡

1.5个百分点；进口为4 554.6亿美元，同比增长24.9%，增速比上个季度高1.8个百分点。扣除价格因素，第三季度进出口同比实际增速分别为5.1%和8.9%。第三季度，中国对美国和欧盟的贸易顺差分别达到608.8亿美元和450.8亿美元，对日本、韩国和东盟的贸易逆差分别达到119.6亿美元、216.1亿美元和79.1亿美元。前三个季度，实际使用外商直接投资866.8亿美元，同比增长16.6%，增速比上半年下降1.8个百分点。

（二）工农业生产形势较好

前三个季度，第一产业增加值为3.0万亿元，增长3.8%；第二产业增加值为15.5万亿元，增长10.8%；第三产业增加值为13.6万亿元，增长9.0%。第一、第二、第三产业占GDP比重分别为9.5%、48.3%和42.3%。

夏粮产量增长，秋粮可望再获丰收。全国夏粮产量为12 627万吨，比上年增长2.5%。早稻产量为3 276万吨，比上年增长4.5%。秋粮可望再获丰收，全年粮食产量将超过上年。前三个季度，猪牛羊禽肉产量为5 453万吨，同比增长0.2%，其中，猪肉产量为3 568万吨，同比下降0.6%。

工业生产增长平稳，产销衔接状况良好。前三个季度，全国规模以上工业增加值同比增长14.2%，比上半年回落0.1个百分点。工业产销衔接状况良好，工业产品产销率为97.9%。工业企业效益继续增加，全国规模以上工业企业实现利润3.7万亿元，同比增长27%；主营业务收入利润率为6.1%。第三季度中国人民银行5 000户工业企业调查显示，企业经营景气状况高位下探，市场需求继续回落，企业盈利能力略有回落。第三季度，企业经营景气指数连续三个季度回落，继续高位下探1.3个百分点至69.3%。企业产品市场需求指数也连续三个季度回落，本季度再降2.3个百分点至60.6%，其中，国内订单指数连续三个季度高位下行，比上个季度下降1.4个百分点至55.3%；出口订单指数比上个季度下降0.9个百分点至51.6%。盈利指数较上个季度下降1.1个百分点至57.6%。

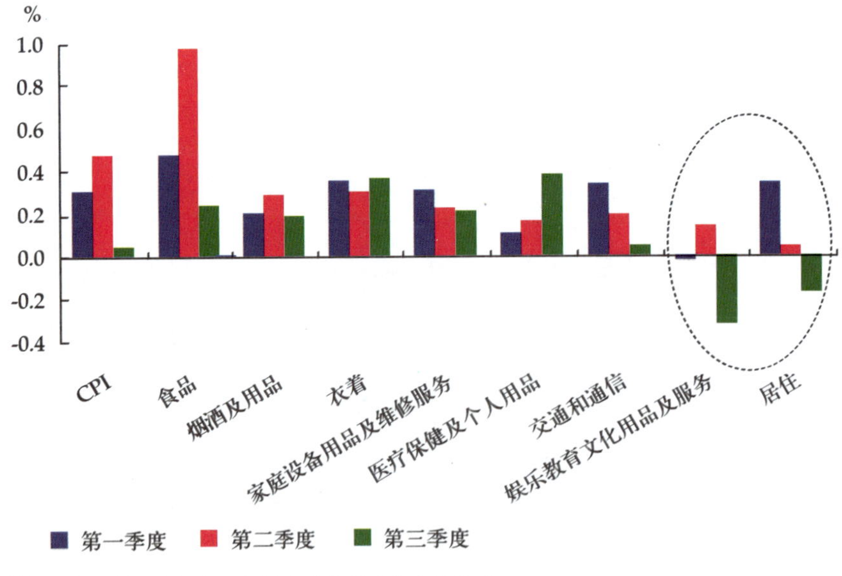

数据来源：国家统计局、中国人民银行工作人员计算。

图9　2011年前三个季度CPI环比涨幅高出历史平均水平情况

（三）价格总水平涨幅高位回落

居民消费价格同比涨幅自高位逐月回落。第三季度各月，CPI同比分别上涨6.5%、6.2%和6.1%，平均为6.3%。从食品和非食品分类看，食品价格涨幅继续扩大，非食品价格涨幅趋稳。第三季度，食品价格同比上涨13.9%，涨幅比上个季度高1.4个百分点，拉动CPI上涨约4.2个百分点，其中，猪肉价格同比上涨48.6%，涨幅比上个季度高4.4个百分点，拉动CPI上涨约1.3个百分点；非食品价格同比上涨2.9%，涨幅与上个季度持平，拉动CPI上涨约2.1个百分点。从消费品和服务分类看，消费品价格涨幅继续扩大，服务价格涨幅持续回落。第三季度，消费品价格同比上涨7.4%，涨幅比上个季度高0.9个百分点；服务价格同比上涨3.4%，涨幅比上个季度低0.5个百分点。从环比看，第三季度环比涨幅高出2001～2010年历史平均水平的幅度已明显回落，在构成CPI的八大类中，娱乐教育文化用品及服务类和居住类环比涨幅已低于历史平均水平。

生产者价格同比涨幅逐月回落。第三季度各月，工业生产者出厂价格同比分别上涨7.5%、7.3%和6.5%，平均为7.1%。其中，生产资料价格同比分别上涨8.4%、8.0%和7.1%，平均为7.8%，涨幅比上个季度高0.2个百分点；生活资料价格同比分别上涨4.8%、4.8%和4.6%，平均为4.7%，涨幅比上个季度高0.1个百分点。工业生产者购进价格同比分别上涨11.0%、10.6%和10.0%，平均为10.5%，涨幅比上个季度扩大0.1个百分点。第三季度，全国主要农产品生产价格（指农产品生产者直接出售其产品时的价格）同比上涨20.5%，涨幅比同期农业生产资料价格涨幅高5.7个百分点。第三季度，企业商品价格（CGPI）同比上涨9.0%。按商品用途分类看，CGPI中的投资品和消费品价格同比分别上涨8.5%和10.2%；按商品基本分类看，CGPI中的农产品、矿产品、煤油电和加工业产品价格同比分别上涨14.9%、14.2%、11.8%和7.1%。

国际大宗商品价格下跌，但受上年基数较低影响，进口价格同比涨幅仍处于高位。第三季度，纽约商品交易所原油期货当季度平均价格比上个季度下跌12.5%，比上年同期上涨17.5%。伦敦金属交易所铜和铝当季度平均价格比上个季度分别下跌1.7%和7.7%，比上年同期分别上涨24.0%和14.8%。第三季度各月进口价格同比分别上涨15.0%、15.6%和14.8%，平均上涨15.1%，涨幅与上个季度持平；出口价格同比分别上涨10.3%、9.2%和9.5%，平均上涨9.7%，涨幅比上个季度回落0.7个百分点。

GDP缩减指数继续上升。前三个季度，GDP为32.1万亿元，实际增长率为9.4%，GDP缩减指数（按当年价格计算的GDP与按固定价格计算的GDP的比率）变动率为7.7%，比上年同期提高1.4个百分点，比上个季度提高0.3个百分点。

资源性产品价格改革稳步推进。一是推进资源税改革。在总结原油、天然气资源税改革试点经验的基础上，国务院决定修改《中华人民共和国资源税暂行条例》，在现有资源税从量定额计征的基础上增加从价定率的计征办法，调整原油、天然气等品目资源税税率。目前先对原油、天然气实行从价定率计征，税率为销售额的5%～10%，条件成熟时再逐步扩大到其他资源产品。二是研究开征环境保护税。10月20日，国务院发布《关于加强环境保护重点工作的意见》，明确提出实施有利于环境保护的经济政策，积极推进环境税费改革，研究开征环境保护税。

（四）财政收支保持较快增长

前三个季度，全国财政收入（不含债务收入）为8.17万亿元，同比增长29.5%，增速比上半年回落1.7个百分点；全国财政支出为6.95万亿元，同比增长27.5%，增速比上半年回落3.9个百分点。收支相抵，收入大于支出1.22万亿元。

从财政收入结构看，前三个季度，税收收入为7.13万亿元，同比增长27.4%，增速比上半年低2.2个百分点。其中，国内增值税同比增长18.7%；营业税同比增长24.0%；国内消费税同比增长17.7%；进口产品增值税和消费税同比增长33.6%；企业所得税同比增长35.8%；个人所得税同比增长34.4%。上述六项税收收入共拉动全国财政收入增长21.6个百分点。

从支出结构看，前三个季度各项支出中增长较快的主要有，住房保障支出同比增长73.9%；医疗卫生支出同比增长50.5%；城乡社区事务支出同比增长42.0%。在全国财政支出中最大的三项分别为教育支出、社会保障和就业支出、一般公共服务支出，分别占财政支出的13.7%、11.5%和10.2%。

（五）国际收支经常项目顺差收窄

国际收支继续呈现“双顺差”格局，但经常项目顺差同比收窄。2011年上半年，经常项目顺差为878亿美元，同比下降13%；资本和金融项目顺差为1 839亿美元，同比增长98%；截至9月末，国家外汇储备余额为32 017亿美元，较2010年年末增加3 544亿美元。

外债总规模增长较快，短期外债余额占比上升。2011年6月末，外债余额为6 425.3亿美元，同比增长25.1%。其中，登记外债余额为4 028.3亿美元，同比增长31.1%；短期外债余额为4 621.1亿美元，同比增长34.4%，占外债余额的71.9%，占比较上年同期上升5个百分点。

（六）行业分析

工业利润增长较快。前三个季度，在39个工业大类行业中，37个行业利润同比增长，2个行业同比下降。其中，黑色金属矿采选业利润同比增长55.2%，有色金属冶炼及压延加工业增长61.9%，石油加工、炼焦及核燃料加工业下降83.9%，通信设备、计算机及其他电子设备制造业下降2.5%。前三个季度，原煤产量为26.91亿吨，同比增长11.6%；发电量为34 540亿千瓦时，同比增长12.7%；原油产量为15 361.2万吨，同比增长2.2%；全社会货运量为266.1亿吨，同比增长14.2%。

1. 房地产行业

2011年第三季度，房价过快上涨势头得到进一步遏制，商品房销售面积增速基本稳定，房地产开发投资增速有所放缓，保障性安居工程建设快速推进，房地产市场继续朝着宏观调控的预期方向发展。在各类房地产贷款增速持续回落的情况下，保障性安居工程信贷支持力度不断加强。

房价过快上涨势头减缓。9月，全国70个大中城市中新建商品住宅价格环比下降的城市有17个，持平的城市有29个，与6月相比，环比价格下降和持平的城市增加了20个。环比价格上涨的城市中，涨幅均未超过0.3%。二手房价格环比下降的城市有25个，持平的城市有21个，与6月相比，环比价格下降和持平的城市增加了15个。在环比价格上涨的城市中，涨幅均未超过0.6%，涨幅在0.5%以内的城市有22个。

全国商品房销售面积增速基本稳定。前三个季度，全国商品房销售面积为7.1亿平方米，同比增长12.9%，增幅与上半年持平；商品房销售额为3.9万亿元，同比增长23.2%，增幅比上半年下降0.9个百分点。其中，商品住宅销售面积增长12.1%，与上半年持平；商品住宅销售额增长21.2%，比上半年下降1.1个百分点。

房地产开发投资增速有所放缓。前三个季度，全国房地产开发投资为4.4万亿元，同比增长32.0%，增幅比上半年回落0.9个百分点。其中，商品住宅完成投资3.2万亿元，同比增长35.2%，增幅比上半年回落0.9个百分点。前三个季度，全国房屋新开工面积为14.8亿平方米，同比增长23.7%，增幅比上半年提高0.1个百分点。其中，住宅新开工面积为11.4亿平方米，同比增长21.3%，增幅比上半年提高0.6个百分点。房屋施工面积为46.1亿平方米，同比增长29.7%，增幅比上半年回落1.9个百分点；房屋竣工面积为4.3亿平方米，同比增长17.8%，增幅比上半年提高5.0个百分点。

房地产贷款余额增速继续回落。截至2011年9月末，房地产贷款余额为10.5万亿元，同比增长14.6%，增速比6月末低2.3个百分点，比上年年末低12.8个百分点。其中，个人住房贷款余额为6.4万亿元，同比增长16.2%，增速比6月末低1.3个百分点，连续17个月下滑；房产开发贷款余额为2.6万亿元，同比增长14.9%，增速比6月末低3.5个百分点，连续5个月下滑；地产开发贷款余额为7 887亿元，同比下降4.8%，连续3个月同比下降。9月末，房地产贷款余额占各项贷款余额的20.3%，比6月末低0.2个百分点。从贷款新增量看，前三个季度累计新增房地产贷款9 923亿元，同比少增7 439亿元。房地产贷款新增额占各项贷款新增额的18.3%，比上半年低1.4个百分点，比上年全年水平低8.6个百分点。

保障性安居工程建设快速推进，金融支持力度不断加强。截至2011年9月末，全国城镇保障性住房和棚户区改造住房已开工986万套，开工率为98%。为进一步发挥好金融对公共租赁住房等保障性安居工程建设的支持作用，8月4日，中国人民银行、中国银行业监督管理委员会联合印发《关于认真做好公共租赁住房等保障性安居工程金融服务工作的通知》（银发[2011]193号），要求银行业金融机构在加强管理、防范风险的基础上，积极向符合信贷条件的公共租赁住房等保障性安居工程项目发放贷款。9月末，保障性住房开发贷款余额为2 808亿元，前三个季度累计增加1 150亿元，占同期房地产开发贷款增量的52.3%，占比较上半年提高9个百分点。9月，商业性住房开发贷款余额出现净下降，新增保障性住房开发贷款占全部住房开发贷款新增额的123.4%。9月28日，国务院办公厅印发《关于保障性安居工程建设和管理的指导意见》（国办发[2011]45号），明确了保障性安居工程建设和管理的总体要求、基本原则和政策措施。随着国务院文件的贯彻落实，保障性安居工程建设将进一步推进，金融对保障性安居工程的支持力度也将逐步加大。

2. 物流行业

物流行业是融合运输业、仓储业、货代业和信息业等的复合型服务产业，涉及领域广，吸纳就业人数多，是国民经济发展的重要支撑。物流业尽管起点较低，但发展较快。2001年物流业增加值仅为7 429亿元，2010年达到2.7万亿元，10年年均增长14.8%。自2009年3月国务院印发《物流业调整和振兴规划》以来，物流基础设施能力逐步提升，发展的环境和条件进一步改善，物流业总体规模保持平稳较快增长态势，产业水平不断提升。2011年前三个季度，物流业实现增加值2.2万亿元，同比增长14.6%；社会物流总额为117.7万亿元，同比增长13.4%。

但中国物流业总体发展水平仍然偏低，服务水平还有待进一步提高。一是全社会物流运行效率偏低。2011年前三个季度，社会物流总费用与GDP的比率为18%，相当于发达国家平均水平的两倍。二是粗放式经营模式没有得到根本改变。例如，以中小企业为主的公路运输市场同质低价竞争严重，2011年上半年，尽管油价持续攀升，中小企业公路综合运价指数基本在60点左右低位波动。三是物流基础设施能力不足，尚未建立布局合理、衔接顺畅、能力充分、便捷高效的综合交通运输体系。另外，物流服务的组织化和集约化程度有待提高。

当前社会普遍关注的物流成本偏高的问题，既受物流业自身发展水平和管理能力影响，也受制于一些结构性因素。物流市场面临的多头管理体制以及以营业税（流转税）为主的税收体制，制约了“多式联运”运输方式的施行，阻碍了第三方物流的发展和物流专业化水平的提升，并直接造成物流企业管理费用偏高。2010年，中国物流业管理成本占社会物流总费用的比重为12.1%，而美国则仅为3%。另外，运输市场中，过高的路桥通行费已成为物流业改革的难点，根据中国物流与采购联合会的统计，路桥通行费已占物流企业运营总成本的1/3。与此同时，土地、燃油、人力成本等要素价格的上涨也加大了物流成本的上升压力。

大力发展现代物流业，加快建立社会化、专业化、信息化的现代物流服务体系，不仅是物流业自身结构调整和产业升级的需要，也是整个国民经济发展的必然要求，需进一步完善相关配套政策措施：切实减轻物流企业税收负担；加大对物流业的土地政策支持力度；进一步降低过路过桥收费，促进物流车辆便利通行；加快推进物流管理体制改革，打破物流管理的条块分割；鼓励通过兼并重组、联盟合作等方式，整合物流设施资源。多渠道增加对物流业的投入。积极引导银行业金融机构加大对物流企业的信贷支持力度；加快推动适合物流企业特点的金融产品和服务方式创新，积极探索抵押或质押等多种贷款担保方式，进一步提高对物流企业的金融服务水平；完善融资机制，进一步拓宽融资渠道，积极支持符合条件的物流企业上市和发行企业债券。

第五部分 货币政策趋势

一、宏观经济展望

2011年以来，中国经济增长由政策刺激向自主增长有序转变，继续朝着宏观调控的预期方向发展，总体保持了平稳较快增长的态势。当前，国际金融危机深层次影响继续显现，主要发达经济体仍处于去杠杆化的过程中，主权债务等问题持续恶化，发达国家银行体系受到严重威胁，复苏过程不稳定、不确定因素增大，并可能通过贸易、资本流动以及预期等渠道影响中国。从国内看，前两年中国总需求回升较快，随着经济增长向常态调整，一些新情况、新问题也可能逐步显现。总体来看，国内外环境十分复杂，需要密切关注国内外形势的发展变化，加强系统性风险防范。同时也要看到，当前经济增长趋稳是主动调控的结果。经济本身平稳增长的内在动力较强。各地推动城镇化、工业化和区域协调发展的热情很高，消费扩张势头较好，服务业潜力巨大，经济内生动力依然较强。从2011年前三个季度的情况看，对外贸易更趋平衡，固定资本形成和最终消费分别带动GDP增长5.0个和4.5个百分点，内需拉动作用明显增强。近来非制造业PMI一直处于相对较高水平，也显示消费升级以及服务业发展势头较好，经济增长更趋均衡，自我增长的能力逐步增强。这些都与2008年次贷危机前外需带动作用较大的环境有所不同。2011年第三季度中国人民银行对企业家、银行家和城镇储户问卷调查结果显示，主要指标普遍有所回落，但总体在预期之内，仍处在较好的水平上。应当看到，在外需相对疲弱、国内经济增长方式逐步转变的情况下，中国的潜在增长水平也会逐步趋缓，保持经济平稳适度增长，既有利于抑制物价过快上涨，中长期看也有利于经济结构调整和经济的健康可持续发展。

在一系列政策措施的综合作用下，物价过快上涨的势头得到初步遏制，政策效果逐步显现。当前总需求较为稳定，货币条件总体向常态回归，秋粮可望再获丰收，加之全球经济增长有所放缓，国际大宗商品价格相对平稳，有利于价格稳定的因素增多。8月以来CPI环比增速显现放缓迹象，目前看同比CPI涨幅有继续回落的可能。若国内外经济增长进一步放缓，物价涨幅回落还可能加快。但也要看到，未来物价走势仍有不确定性，物价稳定的基础还不牢固。一是当前物价仍在较高水平，尤其是在全球极度宽松的货币条件仍将持续、前两年国内需求扩张较快的大环境下，通货膨胀预期短期内难以轻易改变。二是目前经济内在扩张的压力依然存在，物价调控不能松懈，需要宏观政策继续把握好力度和节奏。另外，中国劳动力成本、服务业及非贸易品价格等可能会有持续和刚性上升的过程，资源性产品价格也有待理顺，这些因素都可能会加剧通货膨胀预期，物价对总需求扩张的敏感性也会更强。中国人民银行2011年第三季度城镇储户问卷调查显示，居民对未来物价上涨预期依然强烈，未来物价预期指数比上个季度提高2.6个百分点，预测下个季度物价上涨的居民比例较上个季度提高4.1个百分点。认为目前房价过高的居民占比较上个季度提高1.3个百分点，是2009年有该项调查以来的最高值。

二、下一阶段主要政策思路

下一阶段，中国人民银行将按照国务院统一部署，以科学发展为主题，以加快转变经济发展方式为主线，继续实施稳健的货币政策，密切监测国内外经济金融形势发展变化，把握好政策的力度和节奏，更加注重政策的针对性、灵活性和前瞻性，根据经济形势的变化，适时适度地进行预调、微调，巩固经济平稳较快发展的良好势头，保持物价总水平基本稳定，加强系统性风险防范。

一是综合运用多种货币政策工具组合，健全宏观审慎政策框架，保持货币信贷总量和社会融资规模的合理适度增长。继续优化流动性管理，根据经济金融形势和资本流动的变化，合理安排工具组合、期限结构和操作力度，保持银行体系流动性处于适当水平，合理引导货币市场利率。合理运用利率等价格调控手段，调节资金需求和投资储蓄行为，管理通货膨胀预期。健全宏观审慎政策框架，把货币信贷和流动性管理的总量调节与强化宏观审慎管理结合起来，并根据金融机构稳健经营状况和信贷政策执行情况对有关参数进行适度调整，继续实施差别准备金动态调整措施，引导并激励金融机构自我保持稳健和调整信贷投放，提升风险防范能力。加强对社会融资总量的监测与调节，保持社会融资规模适度增长。

二是着力优化信贷结构，提高金融服务水平，加大对结构调整，特别是农业、小企业的信贷支持。加强信贷政策与产业政策的协调配合，引导金融机构把握好贷款投放进度和节奏，切实做到有保有压，保证重点在建、续建项目的资金需要，重点支持符合产业政策的中小企业，支持民生工程尤其是保障性安居工程，严格控制对高耗能、高排放行业和产能过剩行业的贷款。创新金融产品和服务方式，进一步加大对中小企业特别是小微企业和“三农”的有效信贷投入，力争银行对小微企业贷款的增速不低于全部贷款的平均增速，增量高于上年同期水平，对达到要求的小金融机构继续执行较低的存款准备金率，同时加强有利于为小微企业及“三农”服务的金融组织体系建设，促进小金融机构改革与发展。继续加强地方融资平台公司贷款、表外业务和房地产金融的风险管理，加强对民间借贷的监测分析，做好风险提示工作，防范系统性风险。

三是稳步推进利率市场化改革和人民币汇率形成机制改革。继续加强金融市场基准利率体系建设，引导金融机构加强利率定价机制建设，积极探索进一步推进利率市场化的有效途径。按照主动性、可控性和渐进性原则，进一步完善人民币汇率形成机制，发挥市场供求在汇率形成中的基础性作用，参考一篮子货币进行调节，增强汇率弹性，保持人民币汇率在合理均衡水平上的基本稳定，促进国际收支基本平衡。加快发展外汇市场，推动汇率风险管理工具创新。扩大人民币在跨境贸易和投资中的使用，稳步拓宽人民币流出和回流渠道。推进在银行间外汇市场挂牌人民币对新兴市场货币交易，更好地为跨境贸易人民币结算业务发展服务。密切关注国际形势变化对资本流动的影响，加强对跨境资本的有效监控。

四是继续推动金融市场健康发展，深化金融企业改革。大力发展金融市场，优化融资结构，继续鼓励金融创新，拓宽小微企业融资渠道，加强金融市场基础性制度建设，完善市场法律法规，积极稳妥地推动银行间债券市场对外开放，推动金融市场服务实体经济发展。持续跟踪督导中国农业银行“三农金融事业部”改革，促进其全面改进“三农”金融服务。紧紧围绕服务国家发展战略，继续研究论证中国进出口银行改革方案。尽快推动落实中国出口信用保险公司改革实施总体方案，充分发挥其在支持外贸发展、实施“走出去”战略中的功能和作用。充分调研，抓紧研究和论证中国农业发展银行全面改革的方案，进一步发挥其在支持农业和农村经济发展中的功能和作用。

PART 1 Monetary and Credit Performance

In Q3 2011, the prudent monetary policy produced the desired results. China's money and credit growth moved in the direction of a normal level, which is in line with the stable and relatively rapid economic growth. The financial system performed soundly.

I. The growth of money supply generally declined

At end-September 2011, outstanding M2 registered RMB78.7 trillion yuan, up 13.0 percent year on year, decelerating 2.9 percentage points over end-June 2011. Outstanding M1 stood at RMB26.7 trillion yuan, an increase of 8.9 percent year on year, decelerating 4.2 percentage points over end-June 2011. Currency in circulation M0 totaled RMB4.7 trillion yuan, up 12.7 percent year on year, decelerating 1.7 percentage points over end-June 2011. In the first three quarters of 2011, net cash withdrawals posted RMB255.7 billion yuan, RMB104.5 billion yuan less year on year. In general, as intended by the macroeconomic management measures and the prudent monetary policy, growth of the aggregate money supply was stable, and M2 and M1 growth declined quarter by quarter. Moreover, given the impact of financial innovations such as off-balance-sheet wealth management products since the beginning of 2011 on the moderation of M2 growth, monetary conditions in real terms were at an appropriate level for the real economy.

At the end of September, outstanding base money registered RMB21.2 trillion yuan, up 32.8 percent year on year and RMB3.0 trillion yuan more than that at the beginning of the year. At end-September, the money multiplier stood at 3.71, which was 0.13 lower than that at end-June 2011. At end-September, the excess reserve ratio of financial institutions stood at 1.4 percent, and that of rural credit cooperatives (RCCs) stood at 3.4 percent.

Box 1 M2 Growth Steadily Declined

In the first three quarters of 2011, M2 growth gradually returned to normal, declining from 19.7 percent at end-2010 to 13.0 percent at end-September 2011. In general, this was the result of the implementation of the prudent monetary policy and was in line with the expectations of the macroeconomic management. Though M2 growth at end-September 2011 was lower than that in previous years, monetary conditions were basically appropriate for China's stable and relatively rapid economic growth.

1. Financial innovation is having an increasingly significant influence on monetary statistics

Innovative financial instruments have diversified the ways the corporate and household sectors invest, thereby diverting their savings. This has led to an under-estimation of the total money supply.

(1)Deposits of non-depositary financial institutions at depositary financial institutions, including demand and time deposits of trust

companies, lease companies, securities companies, and insurance companies at depositary financial institutions: These deposits follow the operations of the overall financial market very closely and are almost as liquid as the components of M2. At end-September 2011, they stood at RMB2.8 trillion yuan, increasing RMB549.9 billion yuan over the beginning of 2011 and up 31.9 percent year on year.

(2)Deposits at centers of housing provident funds, namely the housing reserve funds collected by entrusted banks but not yet disbursed: When claimed by depositors or lent out as housing reserve loans, such deposits constitute money supply to the real economy. At end-September 2011, outstanding deposits at centers of housing provident funds registered RMB699.2 billion yuan, up RMB113 billion yuan over the beginning of the year, an increase of 39 percent year on year.

(3)Funds mobilized by off-balance-sheet wealth management businesses, referring to funds acquired by commercial banks for the sale of wealth management products off their balance sheets: Commercial banks, as issuers of such products, bear no credit risks, whereas the buyers are fully exposed to the investment risks. At end-September 2011 the outstanding value of off-balance-sheet wealth management products totaled RMB3.3 trillion yuan, up RMB927.5 billion yuan over the beginning of 2011 and 45.7 percent more year on year. Wealth management products as a substitute for deposits have become a popular way for commercial banks to attract funds.

(4)Domestic deposits of overseas financial institutions, referring to RMB deposits of overseas financial institutions flowing back to China via trade settlement or other channels: In general, such deposits are allocated for payment and settlement, and may influence domestic liquidity and aggregate demand.

Despite the rapid growth of the above-mentioned items, other innovative financial institutions and instruments, such as money market funds, trusted investment programs, and bankers' acceptances, have also diversified deposits, leading to an under-estimation when money growth is used to measure monetary conditions in real terms. All relevant factors should be factored in when attempting to understand and interpret changes in money supply at present.

2. Present monetary conditions meet the goals of macroeconomic management.

As indicated by the M2 growth, due to the changes in currency rates, the volume of loans, and the all-system financing aggregates during the last round of the prudent monetary policy, current monetary conditions basically meet the goals of macroeconomic management.

(1)During the last round of the prudent monetary policy (from 1998 to 2007), M2 growth was lower than 15 percent for half of the period, peaking at 19.6 percent in 2003 and reaching a trough of 12.3 percent in 2,000 and with an arithmetic average of 15.9 percent. After taking into account financial innovations, at present money growth in real terms is only slightly below the average noted above. Money supply is at a relatively high level as a result of measures taken to cope with the global financial crisis during the past two years and the fact that China's economic

growth is stabilizing. As a result, present money aggregates are basically in line with demand in the real economy.

(2)In the past, the circulation of money generally slowed down due to the market reform and other factors. However, in years of comparatively higher inflation, expectations that there will be a contraction in purchasing power often accelerates the circulation of money, thereby lowering the demand for money. From January through September 2011 the circulation of money in China remained at a relatively high level. In order to stabilize inflation expectations, the growth of money aggregates should be reined in.

(3)Growth of lending and growth of all-system financing aggregates is not slow. By end-September 2011, outstanding RMB loans of financial institutions had grown 15.9 percent year on year, up 0.4 percentage point over that during the period between 2000 and 2008. Meanwhile, China's financing structure has diversified, with a larger share of direct financing. Multiple financing channels, such as debt financing, equity financing, trust loans, entrusted loans, and foreign exchange loans, all play important roles. Operation of the economy is less dependent on an incremental money supply.

Money supply is merely an intermediate goal of monetary policy. Analysis, adjustment, and management of the money supply should serve the ultimate goals of the monetary policy. The development of financial innovations and changes in the economic situation necessitate that the central bank make comprehensive and dynamic assessments of the changes in the intermediate goals in relation to the changes in aggregate demand, and accordingly adopt a monetary policy mix to meet the ultimate goals of monetary policy.

II. Deposit growth of financial institutions slowed down

At end-September 2011, outstanding deposits in domestic and foreign currencies of all financial institutions (including foreign-funded financial institutions, the same hereinafter) stood at RMB81.0 trillion yuan, up 13.9 percent year on year and decelerating 3.6 percentage points over the beginning of 2011. Outstanding deposits were RMB8.2 trillion yuan more than that at the beginning of 2011, a deceleration of RMB2.1 trillion yuan year on year. Outstanding RMB deposits registered RMB79.4 trillion yuan, up 14.2 percent year on year, decelerating 3.4 percentage points over end-June 2011. This was RMB8.1 trillion yuan more than that at the beginning of 2011, a deceleration of RMB2.1 trillion yuan year on year. Outstanding deposits in foreign currencies posted USD255.7 billion at end-Q3, an increase of 9.0 percent year on year or USD30 billion more than that at the beginning of 2011, which was USD6.8 billion more than the growth during the same period of the previous year.

In particular, growth of household deposits and deposits of non-financial institutions continued to slow down. At end-September, outstanding household deposits stood at RMB33.7 trillion yuan, up 13.6 percent year on year, decelerating 3.4 percentage points from end-June. This was also RMB3.6 trillion yuan more than that at the beginning of 2011 and RMB258.1 billion yuan less than the growth during the same period of the last year. Outstanding RMB deposits of non-financial institutions totaled RMB29.1 trillion yuan, up 10.9 percent year on year, decelerating 3.9 percentage points over end-June. This was also RMB1.3 trillion yuan more than that at the beginning of 2011, a deceleration of RMB2.2 trillion yuan year on year. At end-September, outstanding fiscal deposits reached RMB3.8 trillion yuan, up 12.3 percent year on year and RMB1.2 trillion yuan more than that at the beginning of 2011, an acceleration of RMB15.1 billion yuan year on year.

III. Loan growth of financial institutions returned to a normal level

At end-September, outstanding loans in domestic and foreign currencies of all financial institutions reached RMB56.2 trillion yuan, up 16.0 percent year on year, a deceleration of 0.8 percentage point over end-June. This was also RMB6.0 trillion yuan more than that at the beginning of the 2011, a deceleration of RMB488.7 billion yuan.

The growth of RMB loans continued to slow down. At end-September, outstanding RMB loans stood at RMB52.9 trillion yuan, up 15.9 percent year on year, a deceleration of 1.0 percentage point over end-June. This was also RMB5.68 trillion yuan more than that at the beginning of 2011, a deceleration of RMB597.7 billion yuan year on year. Among this total, new loans in Q3 registered RMB1.5 trillion yuan, decelerating RMB148.1 billion yuan year on year but accelerating by RMB294.9 billion yuan when compared with the same period of 2009. Credit demand for project investments, small- and medium-sized enterprises (SMEs), government-subsidized housing, agriculture, rural areas, and farmers, and disaster relief remained strong. Broken down by sectors, the growth of loans for the household and non-

Table 1 RMB Loans of Financial Institutions in the First Three Quarters of 2011

Unit: RMB100 million yuan

	First three quarters of 2011		First three quarters of 2010	
	New loans	Acceleration year on year	New loans	Acceleration year on year
Chinese-funded large-sized national banks[1]	27,773	-5,566	33,339	-14,542
Chinese-funded small- and medium-sized national banks[2]	17,765	1,047	16,718	-6,807
Chinese-funded small- and medium-sized local banks[3]	4,090	-371	4,461	-1,845
Rural cooperative financial institutions[4]	8,836	-1,155	9,992	468
Foreign-funded financial institutions	565	-545	1,109	1,174

Notes: 1. Chinese-funded large-sized national banks refer to banks with assets denominated in foreign and domestic currencies worth no less than RMB2 trillion yuan (according to the amount of total assets of the financial institutions in both domestic and foreign currencies at end-2008).

2. Chinese-funded small- and medium-sized national banks refer to banks that operate across different provinces with assets denominated in domestic and foreign currencies of less than RMB2 trillion yuan.

3. Chinese-funded small- and medium-sized local banks refer to banks that operate within a single province, with total assets of less than RMB2 trillion yuan.

4. Rural cooperative financial institutions refer to rural commercial banks, rural cooperative banks, and rural credit cooperatives.

Source: The People's Bank of China.

financial corporate sectors slowed down. At end-September, outstanding household loans increased 22.7 percent year on year, decelerating 2.1 percentage points over end-June. This was also RMB2.0 trillion yuan more than that at the beginning of 2011, a deceleration of RMB363 billion yuan. Among this total, the growth of home mortgage loans slowed down, growing by RMB657.6 billion yuan over the beginning of 2011 and marking a deceleration of RMB414.5 billion yuan. Non-housing consumer loans grew robustly by RMB483.3 billion yuan over the beginning of 2011, an acceleration of RMB55.5 billion yuan year on year. Loans to non-financial institutions and other sectors increased by 13.5 percent year on year, 0.6 percentage point lower than that at end-June. This was also RMB3.7 trillion yuan more than that at the beginning of 2011, a deceleration of RMB245 billion yuan. Broken down by maturities, medium- and long-term loans grew RMB1.7 trillion yuan over the beginning of the year, a deceleration of RMB1.9 trillion yuan year on year and marking a continued slowdown. Bill financing was RMB5.9 billion yuan less than that at the beginning of 2011, which was RMB803.9 billion yuan less than the decrease during the same period of the last year. Broken down by institutions, loan growth of Chinese-funded large-sized national banks decelerated significantly, whereas loan growth of Chinese-funded small- and medium-sized national banks accelerated.

The growth of foreign-currency-denominated loans rebounded. At end-September, outstanding foreign-currency loans of financial institutions reached USD523.9 billion, up 24.4 percent year on year and accelerating 2.2 percentage points over end-June. This was also USD73.4 billion more than that at the beginning of 2011, an acceleration of USD30.9 billion year on year. Trade financing increased by USD26.8 billion, accelerating USD19.2 billion year on year, thereby maintaining support for imports and exports. Overseas loans and medium- and long-term loans climbed by USD26.5 billion.

IV. All-system financing aggregates increased steadily, and the means of financing were diversified

According to preliminary statistics, in the first three quarters of 2011 all-system financing aggregates registered RMB9.80 trillion yuan, down RMB1.26 trillion yuan compared with the same period of the previous year. Among this total, new RMB loans posted RMB5.68 trillion yuan, a deceleration of RMB597.7 billion yuan. Foreign-currency-denominated loans increased the equivalent of RMB477 billion yuan, accelerating by RMB184.9 billion yuan year on year. New entrusted loans rose by RMB1.07 trillion yuan, accelerating by RMB562.5 billion yuan year on year. Trust loans increased by RMB84.8 billion yuan, decelerating by RMB392.4 billion yuan. Non-discounted bankers' acceptances grew by RMB982.5 billion yuan year on year, decelerating by RMB984.3 billion yuan. Net financing through corporate bonds registered RMB839.7 billion yuan, decelerating by RMB137.3 billion yuan. A total of RMB351.5 billion yuan was raised by domestic non-financial institutions via the stock markets, down RMB11.3 billion yuan year on year.

The financing structure became more diversified. First, the share of RMB loans remained stable. In the first three quarters of 2011, new RMB loans accounted for 58.0

percent of the all-system financing aggregates, up 1.0 percentage point year on year. Second, foreign-currency-denominated loans held a much larger share of the all-system financing aggregates. In the first three quarters of the year, the share of new foreign-currency-denominated loans was up 4.9 percent of the all-system financing aggregates, up 2.5 percentage points year on year. Third, the share of direct financing was stable. From January through September, a total of RMB1.19 trillion yuan was financed through bonds issued by the non-financial corporate sector and the domestic stock markets, accounting for 12.2 percent of the all-system financing aggregates. This was flat with the share during the same period of the last year. Fourth, non-banking financial institutions provided much stronger support for the economy. In the first three quarters, compensation payments by insurance companies and new loans extended by micro-credit companies and loan companies totaled RMB306.5 billion yuan, marking a significant acceleration year on year. Fifth, off-balance-sheet financing provided by financial institutions to the real economy decreased significantly as a share of total financing. In the first three quarters, a total of RMB2.14 trillion yuan was financed through non-discounted bankers' acceptances, entrusted loans, and trust loans, accounting for 21.8 percent of the total financing, 4.9 percentage points less year on year.

V. The lending rates of financial institutions climbed slightly

The lending rates offered to non-financial institutions and other sectors maintained a generally upward trend, with growth declining month by month. In September, the weighted average lending rate was 8.06 percent, up 0.77 percentage point over June. The weighted average interest rate of ordinary loans registered 7.80 percent, up 0.44 percentage point over June, and the weighted average bill financing rate posted 9.55 percent, up 2.57 percentage points over June. The weighted average residential mortgage rate rose steadily and stood at 7.36 percent in September, up 0.53 percentage point over June.

Loans with interest rates higher than the

Table 2 Shares of Loans with Rates Floating at Various Ranges of the Benchmark Rate, January through September 2011

Unit:%

Month	Adjusted downward	At the benchmark	Adjusted upward					
	[0.9,1.0)	1.0	Sum	(1.0,1.1]	(1.1,1.3]	(1.3,1.5]	(1.5,2.0]	Above 2.0
January	21.35	29.45	49.20	15.97	15.01	6.08	8.67	3.48
February	19.94	31.80	48.26	17.91	14.55	5.61	7.29	2.90
March	13.96	30.22	55.82	18.25	17.76	6.96	9.24	3.60
April	12.54	28.43	59.04	18.72	20.56	7.39	9.14	3.22
May	11.18	27.96	60.87	20.81	21.34	7.29	8.69	2.74
June	9.94	28.91	61.15	20.56	22.70	7.22	8.08	2.60
July	8.53	26.72	64.74	20.75	23.98	8.14	8.99	2.89
August	6.05	25.27	68.67	22.40	25.80	8.42	9.06	3.00
September	6.96	25.86	67.19	21.62	25.47	8.29	8.89	2.91

Source: The People's Bank of China.

Table 3 Average Interest Rates for Large-value Deposits and Loans Denominated in US Dollars, January through September 2011

Unit:%

Month	Large-value deposits						Loans				
	Demand deposits	Within 3 months	3-6 months (including 3 months)	6-12 months (including 6 months)	1 year	Above 1 year	Within 3 months	3-6 months (including 3 months)	6-12 months (including 6 months)	1 year	Above 1 year
January	0.24	1.99	2.01	1.87	3.47	4.45	2.76	2.92	3.04	2.91	3.35
February	0.27	2.14	2.68	2.55	3.34	3.91	2.94	3.16	3.12	3.16	3.16
March	0.32	2.31	2.67	3.01	2.91	4.47	3.04	3.26	3.76	3.25	3.15
April	0.28	2.61	2.58	2.96	4.19	5.20	3.02	3.25	3.57	3.41	3.16
May	0.29	2.63	3.14	3.38	3.60	5.58	3.12	3.44	3.68	3.54	3.60
June	0.26	2.79	2.80	2.66	1.48	3.22	3.16	3.46	3.73	3.78	3.46
July	0.33	2.68	2.98	3.39	2.78	5.47	3.30	3.58	4.23	3.90	3.78
August	0.31	2.95	3.47	3.44	3.58	5.36	3.34	3.69	4.03	3.97	3.58
September	0.35	2.99	3.81	3.15	3.86	5.61	3.37	3.75	4.37	3.70	3.76

Source: The People's Bank of China.

benchmark occupied a much larger share. In September, the share of loans with interest rates higher than the benchmark stood at 67.19 percent, up 6.04 percentage points over June. Loans with interest rates lower than or flat with the benchmark accounted for 6.96 percent and 25.86 percent of the total respectively, down 2.98 and 3.05 percentage points over June.

In general, foreign currency deposits and lending rates registered a slight increase due to the sustained elevation of interest rates in international markets and the change in supply and demand of foreign-currency funds in China. In September, the weighted average interest rate of demand deposits and large-value US dollar deposits with a maturity of less than 3 months stood at 0.35 and 2.99 percent respectively, up 0.09 and 0.20 percentage point over June. The weighted average interest rate of US dollar loans with a maturity of less than 3 months and 3~6 months (including 3 months) posted 3.37 percent and 3.75 percent respectively, up 0.21 percentage point and 0.29 percentage point over June.

VI. The flexibility of the RMB exchange rate rose significantly

In Q3 2011, the RMB exchange rate moved in both directions and appreciated slightly, with much stronger flexibility and stable expectations. At end-September, the central parity of the RMB against the US dollar was RMB6.3549 yuan per US dollar, up 1,167 basis points or 1.84 percent over end-June and an appreciation of 4.21 percent over the end of 2010. From the reform of the RMB exchange rate regime in July 2005 to end-September 2011, the RMB appreciated a cumulative 30.24 percent against the US dollar. The BIS estimated that the nominal effective exchange rate of the RMB appreciated 1.58 percent and the real effective exchange rate appreciated 4.24 percent in the first three quarters of 2011, and the nominal effective RMB exchange rate appreciated 16.59 percent and the real effective exchange rate appreciated 27.81 percent from the RMB exchange rate regime reform in 2005 to end-September 2011.

PART 2 Monetary Policy Operations

In the third quarter of 2011, following the overall arrangements of the State Council, the PBC continued its prudent monetary policy as it worked to maintain price stability, which remains the priority of macroeconomic management. Making policies more targeted, flexible, and effective, the PBC ensured steady money and credit growth through strengthened management of liquidity in the banking system, kept total financing to the real economy at an appropriate level, and encouraged financial institutions to properly pace the credit supply and to improve the credit structure. The PBC continued to improve the RMB exchange rate regime and pressed ahead with the reform of financial institutions. All these efforts contributed to stable and sound economic and financial development.

I. Flexible open market operations

Open market operations were conducted in a timely and appropriate manner. Supported by closer monitoring of the dynamics affecting liquidity supply and demand, open market operations were used to complement other monetary policy tools to adjust liquidity in the banking system. In the third quarter, the PBC issued RMB164 billion yuan of central bank notes and conducted RMB629 billion yuan of repo operations. As of end-September, outstanding central bank bills totaled RMB1.93 trillion yuan.

The mix of different tools was improved. In response to short-term liquidity volatility caused by seasonal factors and market developments, and depending on the changes in liquidity supply and demand in the banking system, sterilization operations were conducted to supplement central bank bills and short-term repos, and 7-day short-term repos were introduced, which contributed to a refined mix of tools, making sterilization operations more targeted and flexible.

Interest rates of open market operations remained flexible. Supporting adjustments in the benchmark deposit and lending rates and accommodating the liquidity management measures, such properly managed flexibility, based on market interest rate movements, was successful in shaping market expectations. As of end-September, interest rates for 3-month, 1-year, and 3-year central bank bills stood at 3.1618 percent, 3.5840 percent, and 3.97 percent respectively, up 8.17 basis points, 8.58 basis points, and 8.00 basis points from end-June. Interest rates for repo operations also recorded a rise.

State treasury cash management was conducted in a timely manner, with a total of RMB90 billion yuan of state treasury funds deposited as time deposits in commercial banks in three separate operations during the third quarter.

II. An improved reserve requirement policy

As a regular adjustment and institutional improvement, the scope of deposits against which reserves are required was broadened to cover margin deposits, effective from September 2011 and enforceable within 3 to 6 months depending on the liquidity level at each financial institution. Adjusted on a continuous basis, the scope had already been expanded to include on-balance-sheet wealth management products, time deposits of state treasury funds, and deposits by financial holding companies, making sure it remained adaptable to financial developments and was supportive of the role of monetary policy in macroeconomic management. As financial markets in China deepen and grow wider, businesses based on bankers' acceptances, letters of credit, and letters of guarantee, and subsequently margin deposits have been expanding rapidly. Against this backdrop, the latest expansion of the reserve requirement policy will help ensure that the coverage of required reserves remains complete and that it plays a better role in macroeconomic management.

With appropriate refinements of the parameters, the policy of differentiated reserve requirements with on-going adjustments, while subjecting credit growth to counter-cyclical capital requirements, will continue to encourage financial institutions to maintain steady credit growth and to improve the credit structure.

III. An increase in benchmark deposit and lending rates

The PBC raised the benchmark deposit and lending rates on July 7, increasing the 1-year benchmark deposit rate from 3.25 percent to 3.50 percent and the 1-year benchmark lending rate from 6.31 percent to 6.56 percent, both up by 0.25 percentage point. This timely increase of the benchmark rates supported efforts to stabilize inflationary expectations and to guide reasonable money and credit growth. It was also important to reinforce the effects of property market policies, to improve the allocation of funds, and to protect household wealth.

IV. Strengthened window guidance and credit policy guidance

Continuing to strengthen and improve window guidance, the PBC encouraged financial institutions to properly manage the pace of credit supply, improve the credit structure, and prevent credit risks. As part of efforts to better coordinate credit policy with industrial policy, the PBC strengthened the requirements for implementation of the differentiated credit policy and credit structure. With improved assessments of the effects of the credit policy, including lending policies for agriculture and SMEs, the PBC encouraged better financial services to agriculture, rural areas, and farmers, as well as greater lending support for SMEs to meet the reasonable financing needs of SMEs with financial difficulties that have satisfied the industrial, environmental, and lending qualifications. The PBC also supported lending to energy-conservation and emission-reduction projects, strategic emerging industries, cultural industries, and other key areas, and encouraged improved financial support and services to employment programs for women, university graduates, people with disabilities, migrant workers, and other groups, as well as initiatives aimed at better developing the old revolutionary base areas, ethnic minority areas, border regions, and impoverished areas. The PBC also encouraged financial institutions to enforce a differentiated mortgage policy, strengthen management of lending to local government financing platforms, and rein in lending to heavily energy-consuming and polluting industries as well as to industries with excess capacity, thus supporting the economic restructuring.

On the whole, lending to SMEs, agriculture, rural areas, and farmers remained robust. As of end-September, outstanding loans (including bill discounts) to SMEs totaled RMB20.76 trillion yuan, an increase of RMB2.26 trillion yuan from the beginning of the year. In particular, outstanding loans to small enterprises increased 24.3 percent year on year to RMB10.13 trillion yuan, surpassing lending to large and medium enterprises by 13.9 percentage points and 11.7 percentage points respectively. As of end-September, total outstanding agro-linked loans in both RMB and foreign currencies totaled RMB13.96 trillion yuan, or 24.8 percent of the total lending.

V. Progress in the cross-border use of RMB

On August 22, 2011, the PBC, together with five other government agencies, in the *Notice on Extending the Geographical Coverage of the Use of RMB in Cross-border Trade Settlement*, announced that enterprises in all provinces will be allowed to use RMB to settle cross-border trade. On October 13, the Ministry of Commerce issued the *Notice on Issues regarding Cross-border Direct Investments in RMB*, and the PBC released the *Administrative Measures on Settlement of Foreign Direct Investment in RMB*, which allow overseas investors to invest in RMB in China. In the first three quarters, RMB settlement in cross-border trade recorded RMB1,540.98 billion yuan, growing 6.9 times year on year, and in the third quarter RMB settlement registered RMB583.41 billion yuan, representing a drop from the previous quarter. This included RMB396.86 billion yuan in goods trade and RMB186.55 billion yuan in services trade and other items under the current account. Actual RMB receipts

Figure 1 Monthly RMB Settlement of Cross-border Trade

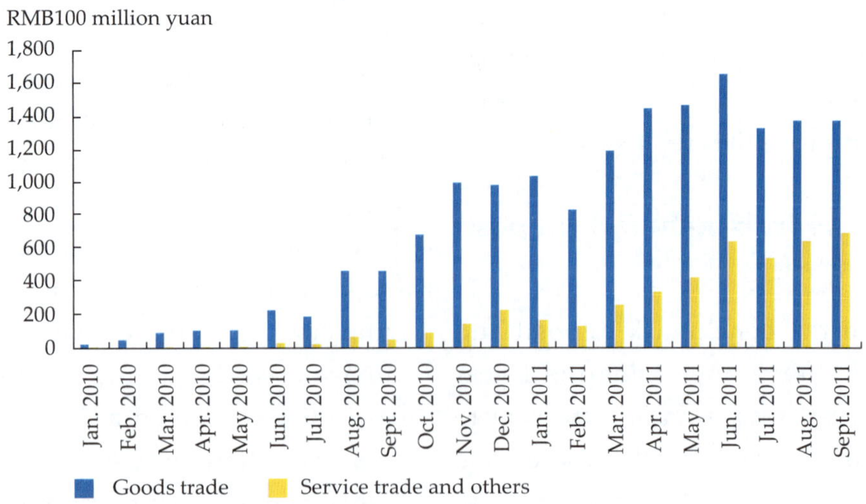

Source: The People's Bank of China.

and payments in the third quarter totaled RMB419.57 billion yuan, including RMB156.90 billion yuan in receipts and RMB262.67 billion yuan in payments. As a result, the receipt-to-payment ratio increased to 1:1.67 from the last quarter's 1:2.9, suggesting more balanced use of RMB in settling imports and exports. Bank settlement of outbound RMB direct investments in the first three quarters reached RMB10.85 billion yuan. As of end-September, mainland agent banks opened 1,149 interbank RMB accounts for participating overseas banks, with a total outstanding balance of RMB202.52 billion yuan, an average of RMB176 million yuan in each account. Overseas enterprises opened a total of 3,734 settlement accounts at mainland banks, with a total balance of RMB86.77 billion yuan and an average of RMB23.24 million yuan in each account.

VI. Improvement in the RMB exchange rate regime

The PBC further improved the RMB exchange rate regime reform in line with the principle of making it a self-initiated, controllable, and gradual process. Focusing on the role of market supply and demand, the PBC enhanced RMB exchange rate flexibility with reference to a basket of currencies and kept the RMB exchange rate basically stable at an adaptive and equilibrium level. In the third quarter, the central parity of the RMB against the US dollar peaked at RMB6.3549 yuan per dollar and reached a trough of RMB6.4748 yuan per dollar. Among the 65 trading days, the interbank foreign exchange market saw an appreciation of the RMB against the US dollar on 34 days and a depreciation on 31 days. The largest intraday appreciation was 0.28 percent (or 176 points), whereas the largest intraday depreciation was 0.14 percent (or 90 points).

The RMB exchange rate moved in both directions against the euro, Japanese yen, and other major international currencies. At end-September, the central parity of the RMB against the euro registered RMB8.6328 yuan per euro, an appreciation of 8.44 percent from end-June, and the central parity of the RMB against the Japanese yen stood at RMB8.2978 yuan per 100 Japanese yen, a depreciation of 3.30 percent from end-June. Beginning from the RMB exchange rate regime reform in 2005 to end-September 2011, on a cumulative basis the RMB appreciated 16.00 percent against the euro and depreciated 11.95 percent against the Japanese yen.

In the third quarter, the interbank foreign exchange spot market recorded RMB6,470.71 billion yuan of transactions in RMB against the US dollar, RMB19.63 billion yuan in RMB against the euro, RMB19.49 billion yuan in RMB against the Hong Kong dollar, RMB6.77 billion yuan in RMB against the Japanese yen, RMB2.93 billion yuan in RMB against the Russian ruble, RMB280 million yuan in RMB against the pound sterling, and RMB50 million yuan in RMB against the Malaysian ringgit. RMB trading against the Russian ruble, the Malaysian ringgit, and the currencies of the other emerging markets was becoming increasingly brisk in the interbank foreign exchange market, providing direct bilateral exchange rates for micro-level market players and supporting bilateral economic and trade development.

Box 2 Direct Trading Between the RMB and Currencies of the Emerging Market Economies

After the RMB exchange rate regime reform in 1994, the China interbank foreign exchange market began to offer RMB exchange rates against five international reserve currencies, i.e., the US dollar, the euro, the Japanese yen, the pound sterling, and the Hong Kong dollar. Following the recent financial crisis, the market witnessed a growing demand for trading between the RMB and the currencies of the emerging market economies as micro-level market participants sought to reduce exchange costs amid the heightened volatility of the major currencies.

In response to this growing demand, the PBC explored the possibility of introducing direct trading between the RMB and the currencies of the emerging market economies in the interbank foreign exchange market. As a result, direct trading between the RMB and the Malaysian ringgit was launched on August 19, 2010. China also agreed to support Russia's proposal to start trading between the RMB and the Russian ruble in the two countries' interbank foreign exchange markets, as stated in the China-Russia Joint Statement on Comprehensively Deepening Coordination of the Strategic Partnership, which was released by the Chinese and Russian governments in September 2010. With vigorous efforts by the central banks in both countries, trading between the two currencies was launched in the interbank foreign exchange market in China on November 22, 2010, and in the Moscow Interbank Currency Exchange (Micex) on December 15, 2010.

Direct trading between the RMB and the currencies of the emerging market economies differs in two ways from that between the RMB and the reserve currencies other than the US dollar. First, they have different mechanisms for determining the central parity. While the central parities for the RMB against the euro, the Japanese yen, the pound sterling, and the Hong Kong dollar are calculated based on the central parity of the RMB against the US dollar and the exchange rates between the US dollar and these currencies, the central parities for the RMB against the ringgit and the ruble are quoted directly from the market makers without involving a third currency, and their market exchange rates are generated directly at commercial banks on the basis of supply and demand. Second, they have different floating bands. The trading prices of the RMB against the ringgit and the ruble are allowed to fluctuate within 5 percent around their central parities, which is wider than the 3 percent range for trading between the RMB and non-US dollar reserve currencies.

With brisk trading and growing volume, trading between the RMB and the currencies of the emerging market economies in the China interbank foreign exchange market developed in a healthy manner. Trading between the RMB and the ruble totaled RMB 3.31 billion yuan as of end-September. In the second half of 2011, its trading volume exceeded the trading between the RMB and the pound sterling, and was also close to that between the RMB and the euro, the Japanese yen, and the Hong Kong dollar. Trading between the RMB and the ringgit is becoming increasingly brisk. Meanwhile, in overseas markets RMB trading with the currencies of the emerging market economies is off to a good start. As of end-September, RMB trading with the ruble in the Moscow interbank foreign exchange market reached RMB 449 million yuan.

Trading between the RMB and the currencies of the emerging market economies in the interbank foreign exchange markets brings notable benefits. First, it cuts exchange costs for exporters by avoiding double exchanges via a third currency. Second, it reduces exchange rate risks arising from the volatility of a third currency and it facilitates settlement in local currencies. Third, it produces single, transparent, and direct exchange rates, thereby facilitating trading. Fourth, it lowers the costs and risks for banks by allowing them to square their positions in related currencies accumulated from the sales and purchases of these currencies from customers, encouraging RMB trading with such currencies at banks. Fifth, it supports the development of offshore RMB markets.

The currencies of the emerging market economies are playing a greater role, backed by their rapid growth and increasing importance in the global economy. To meet market demand, further efforts will be made to promote trading between the RMB and the currencies of the emerging market economies in the interbank foreign exchange markets so as to facilitate bilateral economic and trade ties and to better support the use of RMB in cross-border trade settlement.

VII. Progress in the reform of financial institutions

Steady progress was made to reform key financial institutions. In September 2011, the PBC issued the *Notice on Expanding the Pilot Reform Program of the Agricultural Bank of China (ABC) to Build a Multi-divisional Structure for Financial Services to Agriculture, Rural Areas, and Farmers*. According to this *Notice*, the pilot reform will be expanded to include 371 ABC county-level sub-branches in Heilongjiang, Henan, Hebei, and Anhui provinces, bringing the total coverage to 929 counties in 12 provinces (autonomous regions or municipalities). The PBC encouraged the ABC to intensify its institutional reforms, step up financial services for agriculture, rural areas, and farmers, and at the county-level. Reforms in the policy financial institutions were also advanced. At end-June, the China Export and Credit Insurance Corporation (Sinosure) received RMB20 billion yuan as a capital injection from the China Investment Corporation, and it is making progress in implementing a reform plan. The China Agricultural Development Bank also began its reform process by launching a reform working group in August.

Important progress was made in reforming the rural credit cooperatives (RCCs). First, the quality of RCC assets improved significantly. Based on the five-category loan classification, at end-September outstanding non-performing loans at RCCs totaled RMB373.8 billion yuan, down RMB46.6 billion yuan from end-2010, and the NPL ratio declined 1.7 percentage points from end-2010 to 5.7 percent. The capital adequacy ratio stood at 9.6 percent, up 1.2 percentage points from end-2010. Second, the

RCCs' financial position was strengthened significantly and their agro-linked lending expanded by a large margin. At end-September, total deposits at RCCs posted RMB9.7 trillion yuan, accounting for 12.2 percent of the total deposits of all financial institutions, up 0.3 percentage point from end-2010. RCC lending registered RMB6.6 trillion yuan, or 12.4 percent of the total lending by all financial institutions, an increase of 0.6 percentage point from end-2010. Agro-linked loans extended by RCCs reached RMB4.5 trillion yuan, an increase of RMB625.2 billion yuan or up 16.1 percent from end-2010, while RCC lending to rural households stood at RMB2.4 trillion yuan, a rise of RMB316.1 billion yuan or 15.5 percent from end-2010. Third, progress was made in RCC property rights reform. As of end-September, a total of 1,942 RCCs, 134 rural commercial banks, and 214 rural cooperative banks had been established, all with legal person status at the county (city) level.

VIII. Deepened reform of foreign exchange administration

Efforts were intensified to monitor and fight "hot money" inflows. These efforts included greater scrutiny of key cases and special campaigns aimed at regulating the surrender of foreign exchange capital by foreign-funded enterprises and the banks' foreign exchange businesses, tougher actions against other illegal activities, which led to the identification of criminal cases involving underground banking and illegal online foreign exchange trading, and greater publicity of foreign exchange violations by banks, enterprises, and individuals helped discourage irregularities.

Monitoring of cross-border capital flows was strengthened. To deal with cross-border arbitrage activities, contingency plans were developed to enhance foreign exchange market administrative measures. Effective measures were implemented to verify the authenticity of trade-based foreign exchange inflows while also encouraging foreign exchange purchases and payments with authentic trade and investment backgrounds. Moreover, management of capital from foreign direct investments was strengthened by using the tax leverage and enterprises were encouraged to deposit their proceeds from exports in overseas banks. The establishment and registration of foreign-funded property companies were placed under stringent scrutiny, supported by enhanced coordination with the commerce authority, and assessments of the banks' observance of foreign exchange regulations were improved to encourage better compliance.

Reform of foreign exchange administration for goods trade and other key areas was advanced. In early September, the State Administration of Foreign Exchange (SAFE) announced in the *Public Notice on the Pilot Reform of Foreign Exchange Administration for Goods Trade*, a document issued jointly with the State Administration of Taxation and the General Administration of Customs, that starting from December 1, a pilot program designed to reform the verification system for goods trade would be launched in Jiangsu and 6 other provinces (municipalities) as part of the efforts to enhance the system's regulatory effectiveness while improving its efficiency.

PART 3 Financial Market Analysis

In the third quarter of 2011, China's financial market continued to perform in a healthy and sound manner. The money market traded briskly and interest rates declined slightly. Bond market yield curves shifted upward and bond issuances grew significantly. Stock indices declined and financing on the stock markets declined.

I. Financial market analysis

1. The money market traded briskly, and market interest rates declined from a high level

Repo transactions and interbank borrowings on the money market were brisk and the trading volume increased. In the first three quarters of 2011, the turnover of bond repos totaled RMB71.8 trillion yuan, with an average daily turnover of RMB384.2 billion yuan, up 11.1 percent year on year. The turnover of interbank borrowings reached RMB23.9 trillion yuan, with an average daily turnover of RMB127.6 billion yuan, an increase of 18.4 percent year on year. Market transactions still focused on overnight products, with overnight bond repo and interbank transactions accounting for 75.5 percent and 84.2 percent of their respective turnovers, down 4.5 and 3.5 percentage points from the same period of the previous year. The total turnover of government securities repos on the stock exchanges soared 202.2 percent year on year to RMB13.6 trillion yuan.

The financing structure remained unchanged. Stated-owned commercial banks continued to be the main fund provider, although their net lending declined, whereas foreign-funded financial institutions, as net borrowers during the same period of the previous year, became net lenders of RMB219.1 billion yuan. The funding demands of securities and fund management companies declined by a large margin.

Table 4 Fund Flows among Financial Institutions in the First Three Quarters of 2011

Unit: RMB100 million yuan

	Repo		Interbank borrowing	
	In the first three quarters of 2011	In the first three quarters of 2010	In the first three quarters of 2011	In the first three quarters of 2010
State-owned commercial banks	-151,721	-182,021	33,417	-22,842
Other commercial banks	47,273	70,866	-20,381	6,791
Other financial institutions	99,006	84,319	-5,404	13,313
Of which: Securities companies and fund management companies	42,429	57,981	7,214	2,274
Insurance companies	19,055	10,414	—	—
Foreign-funded financial institutions	5,441	26,835	-7,632	2,738

Note: "Other financial institutions" in the table refer to the China Development Bank, policy banks, associations of rural credit cooperatives, finance companies, trust and investment companies, insurance companies, securities companies, fund management companies, and so forth. A negative sign indicates net lending and a positive sign indicates net borrowing.
Source: China Foreign Exchange Trade System.

In Q3 2011, interest rates on the money market declined slightly. Since the beginning of 2011, money market interest rates in general were higher than in the previous year. After the monthly weighted average interest rate of bond-pledged repo and interbank borrowing reached respective yearly highs of 4.94 percent and 4.56 percent in June, both declined. Due to a number of factors, such as the volume of cash withdrawals before the National Day holiday and the end-of-quarter performance evaluations of the commercial banks, interest rates climbed appreciably in September compared with July and August. The weighted average interest rate of bond-pledged repo and interbank borrowing posted 3.75 percent and 3.74 percent respectively in September, down 119 and 82 basis points from June, but up 63 and 82 basis points from December 2010. The Shibor rates of all maturities declined. At end-September, the overnight, 7-day, and 3-month Shibor rate stood at 4.8925 percent, 5.0025 percent, and 5.6466 percent respectively, down 11, 160, and 75 basis points from end-June.

Trading of RMB interest-rate swaps grew rapidly. In the first three quarters of 2011, there were 16,925 transactions, with an aggregate nominal principal of RMB2,154.6 billion yuan, up 170.0 percent year on year. In terms of the maturity structure, RMB interest-rate swaps with maturities of one year and or less traded most briskly, with a nominal principal of RMB1,553.9 billion yuan, accounting for 72.1 percent of the total. The base rate of the floating end of the RMB interest-rate swaps mainly included the 7-day fixing repo rate and the Shibor, and their nominal principal accounted respectively for 55.7 percent and 40.6 percent of the total.

2. The yield curves of government securities shifted upward and bond issuances grew significantly

The volume of spot trading increased steadily on the interbank bond market. In the first three quarters of 2011, the turnover of spot bond trading totaled RMB47.8 trillion yuan, with a daily average of RMB255.4 billion yuan, up 7.4 percent year on year. In terms of trading entities, state-owned commercial banks and foreign financial institutions were net bond

Table 5 Transactions of Interest Rate Derivatives from 2006 to Q3 2011

	Bond forwards		Interest-rate swaps		Forward-rate agreements	
	Transactions	Amount[1] (RMB100 million yuan)	Transactions	Amount of nominal principal (RMB100 million yuan)	Transactions	Amount of nominal principal (RMB100 million yuan)
2006	398	664.5	103	355.7	—	—
2007	1,238	2,518.1	1,978	2,186.9	14	10.5
2008	1,327	5,005.5	4,040	4,121.5	137	113.6
2009	1,599	6,556.4	4,044	4,616.4	27	60.0
2010	967	3,183.4	11,643	15,003.4	20	33.5
Q1 2011	159	212.6	4,775	5,667.9	2	2.0
Q2 2011	66	237.7	4,834	6,607.6	0	0
Q3 2011	148	431.1	7,316	9,271.0	1	1.0

Note: 1. Since 2009, statistics on transactions of bond forwards have been changed to the settlement amounts of the transactions.
Source: China Foreign Exchange Trade System.

buyers on the interbank spot bond market, with net purchases of RMB472.1 billion yuan and RMB164.1 billion yuan respectively; other commercial banks and other financial institutions were net bond sellers, with net sales of RMB494 billion yuan and RMB142.2 billion yuan respectively. A total of RMB98.8 billion yuan of spot government securities was traded on the stock exchanges, RMB33.2 billion yuan less than that during the same period of the previous year.

At end-September, the China Bond Composite Index (net price) declined 0.61 percent from end-June to 98.5 points, while the China Bond Composite Index (full price) rose 0.31 percent to 136.31 points. From end-June, the index of government securities on the stock exchanges rose 0.93 percent to 129.8 points.

The yield curves of government securities shifted slightly upward. Due to a number of factors, such as the continuous elevation of the CPI and hikes in the reserve requirement ratios, the yield curves of government securities showed an upward trend. At end-September, the average yields of 1-year, 5-year, 15-year, and 20-year government securities were respectively 13, 17, 5, and 4 basis points higher than those at end-June.

Bond issuances grew significantly. In the first three quarters of 2011, a total of RMB4.69 trillion yuan of bonds (excluding central bills) was issued, up 20.2 percent year on year. In particular, issuances of subordinate bonds and hybrid bonds, which were issued by commercial banks to increase their capital adequacy ratio, increased rapidly by 109.8 percent year on year. Issuances of policy financial bonds also maintained a rapid pace, increasing 78.4 percent year on year. Issuances of government securities fell slightly, with the volume of total issuances at RMB1.40 trillion yuan in the first three quarters, down 6.0 percent year on year. At end-September, a total of RMB20.7 trillion

Figure 2 Yield Curves of Government Securities on the Inter-bank Market in the First Three Quarters of 2011

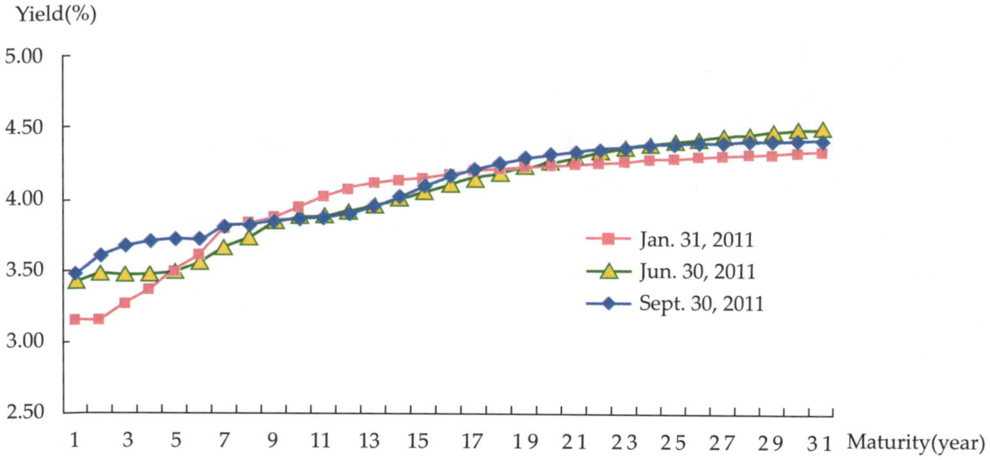

Source: China Government Securities Depository Trust and Clearing Co., Ltd..

Table 6 Issuances of Bonds in the First Three Quarters of 2011

Type of bonds	Issuances (RMB100 million yuan)	Year-on-year growth (%)
Government securities[1]	14,017	-6.0
Of which: Municipal bonds	1,416	-16.4
Policy financial bonds issued by the China Development Bank and other policy banks	16,168	78.4
Bank subordinate bonds and hybrid bonds	1,669	109.8
Bank ordinary bonds	20	100
Enterprise bonds[2]	14,572	13.8
Of which: Short-term financial bills	7,182	27.6
Medium-term notes	4,801	12.4
Corporate bonds	973	178.9

Notes: 1. Including municipal bonds issued by the Ministry of Finance on behalf of local governments.
2. Including enterprise bonds, short-term financing bills, medium-term notes, collective bills of SMEs, and corporate bands.
Source: The People's Bank of China, China Government Securities Depository Trust and Clearing Co., Ltd..

yuan of bonds was deposited with the China Government Securities Depository Trust and Clearing Co., Ltd., an increase of 3.5 percent year on year.

Against the background of the volatility in global financial markets and due to the changed expectations, risk preferences, and demands for asset allocations by market institutions, the issuance rates of bonds showed a diversified trend. The coupon rate of 10-year government securities issued in September was 3.93 percent, down 6 basis points from those of the same maturity issued in June, while the interest rate of 10-year policy bonds issued by the China Development Bank was 5.07 percent, up 46 basis points from those of the same maturity issued in June. The Shibor played a greater role in bond pricing. In the first three quarters of 2011, 11 floating-rate bonds based on the Shibor were issued on the primary bond market, with a gross issuance volume of RMB112.1 billion yuan, accounting for 25 percent of the issuance of all floating-rate bonds. In particular, 7 floating-rate policy financial bonds were issued, with a total issuance of RMB109.7 billion yuan. Furthermore, 137 enterprise bonds were issued, with a total volume of RMB160.6 billion yuan, all based on the Shibor.

3. Bill financing grew slightly, and interest rates on the bill market moved up amid fluctuations

Outstanding bill financing grew slightly and the bill market traded briskly. In the first three quarters, commercial bills issued by enterprises totaled RMB11.2 trillion yuan, representing year-on-year growth of 26.3 percent; the volume of discounted bills amounted to RMB18.2 trillion yuan, representing a year-on-year decrease of 5.2 percent. At end-September, the total value of outstanding commercial bills increased 23.9 percent year on year to RMB6.5 trillion yuan; outstanding discounted bills registered RMB1.5 trillion yuan, down 5.3 percent year on year. In the third quarter, financial institutions continued to adjust the aggregate credit and loan structure and reasonably controlled the growth of bill financing. The outstanding balance of bill financing at end-September increased by RMB136.3 billion yuan from the end of the last quarter, representing an acceleration of RMB16.2 billion yuan and accounting for 2.8 percent of all kinds of loans, down 0.6 percentage point year on year. Affected by a number of factors, such as interest rates on the money market and changes in supply and demand for bills, interest rates in the bill market in the third quarter of 2011 continued to move up and hovered at a historical high level.

4. The stock indices and equity financing both declined

In general, the stock indices declined. At end-September, the Shanghai Stock Exchange Composite Index and the Shenzhen Stock Exchange Component Index declined 14.6 percent and 15.0 percent from end-June to close at 2,359 points and 10,292 points respectively. The average P/E ratio on the A-share market of the Shanghai Stock Exchange declined from 16.5 times at end-June to 14.2 times at end-September; the average P/E on the A-share market of the Shenzhen Stock Exchange declined from 30.7 times to 27.0 times. The indices on the Shenzhen GEM Board also declined. At end-September, the Shenzhen Stock Exchange SME Price Index closed at 791 points, down 6.5 percent from end-June.

The volume of transactions on the stock markets declined marginally. In the first three quarters of 2011, turnover on the Shanghai and Shenzhen Stock Exchanges totaled RMB34.8 trillion yuan, down 0.6 percent year on year, and the daily turnover averaged RMB189.4 billion yuan, RMB4.4 billion yuan less than that during the same period of the previous year. The volume of transactions on the GEM Board amounted to RMB1.29 trillion yuan, representing an increase of 27.1 percent year on year. At end-September, market capitalization declined 8.8 percent from the end of the last year to RMB17.6 trillion yuan, representing an increase of 15.5 percent year on year. Market capitalization on the GEM Board amounted to RMB251.6 billion yuan, representing an increase of 124.8 percent year on year.

Financing on the stock markets declined somewhat. A total of RMB468.2 billion yuan was raised by all kinds of enterprises and financial institutions in the first three quarters of 2011 by the way of IPOs, additional offerings, warrant exercises, right issuances, and bonds with detachable warrants, RMB296.9 billion yuan less than that during the same period of the previous year. Among this, RMB391.4 billion yuan was raised by IPOs and warrant exercises on the A-share market, RMB193.7 billion yuan less than that during the same period of the previous year.

5. Total assets in the insurance industry maintained fairly rapid growth

In the first three quarters of 2011, total premium income in the insurance industry amounted to RMB1.13 trillion yuan, and total claim and benefit payments increased 27.0 percent year on year to RMB287.3 billion yuan. Specifically, total claim and benefit payments in the property insurance sector increased 24.1 percent, whereas those in the life insurance sector increased 30.3 percent.

Total assets in the insurance industry maintained fairly rapid growth. At end-September, total assets in the insurance industry posted RMB5.7 trillion yuan, an increase of 19.3 percent year on year. Among this total, bank deposits increased 31.5 percent and investment-

Table 7 Use of Insurance Funds at End-September 2011

	Outstanding balance(RMB100 million yuan)		As a share of total assets (%)	
	End-September 2011	End-September 2010	End-September 2011	End-September 2010
Total assets	57,257	47,995	100	100
Of which: Bank deposits	17,183	13,070	30.0	27.2
Investment	35,428	31,253	61.9	65.1

Source: China Insurance Regulatory Commission.

type assets increased 13.4 percent.

6. The foreign exchange market traded briskly

The volume of RMB forward and "currency pair" transactions expanded rapidly. In the first three quarters of 2011, the turnover of spot foreign exchange transactions totaled USD2,766.7 billion, representing an increase of 20.5 percent year on year; the turnover of RMB foreign exchange swap transactions totaled USD1,316.5 billion, representing an increase of 38.5 percent year on year; among this total, overnight RMB/USD swap transactions amounted to USD752.4 billion, accounting for 57.2 percent of all currency swap transactions; the turnover on the RMB foreign exchange forward market totaled USD176.7 billion, an increase of 2,343.0 percent year on year. In the first three quarters of 2011, the turnover of foreign currency pair transactions amounted to USD73.4 billion, an increase of 63.7 percent year on year. In particular, USD/HKD pairs accounted for the lion's share, or 44.6 percent, down 20.5 percentage points from the same period of the previous year. The number of participants on the foreign exchange market further expanded. At end-September 2011, there were 307 members on the foreign exchange spot market, 73 members on the forward market, 71 members on the foreign exchange swap market, and 20 members on the foreign exchange options market.

7. Operations on the gold market remained stable

In the first three quarters of 2011, a total of RMB3.34 trillion yuan of precious metals was traded on the Shanghai Gold Exchange, an increase of 150.4 percent year on year. In particular, the trading volume of gold was 5,291.1 tons, an increase of 14.6 percent year on year, and its turnover posted RMB1,741.8 billion yuan, an increase of 46.1 percent year on year; the trading volume of silver was 194,300 tons, an increase of 529.0 percent year on year, and its turnover posted RMB1,583.16 billion yuan, an increase of 1,126.2 percent year on year; the trading volume of platinum was 50.18 tons, an increase of 23.7 percent year on year, and its turnover posted RMB19.14 billion yuan, an increase of 31.7 percent year on year.

The movement of domestic gold prices kept pace with that on the international market and showed an upward trend. In the third quarter, the peak of the afternoon fixing gold price on the London market was USD1,895 per ounce, and the lowest price was USD1,598 per ounce; while the highest price (AU9995) on the domestic market was RMB395 yuan per gram, and the lowest price was RMB322 yuan per gram. At end-September, the price of gold was RMB337.77 yuan per gram, up 7.9 percent from end-June.

II. Institutional building in the financial market

1. Strengthening regulation on the interbank bond market

Efforts were made to strengthen regulation of the agent bond settlement business on the interbank bond market. In August 2011, the PBC General Administration Department issued the *Notice on Further Strengthening Regulation of the Agent Bond Settlement Business on the National Interbank Bond Market*, further defining and clarifying the provisions on institutional building, the set-up of departmental posts, and risk prevention for 46 agent settlement agencies.

The Shanghai Clearing House launched registration and custody services for short-term financing bills. In August 2011, with the approval of the People's Bank of China, the Shanghai Clearing House released the *Notice on Providing Registration and Custody Services for Short-term Financing Bills*, and from September 1, 2011 it began providing registration and custody services for newly issued short-term financing bills. The launch of short-term financing bill registration and custody services represented a substantial step in implementing the OTC derivative market reform proposed by the Group of Twenty (G20) and will help in the building of Shanghai as an international financial hub.

2. Improving institutional arrangements on the securities market

Promoting the building of a margin trading system. In August 2011, the China Securities Regulatory Commission issued the *Draft Administrative Measures on Managing and Supervising the Securities Margin Trading Business* and relevant supporting documents to solicit public opinions. To launch the securities margin trading business, i.e., to set up securities financial companies that can use their own or legally raised funds to lend to securities companies, will help alleviate the problem of fund or securities shortages of securities companies when conducting margin trading for customers, will play a positive role in balancing market supply and demand, and will allow margin trading to promote price discovery.

Strengthening regulation of securities investment institutions. In August 2011, the China Securities Regulatory Commission issued the *Guiding Opinions on the Fair Trading System of Securities Investment Fund Management Companies*, requiring that fund management companies establish a portfolio investment confidentiality system to strengthen supervision of abnormal trading behavior in day-to-day investments, to improve the fair trading system and control methods, to earnestly protect the legitimate rights of investors, and to build a fair and orderly competitive industrial environment.

Beginning to regulate accounts in the futures market. In September 2011, the China Securities Regulatory Commission issued the *Decisions on Regulating Accounts in the Futures Market* to begin to deal with dormant accounts and to regulate historical accounts. Carrying out this work will help to implement the requirements of a real-name system in the futures market, to improve the authenticity and integrity of customer information, to improve monitoring and analysis of the futures market, and to forcefully crack down on illegal behavior such as market manipulation.

3. Improving institutional arrangements in the insurance market

Release of the outline for the development of the insurance industry under the 12th Five-Year Plan. In August 2011, the China Insurance Regulatory Commission issued the *"Outline for the Development of the Insurance Industry Under the 12th Five-Year Plan"*, clarifying the direction, priorities, and policy measures for the development of the insurance industry.

Standardizing administration of insurance business transfers by insurance companies. In September 2011, the China Insurance Regulatory Commission issued the *Provisional Measures on Administration of Insurance Business Transfers by Insurance Companies*, specifying that the transfer of insurance business by insurance companies should adhere to the principles of making it a "voluntary, open, and fair process." Efforts were made to set up the institutional framework and basic procedures for the transfer of insurance businesses and to define the obligations of each party engaged in the transfer process and the conditions and required qualifications for the recipient companies so as to improve the exit mechanism from the insurance market.

PART 4 Macroeconomic Analysis

I. Global economic and financial developments

In Q3 2011, the recovery in the global economy became much more unstable and uncertain. First, the rebound in some of the advanced economies stalled in the face of the twin perils of fiscal and financial risks, indicating increased uncertainties and instabilities. Second, the outlook for most emerging market economies was bright, but they had to deal with the challenges of rising inflation and volatile cross-border capital flows, which also added to macro-adjustment difficulties. Third, overshadowed by the continued spread of the sovereign debt crisis in the euro area and the U.S., global financial markets experienced great volatility, major stock indices plummeted, and the prices of commodities, including energy, raw materials, and food, fluctuated dramatically. Against the background of dimmed prospects for growth, the major advanced economies continued to ease their monetary policies or to maintain an accommodative monetary policy stance. There were differences in the macroeconomic policies of the major emerging market economies in response to the new uncertainties regarding the recovery of the world economy.

1. Economic developments in the major economies

The U.S. economy has been struggling to pick up momentum, but problems such as high unemployment, weakness in the housing market, and low consumer and business confidence have not shown any obvious improvement. Boosted by consumption and investment, the initial real GDP growth in Q3 registered 2.5 percent, higher than that in the previous two quarters. In September, the trade deficit drifted downwards to USD 43.1 billion. Sluggish economic activities translated into an unemployment rate of more than 9 percent for six consecutive months. Furthermore, the fiscal deficit continued to climb. On October 14, the U.S. Treasury announced that the deficit in fiscal year 2011 remained elevated at USD 1.299 trillion, though somewhat lower than the historical high of fiscal year 2009. Although the housing market rebounded moderately, prospects for its recovery were still clouded by high levels of inventories and foreclosures. CPI inflation had been edging up for ten consecutive months, reaching 3.9 percent year on year in September, a record high since September 2008.

In the euro area, the adverse effects of the sovereign debt crisis have spilled over into the banking system and the real economy, leading to weakening economic activities in the member-states and greater volatility in financial markets. First, growth in the core countries lost momentum, reflected in a mere 0.1 percent MOM GDP growth in Germany, the lowest level in two years, economic slack in France, and persistently deteriorating conditions in countries such as Greece and Ireland. In Q2, GDP in the euro area grew by only 1.6 percent year on year, down 0.9 percentage point from Q1. Second, inflationary pressures increased.

In September, the year-on-year HICP registered 3.0 percent, making it higher than the 2 percent target set by the ECB for ten consecutive months. Third, in September the unemployment rate in the euro area remained high, at 10.2 percent.

To contain the sovereign debt crisis, at the euro summit on July 21 European leaders agreed on the second-round of a 109 billion euro bailout plan for Greece. But financial markets continued to fluctuate because of differences of opinion on the details and the delayed tempo of the fiscal consolidation in Greece. First, there were market concerns that the crisis might spread to the core countries. Second, the sovereign crisis slowly evolved into a banking crisis. According to the September 2011 *Global Financial Stability Report* released by the IMF, direct losses from sovereign debts incurred by European banks might be as high as 208 billion euro (about 12 percent of the total equity of banks), or as high as 397 billion euro if derivatives are also taken into account. On September 14, Moody's cut the ratings of two French banks, Société Générale and Crédit Agricole, and on October 4, the Belgian government announced that it would break up and nationalize the Belgian unit of the Franco-Belgian banking group Dexia, becoming the first bank to be dragged down by the crisis. To maintain financial stability and to restore market confidence, European leaders unveiled a basket of bailout plans after the Euro Area Summit on October 26 and reached a consensus on a framework to write down the Greek debt and to optimize the resources of the European Financial Stability Fund (EFSF) so as to enhance the banks' capital adequacy ratio.

Notwithstanding an enlarged trade deficit, there was a rebound in the Japanese economy In Q2, real GDP fell by 2.1 percent, a moderate

Table 8 Macroeconomic and Financial Indices of the Major Economies

Country	Index	2010 Q3			2010 Q4			2011 Q1			2011 Q2			2010 Q3		
		Jul.	Aug.	Sept.	Oct.	Nov.	Dec.	Jan.	Feb.	Mar.	Apr.	May	Jun.	Jul.	Aug.	Sept.
United States	Real GDP growth rate (Annualized quarterly rate, YOY, %)	2.5			3.1			0.4			1.3			2.5 (initial number)		
	Unemployment rate (%)	9.5	9.6	9.6	9.6	9.8	9.4	9.0	8.9	8.8	9.0	9.1	9.2	9.1	9.1	9.1
	CPI (YOY, %)	1.2	1.1	1.1	1.2	1.1	1.5	1.6	2.1	2.7	3.2	3.6	3.6	3.6	3.8	3.9
	DJ industrial average(Closing number)	10,466	10,015	10,788	11,118	11,006	11,578	11,892	12,226	12,320	12,811	12,570	12,414	12,143	11,613	10,913
	NASDAQ(Closing number)	2,255	2,114	2,369	2,507	2,498	2,653	2,700	2,782	2,781	2,874	2,835	2,774	2,756	2,579	2,415
Euro Area	Real GDP growth rate (Quarterly YOY, %)	2.0			1.9			2.5			1.6			—		
	Unemployment rate (%)	10.0	10.1	10.1	10.1	10.1	10.0	10.0	10.0	10.0	9.9	10.0	10.0	10.1	10.1	10.2
	HICP (YOY, %)	1.7	1.6	1.9	1.9	1.9	2.2	2.3	2.4	2.7	2.8	2.7	2.7	2.5	2.5	3.0
	EURO STOXX 50(Closing number)	2,476	2,450	2,482	2,543	2,478	2,601	2,654	2,713	2,583	2,661	2,632	2,561	2,511	2,238	2,160
Japan	Real GDP growth rate (Annualized quarterly rate, %)	4.0			-2.4			-3.7			-2.1			—		
	Unemployment rate (%)	5.2	5.1	5.0	5.1	5.1	4.9	4.9	4.6	4.6	4.7	4.5	4.6	4.7	4.3	4.1
	CPI (YOY, %)	-0.9	-0.9	-0.6	0.2	0.1	0.0	0.0	0.0	0.0	0.3	0.3	0.2	0.2	0.2	0.0
	NIKKEI 225(Closing number)	9,537	8,824	9,369	9,202	9,937	10,229	10,238	10,624	9,755	9,850	9,694	9,816	9,833	8,955	8,700

Source: Statistical bureaus and central banks of the relevant economies.

decline compared with the previous two quarters. The year-on-year core CPI had registered six positive readings ending in September, but prices of durable consumer goods continued to drop. In August, year-on-year exports expanded for the first time after the earthquake, but the monthly deficit in goods trade reached 779.6 billion yen due to the appreciation of the Japanese yen and the strong post-quake demand for energy. Employment conditions brightened, with the unemployment rate for August and September contracting to 4.3 percent and 4.1 percent respectively, the lowest level in the year (excluding in the areas most severely hit by the disaster).

Growth in the major emerging market economies remained robust but they also faced some risks, including rising inflation, volatile cross-border capital flows, and weak demand from the advanced countries. The output and trade of the emerging market economies returned to or even exceeded their pre-crisis levels. But the concerted effects of the tightened domestic policy, the volatility in international financial markets, the tepid recovery of the advanced economies, and the enlarged risks caused by disorderly capital flows posed difficulties for policymakers. Furthermore, considering the economic and financial linkages between the Middle Eastern countries and those in the euro area, downside risks will clearly increase in the near future.

Box 3 Latest Developments in the European Sovereign Debt Crisis

Greece recently slid rapidly into an economic recession and was also on the verge of a debt default, while sovereign risks also picked up in countries like Spain and Italy. Worries about the contagion of the crisis intensified, leading to a new round of turmoil in financial markets. To properly deal with the debt issues, EU members met twice in Brussels, on October 23 and 26, for summits to discuss plans for the recapitalization of the EU banks. At the Euro Area Summit held in the evening of October 26, members finally reached a consensus to write down the Greek debt and to maximize the resources of the EFSF.

I. Overview of developments in the euro area debt crisis

The debt crisis deepened in Greece. First, a bailout fund was not put in place on time. The European finance ministers' summit in September could not come to agreement as to whether the last batch of the six-batch rescue fund should be released. Second, Greece missed the key deficit-reduction targets. According to the preliminary budget published by the Greek government on October 2, the budget deficit for 2011 and 2012 would be 8.5 percent and 6.8 percent of GDP respectively, higher than the respective targets of 7.6 percent and 6.5 percent. Third, Germany and other euro members did not approve of the second rescue plan for Greece. And there were also differences of opinion on the ratio of the private bailout. As a result, Greek bond yields and credit default swaps (CDS) soared starting from September.

Italy and Spain were hit once again. The purchase of Italian and Spanish treasuries by the ECB in August drove down bond yields. However, Italy's hesitancy to reduce the deficit at the beginning of September and to improve the vitality of its economy fueled investors' fears about its debt servicing capability. On September 19, Standard & Poor's cut Italy's sovereign credit rating from A+ to A, making it, until now, the largest euro area country to have its rating cut during the crisis. Later, Moody's also downgraded Italy's long-term rating from Aa2 to A2. On October 7, Fitch's slashed the long-term ratings of Italy and Spain, which added to market pressures and pushed up the yields and the CDS spreads of the two countries.

The European banking system was also affected. Due to market concerns about the banking system's exposure to the debt crisis, the performance of the stocks of the European banks was generally weaker than the broader indices and most dropped to their lowest levels in three years. The total amount of Greek treasuries and private bonds held by French banks was estimated at 56.7 billion euro, making France the largest creditor for Greece. Due to the strained interbank market, French banks also faced rising financing pressures. On September 13, Moody's downgraded two French banks, Société Générale and Crédit Agricole. On October 4, the Belgian government announced it would break up the stressed Franco-Belgian banking group Dexia, whose rating was cut by Standard & Poor's from A to A- on October 7.

II. Causes of the crisis and the bailout progress

There are several root causes behind the worsening of the European debt crisis. First, the financial crisis dampened economic growth in the EU countries, reduced their tax income, and impaired their repayment ability. Since 2010, Italy, Spain, Portugal, Greece, and Ireland have taken strict fiscal austerity measures under market pressures. Except for Ireland whose fiscal deficit continued to climb due to injections in the banking system and lower than anticipated tax income, all four other countries saw a remarkably decreased deficit in 2010 compared with the previous year. But factors such as rising financing costs resulted in a further accumulation of government debt. The total Greek debt accounted for 142.8 percent of GDP, the highest level among all EU countries. The growing government debt made it more difficult to solve the debt problem. Second, the European Union lacked effective measures to restrain the fiscal policies of member-states. The euro area is only a monetary union, lacking a common fiscal budget, a unified transfer payment system, and a centralized economic management institution. Though decided by the EU, rescue measures still have to be ratified by the relevant national authorities. Third, the impact of the crisis was expanded by the rating agencies. Since the start of the crisis, the three major rating agencies slashed their long-term credit ratings in the relevant countries in succession, thereby sparking controversy. The consecutive downgrading raised financing costs in those countries and made it even more difficult for them to sustain their debts.

To secure market confidence and stabilize financial markets, Greece, Italy, and Spain either continued their existing fiscal austerity measures or launched new ones. France and Germany vowed to back up the bailout and the ECB was also committed to purchasing more national bonds and to providing short-term liquidity to banks in need. However, there were still market doubts and risk aversion was quite strong. In line with these conditions, the EU and the Euro Area Summit held on October 26 agreed on a basket of rescue plans: first, there would be a nominal writedown of 50 percent on Greek debt held by private investors; second, the capability of the EFSF would be leveraged to about 1 trillion euro; third, the capital ratio of the highest quality capital held by banks would be lifted to 9 percent by end-June of next year. The above-mentioned plans brightened the outlook for a sustainable Greek debt, enhanced the crisis-relief capability of the EU, and improved the resilience of banks toward risk. The release of the basket of bailout plans brought hope that a proper remedy for the EU sovereign debt crisis would be found and also provided an increased impetus for the international community to address the current economic impasse. The details of the plans would be determined at the finance ministers' meeting in November. However, Greek Prime Minister, George Papandreou stunned the market on October 31 by stating that his country should hold a referendum on the bailout package. Under pressure from home and abroad, Papandreou finally backed down from his referendum plan after an emergency cabinet meeting held on November 3. The EU debt crisis caused more uncertainties for a global recovery. At present, the euro area is discussing how to accelerate the bailout with help from international institutions such as the IMF. If the rescue plans and the countermeasures to stem the crisis could gain market acceptance, the boosted confidence would promote a global economic recovery.

2. Global financial market development

Major currencies fluctuated. From July to August, the exchange rate of the euro against the US dollar saw large fluctuations due to the uncertain outlook for the euro area debt problem and the sluggish U.S. recovery. In September, weighed down by unpromising economic data in the euro area and the deepening crisis, the euro weakened against the major currencies by a large margin. Factors including the post-disaster repatriation of the yen and the lackluster recovery in the U.S. and Europe continuously drove up the Japanese yen. At end-September, the exchange rates of the euro and Japanese yen against the US dollar stood at 1.3384 US dollar per euro and 77.04 yen per US dollar, a depreciation of the euro by 7.72 percent and an appreciation of the yen by 4.52 percent compared with end-June. The Trade Weighted US Dollar Index, which is published by the Federal Reserve, registered 100.33, up by 5.82 percent compared with end-June.

Due to concerns about the European banks' risk exposure to the debt crisis, the credit risk premium and money market interest rates edged up. Starting from Q3, against the background of tepid growth in the U.S. and risk-aversion sentiment in the money market, the US dollar Libor picked up. At end-September, the one-year Libor read at 0.86 percent, up 0.13 percentage point from end-June. The Euribor remained volatile and elevated due to the worsening debt crisis. In end-September, the one-year Euribor read at 2.08 percent, down by 0.08 percentage point

Figure 3 Movements of Exchange Rate between the Major Currencies

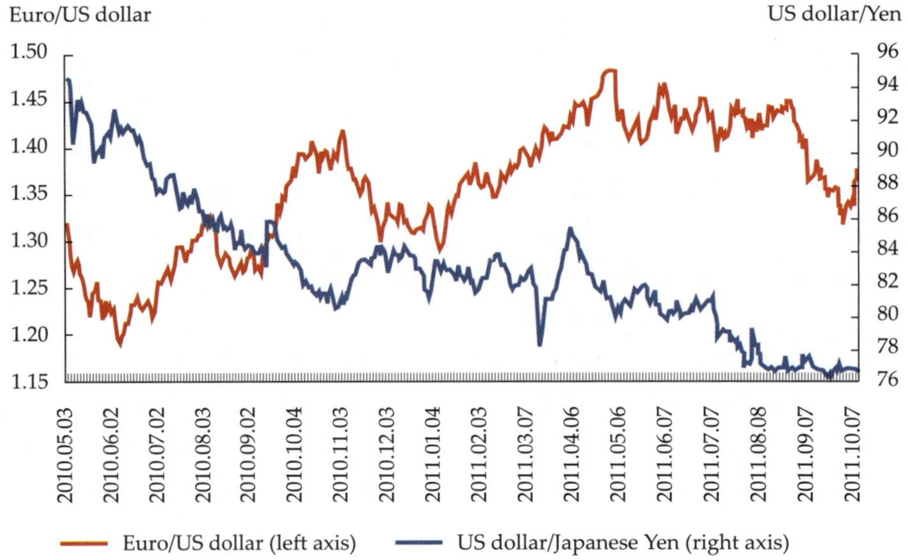

Source: Reuters.

from end-June and up by 0.58 percentage point from the beginning of the year.

The yields of major bonds were dragged down by risk-aversion demands. In August, Moody's downgraded the sovereign ratings of Portugal and Ireland to junk level. By September, the Greek government had failed to meet the requirements of the EU and the IMF for assistance, leading to higher default risks of Greek bonds. Against this backdrop, yields of U.S. treasury bonds moved upward instead of downward despite the downgrading of the U.S. sovereign rating by Standard & Poor's on August 5. The yields of the bonds of the major countries such as Germany, France, and Japan,

Figure 4 Movements in the Yields of the Major Treasuries

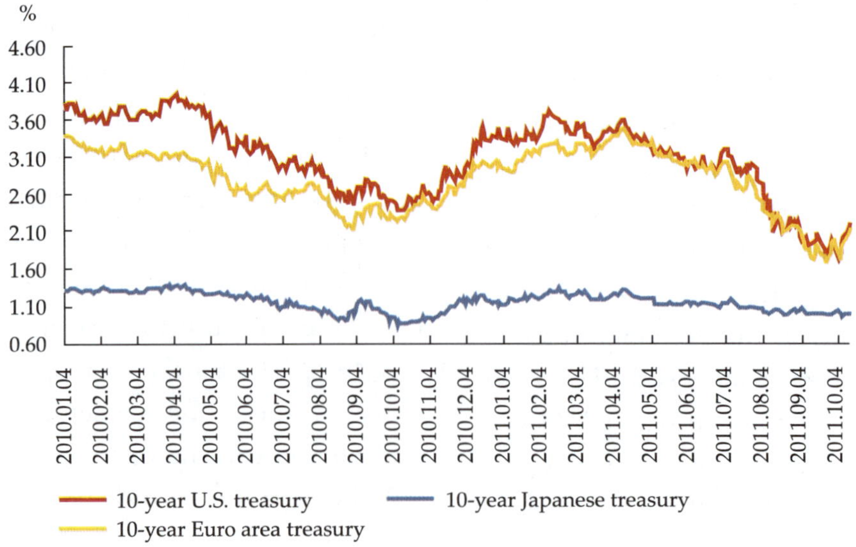

Source: Reuters.

drifted downward. In end-September, 10-year treasury bonds in the U.S., euro area (Germany), and Japan closed at 1.92 percent, 1.90 percent, and 1.03 percent respectively, down 124, 111, and 10 basis points compared with the end of the last quarter.

The major stock indices plummeted and remained volatile at a low level. From end-July to the beginning of August, the major stock markets experienced an avalanche triggered by Standard & Poor's downgrading of the U.S. rating and the deepening of the EU crisis. Later, worse than anticipated U.S. economic data and the dim global outlook intensified market panic, causing the major stock markets to fluctuate dramatically at a low level. At end-September, the Dow Jones Industrial Average, the NASDAQ, the STOXX50, and the Nikkei 225 closed at 10,913, 2,415, 2,160, and 8,700 respectively, down 12.1 percent, 12.9 percent, 15.7 percent, and 11.4 percent respectively compared with end-June.

3. Development of the housing market in the major economies

The U.S. housing market rebounded but the outlook for recovery remained unclear. According to data published by the U.S. Department of Commerce, new home sales in September declined by 0.9 percent year on year. The median price for new homes was USD204,000 per unit, down 10 percent year on year. New construction of homes rose by 10.2 percent year on year. According to the National Association of Realtors, sales of existing homes in September increased by 11.3 percent year on year, and the median price of existing homes averaged USD165,400, down 3.5 percent year on year.

There were some differences in the conditions of the housing markets in Europe. Though the momentum for growth was dampened by the debt crisis, demand for residential and commercial housing in Germany was still robust. Housing prices continued to rise in

Figure 5 Movements of the Major Stock Indices

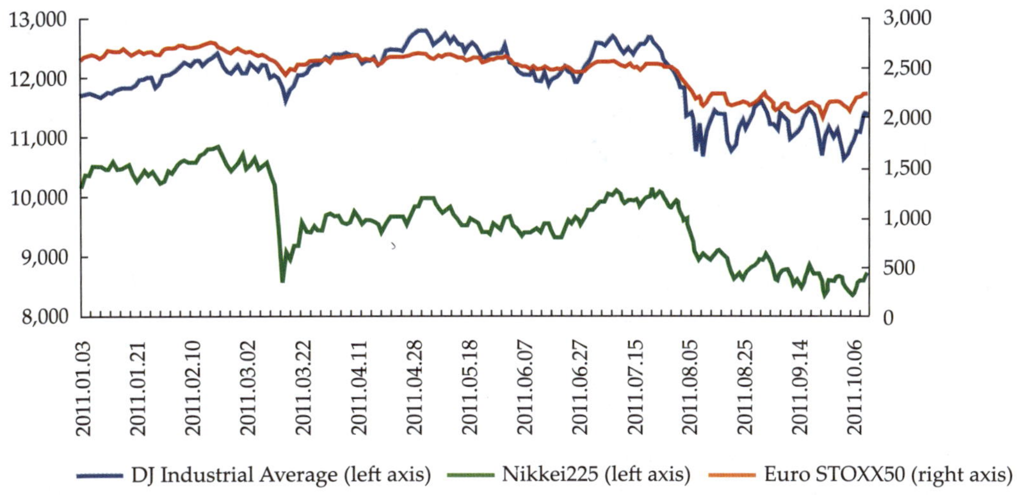

Source: Reuters.

France, but the pace of the recovery of the housing market moderated. The U.K. HALIFAX housing index contracted by another 0.5 percent month on month in September after a 1.2 percent decrease in August. And British housing prices still faced downward pressures caused by gloomy growth prospects. The housing markets in the European periphery countries saw no signs of recovery due to the negative impact of slow growth and the worsening debt problem.

The global economic slowdown and the appreciation of the Japanese yen put a drag on the rebound in the Japanese housing market. According to the Ministry of Land, Infrastructure, Transport, and Tourism, new construction of homes in September slumped by 10.8 percent year on year, registering the first decline during the past six months. Construction orders received by the 50 big construction companies increased by 9.3 percent year on year in August but fell by 9.3 percent year or year in September.

4. The monetary policies of the major economies

The major advanced economies continued to implement accommodative monetary policies. On August 9, the FOMC announced it would keep the federal fund rate unchanged at 0~0.25 percent and indicated that current interest rates would remain in place until at least mid-2013. On September 22, the Federal Reserve launched a "reverse operation," a bold attempt to buy USD400 billion of 6- to 30-year government bonds before June of 2012 and at the same time sell an equivalent amount of 3-year or less short-term bonds to raise the necessary funds. On November 2, the FOMC decided to keep the policy unchanged. On September 15, the ECB announced that in coordination with the U.S. Federal Reserve, the Bank of England, the Bank of Japan, and the Swiss National Bank, it would conduct three US dollar liquidity-providing operations to help European banks weather the storm. On October 6, while keeping the benchmark interest rates unchanged, the ECB announced a plan that from November it would spend 40 billion euro to buy covered bonds and from October it would conduct two longer-term fixed-rate refinancing operations (LTROs) with a maturity of approximately 12 months and 13 months respectively. On November 3, 2011, the ECB decided to cut the interest rates on the main refinancing operations, the marginal lending facility, and the deposit facility by 0.25 percentage point to 1.25 percent, 2.00 percent, and 0.50 percent respectively. The Bank of Japan left its key rate at near zero. On August 4, it announced that the size of the Asset Purchase Program would be expanded by about 10 trillion yen. Later, on October 27, the size of the program was boosted once again by another 5 trillion yen, making the total amount around 55 trillion yen. In Q3 the bank continued to offer a maximum of 1 trillion yen in loans at a very low rate to financial institutions in the earthquake-hit areas. Such lending will be extended until April 30, 2012 to support post-disaster reconstruction.

In response to new uncertainties about the world recovery, there were differences among the policies adopted by the major emerging market economies. In Q3 India, Malaysia, Thailand, and Vietnam increased their interest rates or reserve requirement rates to restrain domestic inflation. Against the moderated pace of growth in the world economy, some emerging market economies loosened their monetary policies. In August 2011, Turkey and Brazil cut their benchmark rates by 50 basis points respectively.

5. World economic outlook

In its September 2011 *World Economic Outlook*, the IMF revised downwards its global growth prospects and that of most countries. Global GDP was expected to expand by 4 percent in both 2011 and 2012, with the growth rates of the United States standing at 1.5 percent and 1.8 percent, the euro area at 1.6 percent and 1.1 percent, Japan at –0.5 percent and 2.3 percent, and the emerging market economies at 6.4 percent and 6.1 percent for 2011 and 2012 respectively. The IMF also projected that as the developed countries have generally adopted an accommodative monetary policy, coupled with the high commodity prices, global inflationary pressures will continue to show an overall upward trend. Inflation in the advanced countries would increase from the 1.6 percent in 2010 to 2.6 percent in 2011, and in the emerging market economies inflation would pick up from the 6.1 percent in 2010 to 7.5 percent in 2011.

The key downside risks for the global economy in the near future are as follows: first, heightened tensions in the financial markets from the EU debt and the spillover from the periphery to the core countries might result in global systemic risks; second, the political impasse over the fiscal consolidation, the tepid housing market, and the deteriorating financial conditions might combine to curb the momentum for recovery in the United States; third, the negative impacts of the accommodative monetary policy: the protracted loose policy stance adopted by the major advanced economies might exacerbate disorderly cross-border capital flows and financial turmoil as well as undermine world financial stability; fourth, policymakers in the emerging market economies will face increasing difficulties. Robust demand might keep inflation elevated in the major emerging market economies despite steady movement in recent commodity prices. On the one hand, interest rate increases might be a cure for the rising inflation in the emerging market economies, but, on the other hand, rate hikes might attract more capital inflows to the emerging market economies against the background of generally low interest rates in the advanced economies.

II. Analysis of China's macroeconomic performance

In the third quarter of 2011, China's economy maintained stable and relatively rapid momentum for development, with economic development gradually shifting from stimulus-driven to endogenous growth. Consumer demand stabilized, fixed-asset investments grew rapidly, foreign trade became more balanced, domestic demand picked up, agricultural production performed well, industrial production grew steadily, household income continued to increase, and the momentum for a rapid price hike was contained. In the first three quarters, the Gross Domestic Product (GDP) registered RMB32.1 trillion yuan, up 9.4 percent year on year in terms of comparable prices. In the third quarter, GDP grew 9.1 percent year on year, or 2.3 percent quarter on quarter. The Consumer Price Index (CPI) was up 5.7 percent year on year in the first three quarters, and up 6.3 percent year on year in the third quarter. The trade

Figure 6 Stable and Rapid GDP Growth

Source: National Bureau of Statistics.

surplus posted USD107.1 billion in the first three quarters and USD62.69 billion in the third quarter.

1. Domestic and external demand became more balanced in terms of driving economic growth

Supported by the stable income gains of urban residents and the rapid income gains of rural residents, domestic consumer demand remained stable. In the first three quarters, the per capita disposable income of urban households posted RMB16,301 yuan, representing year-on-year growth of 13.7 percent and price-adjusted real growth of 7.8 percent. The per capita cash income of rural households registered RMB5,875 yuan, up 20.7 percent or 13.6 percent in real terms. The PBC survey of urban depositors in the third quarter shows that the income index of residents posted 50.3 percent, 1.8 percentage points lower than that in the previous quarter; the propensity to consume remained low, the willingness to save increased, and the willingness to invest declined. In the first three quarters, retail sales of consumer goods totaled RMB13.1 trillion yuan, representing a year-on-year increase of 17.0 percent or 11.3 percent in real terms, a deceleration of 0.3 percentage point from the first half of the year. Consumption growth in the urban areas outpaced that in the rural areas. In the first three quarters, retail sales in the urban areas registered RMB11.3 trillion yuan, up 17.1 percent year on year, whereas retail sales in the rural areas posted RMB1.8 trillion yuan, up 16.4 percent year on year.

The growth of fixed-asset investments remained relatively rapid, with growth in central and western China outpacing that in the east. In the first three quarters, completed fixed-asset investments (excluding investments by rural households) totaled RMB21.2 trillion yuan, up 24.9 percent year on year or 16.9 percent in real terms. Among this total, investments by state-owned and state shareholding enterprises registered RMB7.3 trillion yuan, up 12.7 percent year on year. Broken down by region, growth of fixed-asset investments in the eastern, central, and western regions registered

Figure 7 Fixed-asset Investments Grew Relatively Rapidly

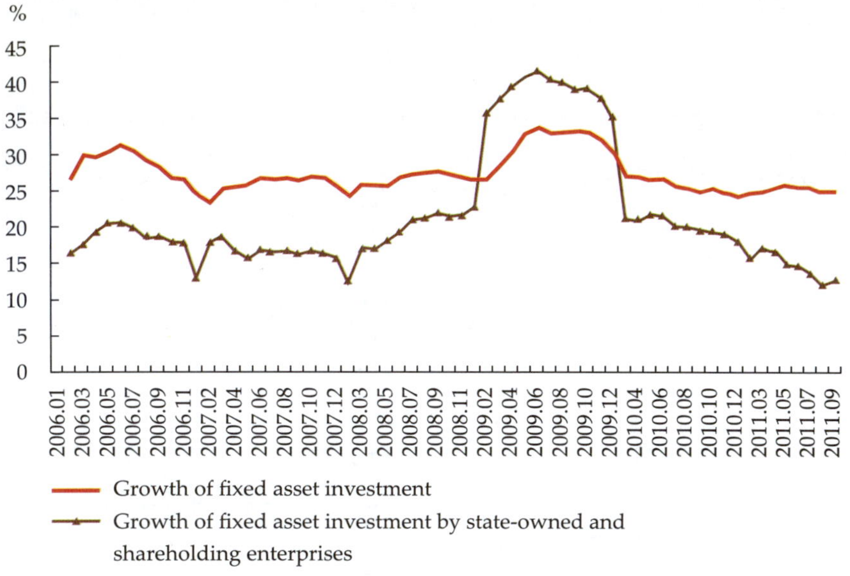

Source: National Bureau of Statistics.

22.3 percent, 29.9 percent, and 29.5 percent respectively. Broken down by industry, fixed-asset investments in the primary, secondary, and tertiary industries grew 25.5 percent, 26.9 percent, and 23.4 percent respectively, with growth in the primary industry accelerating by 4.9 percentage points from the first half of the year, and growth in the secondary and tertiary industries decelerating by 0.2 and 1.3 percentage points respectively from the first half of the year. In the first three quarters, total planned investment in new projects grew by 23.4 percent year on year to RMB18.0 trillion yuan, and total planned investment in projects under construction grew 19.8 percent year on year to RMB55.8 trillion yuan.

Export growth decelerated year on year, whereas import growth accelerated year on year; as a result, the trade surplus declined modestly from the same period of the previous year and domestic and external demand became more balanced in terms of driving economic growth. In the third quarter, exports posted USD518.16 billion, up 20.6 percent year on year, representing a deceleration of 1.5 percentage points from the previous quarter; imports posted USD455.46 billion, up 24.9 percent year on year, representing an acceleration of 1.8 percentage points from the previous quarter. In the third quarter, the price-adjusted real growth of imports and exports posted 5.1 percent and 8.9 percent respectively. In the third quarter, the trade surplus with the U.S. and the EU registered USD60.88 billion and USD45.08 billion respectively, and the trade deficit with Japan, South Korea, and the ASEAN countries reached USD11.96 billion, USD21.61 billion, and USD7.91 billion respectively. In the first three quarters, actually utilized foreign direct investment grew by 16.6 percent year on year to USD86.68 billion, representing a deceleration of 1.8 percentage points from the first half of the year.

2. Agricultural and industrial production performed well

In the first three quarters, the value-added of

Figure 8 Foreign Trade Became More Balanced

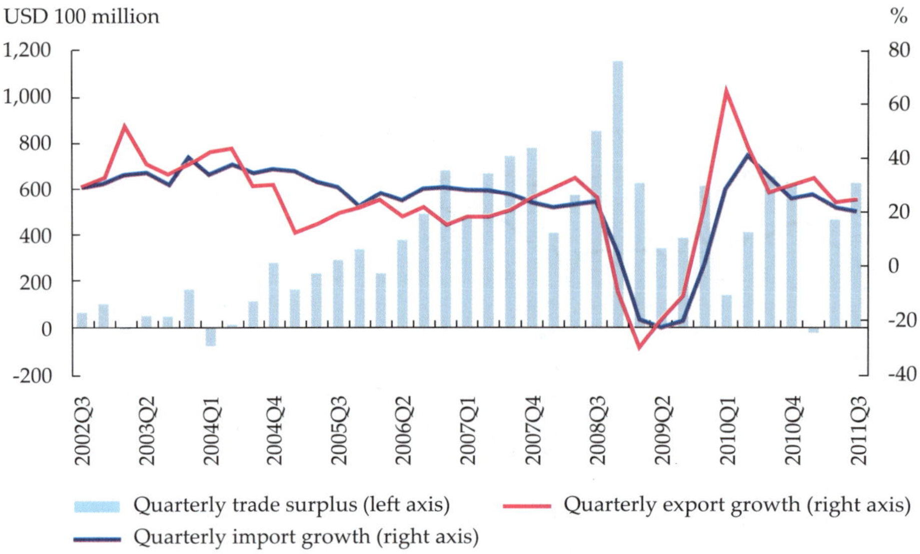

Source: The General Administration of Customs, the People's Bank of China.

primary, secondary, and tertiary industries reached RMB3.0 trillion yuan, RMB15.5 trillion yuan, and RMB13.6 trillion yuan respectively, up 3.8 percent, 10.8 percent, and 9.0 percent. The share of the three industries in GDP were 9.5 percent, 48.3 percent, and 42.3 percent respectively.

The output of summer grain increased, and there were expectations that there would be a bumper autumn harvest. Total summer grain output in 2011 posted 126.27 million tons, up 2.5 percent from the previous year. The output of early season crops grew 4.5 percent from the previous year to 32.76 million tons. There were expectations that there would be a bumper autumn grain harvest and that total output would exceed that in the previous year. In the first three quarters, the total output of meat (including pork, beef, mutton, and poultry) posted 54.53 million tons, up 0.2 percent year on year. Among this total, pork production dropped by 0.6 percent to 35.68 million tons.

Industrial production posted stable growth, and production and sales of industrial products were well matched. In the first three quarters, the value-added of statistically large enterprises grew 14.2 percent year on year, representing a deceleration of 0.1 percentage point from the first half of the year. Production and sales of industrial products were well matched, and 97.9 percent of manufactured goods were sold. The profitability of industrial enterprises continued to improve, with the profits of statistically large enterprises posting RMB3.7 trillion yuan, up 27 percent year on year, and the profitability of the main businesses posting 6.1 percent. The survey of 5,000 industrial enterprises conducted by the PBC in the third quarter reveals that the business index dipped from a high level, market demand continued to decline, and corporate profitability dropped slightly. In the third quarter, the corporate business index continued the declining trend seen in the previous three quarters, edging downward by 1.3 percentage points to 69.3 percent from the previous quarter. In a downward trajectory similar to that in the past three quarters, the market demand index in the third quarter shed another 2.3 percentage points to 60.6 percent. Among this total, the domestic orders index dropped for a third consecutive quarter to 55.3 percent, by 1.4 percentage points from the previous quarter. The export orders index declined by 0.9 percentage point to 51.6 percent. The corporate profitability index fell by 1.1 percentage points to 57.6 percent.

3. Growth of the price indexes moderated

Growth in the CPI decelerated month by month. In the third quarter, the monthly CPI was up 6.5 percent, 6.2 percent, and 6.1 percent respectively, averaging 6.3 percent. Broken down by food and non-food items, growth of food prices accelerated whereas growth of non-food items stabilized. In the third quarter, food prices gained 13.9 percent year on year, an acceleration of 1.4 percentage points from the previous quarter, thereby driving the CPI up by 4.2 percentage points. In particular, pork prices went up by 48.6 percent year on year, an acceleration of 4.4 percentage points from the previous quarter, thereby driving the CPI up by 1.3 percentage points. Non-food prices gained 2.9 percent, at a par with the previous quarter and contributing to a CPI increase of 2.1 percentage points. Broken down by consumer goods and services, the prices of consumer goods grew by 7.4 percent year on year, up 0.9 percentage point from the previous quarter, and the prices of services were up 3.4 percent, representing a deceleration of 0.5 percentage point from the previous quarter. In terms of quarter-on-quarter data, the degree to which the quarter-on-quarter growth of the CPI was above the historical average diminished markedly. Among the eight categories in the CPI basket, the quarter-on-quarter growth of recreation, education, and cultural services as well as housing was already below the historical average.

Year-on-year growth of producer prices decelerated month by month. In the third quarter, the monthly ex-factory producer prices of industrial products rose by 7.5 percent, 7.3 percent, and 6.5 percent respectively, averaging 7.1 percent. Among this total, producer prices of capital goods gained 8.4 percent, 8.0 percent, and 7.1 percent respectively, averaging 7.8 percent and representing an acceleration of 0.2 percentage point from the previous quarter. The growth of consumer goods posted 4.8 percent, 4.8 percent, and 4.6 percent year on year, averaging 4.7 percent and an acceleration of 0.1 percentage point from the previous quarter. Producer purchasing prices increased by 11.0 percent, 10.6 percent, and 10.0 percent respectively year on year in the three months, averaging 10.5 percent and an acceleration of 0.1 percentage point from the previous quarter. In the third quarter, producer prices of major agricultural products (the prices at which farmers sell their products) climbed by 20.5 percent year on year, 5.7 percentage points higher than the increase in the prices of agricultural capital goods during the same period. In Q3, the Corporate Goods Price Index (CGPI) grew 9.0 percent in year-on-year terms. Broken down by the application of the goods in the CGPI basket, the prices of investment goods and consumer goods rose 8.5 percent and 10.2 percent respectively. Broken down by categories within the CGPI basket, the prices of agricultural products, mineral products, coal, oil, and electricity, and processed products were up 14.9 percent, 14.2 percent, 11.8 percent, and 7.1 percent respectively.

Commodity prices in the international market fell, and due to low base-period figures in the previous year, the year-on-year growth of import prices remained high. In the third quarter, the average price of crude oil futures on the New York Mercantile Exchange dropped by 12.5 percent from the previous quarter, but up by 17.5 percent compared to the same period of the previous year. The spot copper and aluminum prices on the London Metals Exchange tumbled by 1.7 percent and 7.7 percent respectively from the previous quarter, but up by 24.0 percent and 14.8 percent respectively in year-on-year terms. In the three months of the third quarter, import prices gained 15.0 percent, 15.6 percent, and 14.8 percent respectively, averaging 15.1 percent, at a par with the previous quarter. Export prices grew by 10.3 percent, 9.2 percent, and 9.5 percent respectively, averaging 9.7 percent and representing a deceleration of 0.7 percentage point from the second quarter.

The GDP deflator continued to rise. GDP in the first three quarters registered RMB32.1 trillion yuan, up 9.4 percent year on year in real terms. Movement of the GDP deflator (as a ratio of the nominal GDP versus the real GDP) was 7.7 percent, up 1.4 and 0.3 percentage points from the same period of the previous year and from the previous quarter respectively.

The resource products pricing reform advanced steadily. First, reform of the resources tax was promoted. Building on the experiences of the pilot program to reform the resources tax on crude oil and natural gas, the State Council decided to revise the *Tentative Regulations of the People's Republic of China on the Resources Tax* by adding new regulations on levying an ad valorem tax in addition to the specific tax, and adjusting the tax rate on items such as crude oil and natural gas. At the current

Figure 9 The QOQ CPI in the First Three Quarters of 2011 Compared to the Historical Average

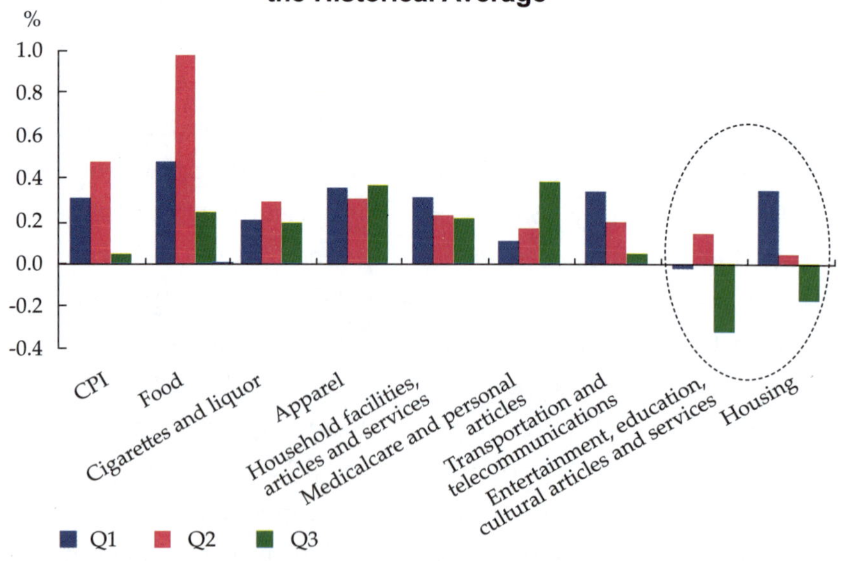

Source: National Bureau of Statistics and Calculations by the staff of People's Bank of China.

stage, the valorem tax has only been levied on crude oil and natural gas, at a rate of 5 to 10 percent of sales, but the scope will be expanded to include other resource products when conditions are met. Second, research has been conducted on levying an environmental protection tax. On October 20, the State Council issued the *Opinions on Strengthening the Focus on Environmental Protection*, which stipulates explicitly that economic policies should be conducive to environmental protection, a reform of the environmental tax should be advanced, and studies should be conducted on levying an environmental protection tax.

4. Fiscal revenue maintained rapid growth

In the first three quarters, fiscal revenue (excluding debt income) surged by 29.5 percent year on year to RMB8.17 trillion yuan, representing a deceleration of 1.7 percentage points from the first half of the year, whereas fiscal expenditures registered RMB6.95 trillion yuan, up 27.5 percent year on year, representing a deceleration of 3.9 percentage points from the previous quarter. As a result, revenue was RMB1.22 trillion yuan more than expenditures.

As for the structure of fiscal revenue, tax revenue posted RMB7.13 trillion yuan in the first three quarters, up 27.4 percent year on year, representing a deceleration of 2.2 percentage points from the first half of the year. In particular, the domestic VAT, business tax, consumption tax, the VAT and excise tax on imported products, the corporate income tax, and the personal income tax were up 18.7 percent, 24.0 percent, 17.7 percent, 33.6 percent, 35.8 percent, and 34.4 percent respectively year on year. These six categories of tax revenue drove national fiscal revenue income up by 21.6 percentage points.

As for the structure of fiscal expenditures in the first three quarters, spending for housing subsidies, medical services, and urban and rural community affairs registered relatively rapid growth of 73.9 percent, 50.5 percent, and 42.0 percent year on year respectively. Within the expenditure basket, the three largest items were education, social security and employment, and general public services, accounting for 13.7 percent, 11.5 percent, and 10.2 percent respectively.

5. The current account surplus declined

China's balance of payments (BOP) continued to post a twin surplus, but the surplus in the current account decreased year on year. In the first half of the year, the current account surplus declined by 13 percent year on year to USD87.8 billion, the capital and financial account surplus was up 98 percent year on year to USD183.9 billion, and foreign exchange reserves grew by USD354.4 billion from end-2010 to USD3,201.7 billion.

The volume of external debt grew rapidly and the share of outstanding short-term debt in external debt increased. As of end-June 2011, the stock of China's external debt stood at USD642.53 billion, up 25.1 percent year on year. Among this total, the stock of the registered external debt posted USD402.83 billion, up 31.1 percent year on year; the short-term external debt posted USD462.11 billion, a year-on-year increase of 34.4 percent, accounting for 71.9 percent of the stock of the external debt and representing an acceleration of 5 percentage points from the same period of the previous year.

6. Sectoral analysis

Industrial profits grew rapidly. In the first three quarters, among all 39 industrial sectors, 37 sectors reported a year-on-year growth in profits, whereas two sectors experienced a year-on-year decline in profits. Among the industries, the profits of the ferrous metals mining industry and the non-ferrous metals smelting and rolling industry grew by 55.2 percent and 61.9 percent respectively, whereas the profits of the oil refinery, coking, and nuclear fuel industry, and the communications equipment, computers, and other electronics manufacturing industry declined by 83.9 percent and 2.5 percent respectively. In the first three quarters, crude coal output grew by 11.6 percent year on year to 2.691 billion tons, power generation increased 12.7 percent year on year to 3,454 billion kilowatt hours, and the output of crude oil grew 2.2 percent year on year to 153.612 million tons. A total of 26.61 billion tons of cargo was transported, up 14.2 percent year on year.

(1) The real estate sector

In the first three quarters of 2011, excessive hikes in housing prices were further contained, the growth of sold area of commercial housing stabilized, the growth of investment in real estate development slowed down, and construction of affordable housing made rapid progress; as a result, the real estate market developed in the direction intended by the macroeconomic management policies. Though the growth of various real estate loans decelerated, credit to affordable housing grew continuously.

The excessive hikes in housing prices decelerated. In September, prices of newly built commercial residential housing dropped month on month in 17 out of 70 large- and medium-sized cities, and remained flat in 29 cities. Compared to the number in June, 20 more cities joined the group experiencing either flat or a month-on-month decline in commercial residential housing prices. Among the cities with month-on-month price hikes, no cities reported growth higher than 0.3 percent. In the pre-occupied housing market, 25 cities reported a month-on-month price decline and prices remained flat in 21 cities; compared to June, 15 more cities joined the group of cities reporting no month-on-month price increase. Among the cities experiencing a month-on-month price hike in pre-occupied housing, no city showed an increase larger than 0.6 percent, and 22 cities reported growth below 0.5 percent.

The growth of sales of commercial real estate remained basically stable. In the first three quarters, the sold floor area of commercial real estate posted 710 million square meters, up 12.9 percent year on year, at a par with the first half of the year; sales of commercial real estate were up 23.2 percent year on year to RMB3.9 trillion yuan, representing a deceleration of 0.9 percentage point from the first half of the year. In particular, the sold area of commercial residential housing rose 12.1 percent, at a par with the first half of the year; the sales value of commercial residential housing grew 21.2 percent, representing a deceleration of 1.1 percentage points from the first half of the year.

Investment in real estate development decelerated. In the first three quarters, investment in real estate development totaled RMB4.4 trillion yuan, up 32.0 percent year on year, representing a deceleration of 0.9

percentage point from the first half of the year. In particular, investment in commercial residential housing reached RMB3.2 trillion yuan, up 35.2 percent year on year, representing a deceleration of 0.9 percentage point from the first half of the year. In the first three quarters, the floor area of newly built housing increased by 23.7 percent year on year to 1.48 billion square meters, representing an acceleration of 0.1 percentage point from the first half of the year. Among this total, the floor area of newly built residential housing registered 1.14 billion square meters, a year-on-year increase of 21.3 percent and an acceleration of 0.6 percentage point from the first half of the year. The floor area of housing under construction grew 29.7 percent to 4.61 billion square meters, a deceleration of 1.9 percentage points from the first half of the year. The floor area of completed housing stood at 430 million square meters, up 17.8 percent year on year and representing an acceleration of 5.0 percentage points from the first half of the year.

The expansion of outstanding real estate loans continued to decelerate. As of end-September 2011, outstanding real estate loans posted RMB10.5 trillion yuan, up 14.6 percent year on year and representing a deceleration of 2.3 and 12.8 percentage points from end-June 2011 and end-2010 respectively. In particular, outstanding mortgage loans posted year-on-year growth of 16.2 percent reaching RMB6.4 trillion yuan, representing a deceleration of 1.3 percentage points from end-June and the seventeenth consecutive month of decline. Outstanding real estate development loans were up 14.9 percent year on year to reach RMB2.6 trillion yuan, representing a deceleration of 3.5 percentage points from end-June and the fifth consecutive month of decline. Outstanding land development loans declined 4.8 percent year on year to reach RMB788.7 billion yuan, declining in year-on-year terms for three consecutive months. As of end-September 2011, outstanding real estate loans accounted for 20.3 percent of the total outstanding loans, 0.2 percentage point lower than that at end-June. In terms of new loans, new real estate loans in the first three quarters reached RMB992.3 billion yuan in cumulative terms, a reduction of RMB743.9 billion yuan year on year. New real estate loans accounted for 18.3 percent of total new loans, representing a deceleration of 1.4 percentage points from the first half of the year and a deceleration of 8.6 percentage points from 2010.

Construction of affordable housing made rapid progress due to greater financial support. As of end-September 2011, a total of 9.86 million units of affordable housing and renovation of shanty housing broke ground in urban areas, accounting for 98 percent of the planned number of units. In order to provide greater financial support to public rental housing and other affordable housing projects, the PBC and the CBRC issued the *Circular on Providing Quality Financial Services to Public Rental Housing and Other Government-Subsidized Housing Projects* (PBC Document No. 193 [2011]), which requires banking financial institutions to actively make loans to qualified projects based on strengthening management and risk prevention. As of end-September, outstanding loans for affordable housing reached RMB280.8 billion yuan, with new loans in the first three quarters posting RMB115 billion yuan, accounting for 52.3 percent of the total new loans in the real estate sector and representing an acceleration of 9 percentage points from the first half of the year. In September, outstanding commercial housing development loans showed a net decrease, whereas new loans for affordable housing development accounted for 123.4 percent of the new residential housing development loans. On September 28, the General Office of the State Council issued the *Guiding Opinions on the Construction and Management of Affordable Housing Projects* (State Council General Department Document No. 45 [2011]), which explicitly specifies the general requirements, basic principles, and policy measures for the construction and management of affordable housing projects. With implementation of the above-mentioned document, construction of affordable housing is expected to make further progress and financial-sector support to affordable housing will gradually increase.

(2) The logistics sector

The logistics sector, as a service sector comprising industries such as transportation, warehousing, cargo brokerage, the information industry, and so forth creates many jobs and therefore provides important support to the economy. The logistics sector, although a late-starter, has been developing rather rapidly. The value-added of the sector surged from merely RMB742.9 billion yuan in 2001 to RMB2.7 trillion yuan in 2010, growing at an annual rate of 14.8 percent over the past ten years. Since issuance of the *Plan of the State Council on Adjusting and Revitalizing the Logistics Sector in March 2009*, the capacity of the sector's infrastructure has been gradually improved and a more favorable environment and conditions for development have been created; as a result, the sector has maintained steady and rapid development momentum, with improved overall quality. In the first three quarters of 2011, the value-added of the logistics sector reached RMB2.2 trillion yuan, up 14.6 percent year on year, whereas the total social logistics sector posted RMB117.7 trillion yuan, an increase of 13.4 percent year on year.

However, the sector is generally fledgling and more efforts are needed to improve the quality of services. First, efficiency in the total social logistics sector remains low. In the first three quarters of 2011, total expenditures of the social logistics sector as a share of GDP stood at 18 percent, about twice the average in the developed countries. Second, the pattern of extensive operations has not yet fundamentally changed. Taking small- and medium-sized road transport service providers as an example, they offer similar services and compete aggressively in terms of prices; in the first half of the year, despite the continuous surge in oil prices, the comprehensive SME road transport price index hovered at a low level of around 60 points. Third, the handling capacity of the logistics infrastructure is inadequate, lacking a comprehensive transport system featuring a reasonable layout, smooth connections, and adequate capacity, convenience, and efficiency. In addition, the degrees of organization and intensive operations in logistics services need to be elevated.

The high costs of logistics have attracted wide-ranging attention, influenced by the level of development of the sector and the management capability on the one hand, and by some structural factors on the other. Furthermore, multiple regulators and a tax system dominated by a business tax (turnover tax) constrain the use of "multi-modal transport," posing a barrier to the development of third-party logistics and specialization and leading to high overhead for logistics enterprises. In 2010 the overhead in the logistics industry accounted for 12.1 percent of overall expenditures in the total social logistics sector in China, in contrast to merely 3 percent in the U.S. Moreover, excessively high toll fees have become a difficult challenge for the reform of the sector. According to estimates by the China Federation of Logistics and Purchasing, toll fees account for one-third of the total operational costs of logistics enterprises. At the same time, hikes in the prices of land, fuel, and human resources have built up pressures on the cost side of the industry.

The development of a modern logistics sector and the establishment of a socialized, specialized, and informatized modern logistics service system are needed not only for the structural adjustment and industrial upgrading of the sector itself, but also for the development of the economy. Thus, efforts should be made to improve the relevant policy measures, including alleviation of the tax burdens on logistics enterprises, greater support for land policies, reductions in toll fees to facilitate the passage of logistics vehicles, acceleration of institutional reform by improving the fragmented supervision, and integration of the resources of the logistics facilities through M&As and cooperation. Funds from multiple sources should be channeled into the sector. Efforts should also be made to guide banking financial institutions to increase credit support to logistics enterprises. Financial innovation, including collateral, pledges, and other forms of guarantees, should be promoted to cater to the needs of logistics enterprises so as to improve financial services to logistics enterprises. Financing mechanisms should be streamlined to broaden the financing channels and to encourage qualified logistics enterprises to be listed through IPOs and to issue enterprise bonds.

PART 5 Monetary Policy Stance for the Next Period

I. Outlook for the Chinese economy

Since the beginning of 2011 the Chinese economy has gradually shifted from policy-stimulus growth to endogenous growth in the direction intended by macroeconomic management and it has continued its momentum for stable and fairly rapid growth. At present, the global financial crisis is having a deep-rooted impact as the major advanced economies are still de-leveraging and sovereign debt problems and other problems have worsened, thereby seriously threatening the banking systems in the advanced economies. The global recovery is teetering with increased uncertainties; therefore, China may be affected through trade, capital flows, expectations, and other channels. In the recent two years, aggregate demand in China has recovered rapidly. As economic growth returns to normal, new problems and issues may emerge. In general, the domestic and external environments are very complicated and it will be necessary to closely follow developments both at home and abroad and to beef up the prevention of systemic risks. It should be noted that the current stabilization of economic growth is the outcome of preemptive macroeconomic management. The endogenous drivers are readily available for stable economic growth. The localities are keen to promote urbanization, industrialization, and balanced regional development; the momentum is good for expanding consumer demand; the services sector has enormous potential; and endogenous drivers are strong for economic growth. In the first three quarters of 2011, external trade became more balanced, the contributions of fixed assets and final consumption to GDP growth were 5.0 and 4.5 percentage points respectively, indicating a stronger role of domestic consumption in driving economic growth. The recent elevated level of the non-manufacturing PMI is also an indication of good momentum to upgrade consumption, develop the services sector, and promote more balanced growth with stronger endogenous growth. This differs from the performance during the pre-crisis period in 2008 when external demand contributed a fairly large share of Chinese growth. According to the PBC's survey of enterprises, bankers, and urban depositors in Q3, the decline in the major indices was within expectations and the indices remained at sound levels. Against the background of sluggish external demand and a gradual shift in the growth model, China's growth potential will gradually decline. Moving the growth rate in the direction of a stable and moderate range will help contain excessive price spikes and will contribute to economic restructuring and sustainable development in the medium- and long- term.

With the adoption of a series of policy measures, the momentum for excessive price hikes has been checked as the effects of these measures have gradually unfolded. At present, the relative stable aggregate demand, gradually normalizing monetary conditions, expected bumper autumn grain harvest at home, tepid global growth, and stable commodity prices are factors conducive to price stability. Month-on-month CPI growth has shown signs of moderating since August and judging from the current situation there is a possibility of continued moderation in the year-on-year CPI. If domestic and global growth slow down further, moderation in CPI growth is likely to accelerate. But it is necessary to note that uncertainties remain with respect to future price movements and a basis for price stability has yet to be consolidated. First, current price levels are elevated and it will be difficult to alter inflationary expectations in the short run given the likely continuation of extremely loose global monetary conditions and the rapid expansion of domestic consumption over the past two years. Second, endogenous pressures for economic expansion remain, thus efforts to manage price hikes should continue and it will be necessary to manage the pace and intensity of macroeconomic management. In addition, labor costs and prices in the services and non-tradable sectors may go through a process of continued and rigid increases, and pricing mechanisms for resource products have yet to be reformed. These factors may exacerbate inflation expectations and make prices more sensitive to the expansion of aggregate demand. According to the PBC's survey of urban depositors in Q3, households still have strong expectations of price hikes, as indicated in the climb of 2.6 percentage points from the last quarter in the future price expectation index and the expansion of 4.1 percentage points in the group that expects higher prices next quarter. The percentage of respondents who believed housing prices are too high increased by 1.3 percentage points, the largest increase since 2009 when the item was first included in the survey.

II. Monetary policy during the next stage

Going forward, the PBC will follow the overall arrangements of the State Council, take sustainable development as the central theme and acceleration in the shift of the growth pattern as the core of its policy conduct, implement a prudent monetary policy, closely watch developments in the economic and financial situations at home and abroad, properly manage the intensity and pace of policy measures, make macroeconomic management policies well-targeted, more flexible, and more forward-looking, and conduct fine-tuning and preemptive adjustments with proper timing in response to changes in the economic situation, in order to consolidate the good momentum for steady and relatively rapid economic growth, to keep price levels stable, and to strengthen prevention of systemic risks.

First, a combination of multiple policy tools will be used and the macro-prudential framework will be improved to maintain a proper volume of all-system financing aggregates. Liquidity management will be strengthened to keep liquidity at reasonable levels. In line with the changes in the economic and financial situations and in capital flows, a combination of policy tools with a proper maturity structure and an intensity of operations will be used to keep liquidity in the banking system at reasonable levels and to guide money market interest rates at appropriate levels. Price instruments such as interest rates will be used to adjust demand for funds as well as investment and savings behavior and to manage inflation expectations. The macro-prudential policy framework will be improved to combine the adjustment of aggregates in the form of money, credit, and liquidity management with stronger macro-prudential management, and to properly adjust the measures in line with the macroeconomic changes and the soundness of the banking system. Based on the operations of financial institutions and the implementation of credit policies, the relevant parameters will be fine-tuned. Adjustments of the differentiated reserve requirement ratio will continue to encourage financial institutions to maintain sound operations, to adjust lending, and to boost their risk-prevention capability. Monitoring of and adjustments to the all-system financing aggregates will be intensified to keep them at appropriate levels.

Second, measures will be taken to optimize the credit structure, improve financial services, and enhance credit support for structural adjustments, in particular to the agricultural sector and small enterprises. Coordination of credit and industrial policies will be improved. The PBC will guide financial institutions to manage the pace of lending, to implement the differentiated credit policy, to insure that fund demands of ongoing and follow-up projects are satisfied, to focus on supporting SMEs that are compatible with the industrial policies, to support projects that enhance the people's welfare especially government-subsidized housing projects, and to strictly control lending to high-energy-consuming, highly-polluting industries and industries with excess capacity. It is necessary to make innovations in financial products and services, to increase effective credit inputs to micro and small enterprises, to strive to achieve the goal that lending to micro and small enterprises will grow no more slowly than that of total lending and with a larger increment than that during the corresponding period of the last year. The qualified small financial institutions will continue to be subject to relatively lower required reserve ratios. In addition, efforts will be made to build a system of financial organizations to service micro and small enterprises and the agricultural sector, rural areas, and farmers, and to promote the development and reform of small financial institutions. In order to issue risk warnings and to prevent systemic risks, risk management will be further strengthened with respect to lending to local government financing platforms, off-balance-sheet businesses, and real estate sector financing, and monitoring and analysis of informal lending will be enhanced.

Third, the market-based interest rate reform and the RMB exchange rate regime will be advanced. Efforts will continue to develop benchmark interest rates in the financial market, to guide financial institutions to build interest-rate pricing mechanisms, and to explore effective ways to promote market-based interest rates. The PBC will, in accordance with the principle of reforming the RMB exchange rate regime in a self-initiated, controllable, and gradual manner, further improve the RMB exchange rate regime based on market supply and demand with reference to a basket of currencies, allowing market demand and supply to play a fundamental role in the exchange rate regime, increasing the flexibility of the RMB exchange rate, keeping the exchange rate basically stable at an adaptive and equilibrium level, and promoting a more balanced BOP account. Development of the foreign exchange market will be enhanced and innovation in exchange-rate risk management tools will be encouraged. The PBC will steadily promote the use of RMB in cross-border trade and investment activities and will expand channels for cross-border flows of RMB. Measures will be adopted to promote trading between RMB and currencies of the emerging markets based on directly quoted rates on the interbank foreign exchange markets to provide better services for the development of RMB settlement of cross-border trade. The impact of international developments on capital flows will be closely monitored and effective measures will be adopted to enhance monitoring and management of cross-border capital.

Fourth, the PBC will continue to promote the healthy development of financial markets and to deepen the reform of financial institutions. Measures will be taken to develop financial markets, to optimize the financing structure, to encourage financial innovation, to expand financing channels for small and micro enterprises, to improve the institutional framework and infrastructure-building in the financial market, to improve laws and regulations governing market behavior, and to facilitate the opening of an interbank bond market in an active and prudent manner for the purpose of enabling the financial market to serve the real economy. Follow-up monitoring and guidance will be given to the Agricultural Bank of China in its reform of its Agricultural and Rural Business Department in order to provide financial services for the agricultural sector, the rural areas, and farmers. Focusing on the nation's development strategy, study and analysis of the reform program of the Export-Import Bank of China will continue. Efforts will be made to facilitate implementation of the reform program of the China Export and Credit Insurance Corporation so that it will play a role in supporting trade development and the "going-global" strategy. Studies will be conducted to review the reform program of the Agricultural Development Bank of China to enable it to play a role in supporting agricultural and rural development.

附录一　2011年第三季度中国货币政策大事记

7月1日，中国人民银行货币政策委员会召开2011年第二季度例会。

7月7日，中国人民银行决定上调金融机构人民币存贷款基准利率。其中，1年期存款基准利率上调0.25个百分点，由3.25%提高到3.50%；1年期贷款基准利率上调0.25个百分点，由6.31%提高到6.56%；其他各档次存贷款基准利率及个人住房公积金贷款利率相应调整。

7月14日，中国人民银行向全国人大财经委员会汇报2011年上半年货币政策执行情况。

7月15日，中国人民银行发布《关于开展涉农信贷政策导向效果评估的通知》（银发[2011]181号），明确从2011年开始，中国人民银行分支机构对县域金融机构开展涉农信贷政策导向效果评估，促进金融机构更好地服务"三农"，着力提高涉农信贷政策导向效果。

7月22日，中国人民银行发布《关于开展中小企业信贷政策导向效果评估的通知》（银发[2011]185号），明确从2011年开始，中国人民银行分支机构对省级及省级以下金融机构开展中小企业信贷政策导向效果评估，促进金融机构进一步改进和提升对中小企业的综合金融服务水平，提高中小企业信贷政策导向效果。

8月4日，中国人民银行、中国银行业监督管理委员会联合印发《关于认真做好公共租赁住房等保障性安居工程金融服务工作的通知》（银发[2011]193号），明确和重申公共租赁住房等保障性安居工程信贷支持政策，要求银行业金融机构在加强管理、防范风险的基础上，加大对保障性安居工程建设的信贷支持。

8月12日，发布《2011年第二季度中国货币政策执行报告》。

8月22日，中国人民银行会同五部委发布《关于扩大跨境贸易人民币结算地区的通知》（银发[2011]203号），将跨境贸易人民币结算境内地域范围扩大至全国。

9月14日，为便利俄罗斯莫斯科银行间货币交易所人民币对卢布交易的开展，中国人民银行发布《关于俄罗斯莫斯科银行间货币交易所人民币对卢布交易人民币清算有关问题的通知》（银发[2011]222号），允许在莫斯科银行间货币交易所开展人民币对卢布交易的俄罗斯商业银行在中国境内商业银行开立人民币特殊账户，专门用于人民币对卢布交易产生的人民币资金清算。

9月28日，中国人民银行货币政策委员会召开2011年第三季度例会。

Appendix 1 Highlights of China's Monetary Policy in the Third Quarter of 2011

On July 1, the PBC Monetary Policy Committee convened its second regular quarterly meeting of 2011.

On July 7, the PBC decided to raise the RMB benchmark deposit and loan interest rates of financial institutions. The 1-year benchmark deposit rate was raised by 0.25 percentage point, from 3.25 percent to 3.50 percent, and the 1-year benchmark loan rate was raised by 0.25 percentage point, from 6.31 percent to 6.56 percent. The benchmark rates on deposits and loans of other maturities and on personal provident housing funds were adjusted accordingly.

On July 14, the PBC reported to the Finance and Economy Committee of the National People's Congress on implementation of the monetary policy in the first half of 2011.

On July 15, the PBC issued the *Notice on Conducting an Assessment of the Effects of Policy Guidance on Agro-linked Loans* (PBC Document [2011] No. 181), specifying that starting from 2011 PBC branch offices will conduct assessments of the effects of policy guidance on agro-linked loans for county-level financial institutions, so as to encourage financial institutions to better serve agriculture, rural areas, and farmers and to improve the effects of policy guidance for agro-linked loans.

On July 22, the PBC issued the *Notice on Assessing the Effects of Policy Guidance on SME Loans* (PBC Document [2011] No.185), specifying that starting from 2011 PBC branch offices will conduct assessments of the effects of policy guidance on SME loans for financial institutions at the provincial level or below, so as to encourage financial institutions to upgrade their services to SMEs and to improve policy guidance for SME loans.

On August 4, jointly with the China Banking Regulatory Commission, the PBC issued the *Circular on Providing Quality Financial Services for Public Rental Housing and Other Government-subsidized Housing Projects* (PBC Document [2011] No.193), reiterating and clarifying the credit-support policy for government-subsidized housing projects, including public rental housing, and requiring banking financial institutions to step up credit support to government-subsidized housing projects on the basis of strengthened management and risk prevention.

On August 12, the China Monetary Policy Report for Q2 2011 was released.

On August 22, the PBC, jointly with five other ministries and government agencies, issued the *Notice on Extending the Geographical Coverage of the Use of RMB for Cross-border Trade Settlement* (PBC Document, [2011] No.203), extending the geographical coverage of cross-border trade settlement in RMB to the entire nation.

On September 14, in order to facilitate RMB/ruble trading on the Moscow Interbank Currency Exchange (Micex), the PBC issued the

Notice on RMB Clearing on the Moscow Interbank Currency Exchange (Micex) (PBC Document [2011] No.222), allowing Russian commercial banks that conduct ruble/RMB trade on the Micex to open special RMB accounts in commercial banks located in China that are dedicated to clearing RMB funds resulting from such trade.

On September 28, the PBC Monetary Policy Committee convened its third regular quarterly meeting of 2011.

附录二 2011年第三季度主要经济体中央银行货币政策

一、美联储

美联储公开市场委员会（FOMC）在8月9日和9月21日的例会上均决定维持0～0.25%的联邦基金利率目标区间不变，并表示将继续采取一系列措施促进经济复苏，维持价格稳定。8月9日的例会声明还明确表示将把目前的利率水平至少维持至2013年中期。在9月21日例会声明中，FOMC重申了上述立场，并宣布推出“扭转操作”，即在2012年6月底前购买4 000亿美元6年期至30年期国债，同时出售相同规模的3年期或更短期的国债。美联储认为，采取“扭转操作”是在经济前景面临显著的下行风险以及金融市场紧张的情况下作出的决定。这将压低长期利率，有助于改善融资环境。同时，FOMC表示将把所持机构债和按揭贷款抵押债券到期获得的本金收入重新投资于按揭贷款抵押债券，以帮助改善抵押贷款市场的融资环境。FOMC还将维持现有的将到期国债收回的资金用于再投资的政策。

二、欧洲中央银行

7月7日，欧洲中央银行理事会决定继4月7日后年内第二次提高基准利率，将主要再融资利率、存款便利利率和边际贷款利率分别调高0.25个百分点至1.5%、0.75%和2.25%。在8月4日和9月8日的例会上，欧洲中央银行理事会决定维持上述基准利率水平不变。8月4日，欧洲中央银行还公布了2011年10月12日至2012年1月17日期间的再融资操作细节，决定继续通过主要再融资操作、特别期限的再融资操作和较长期限再融资操作以固定利率全额满足欧元区金融机构的资金需求。9月15日，欧洲中央银行宣布将在未来三个月内联合美国、英国、日本和瑞士中央银行分三次向欧洲银行业注入美元流动性，以帮助欧洲银行业渡过难关。

三、日本银行

日本银行在7月12日、8月4日和9月7日的各次例会上均宣布继续维持“零利率”政策，即将银行间无担保隔夜拆借利率保持在0～0.1%的区间。由于全球经济下行风险增加，日本银行在8月4日例会上决定进一步强化宽松的货币政策，将资产购买计划规模扩大10万亿～50万亿日元，同时继续向市场提供充裕资金以确保金融市场稳定。

四、英格兰银行

在7月7日、8月4日和9月8日的例会上，英格兰银行货币政策委员会（MPC）均决定维持0.5%的基准利率不变，并维持2 000亿英镑的资产购买规模不变。由于英国国内需求和经济持续低迷，加之考虑欧元区财政困境带来的负面影响，从6月例会开始，MPC各成员对是否加息的分歧减弱，8月、9月例会上，所有委员一致同意维持现有利率不变。另外，9月8日例会纪要显示，鉴于经济下行风险增加且通货膨胀压力有所缓解，英格兰银行正在考虑重启资产购买计划，未来推出新一轮量化宽松政策的可能性增加。

Appendix 2 Monetary Policies of the Central Banks of the Major Economies in the Third Quarter of 2011

I. U.S. Federal Reserve

At its regular meetings on August 9 and September 21, the Federal Open Market Committee (FOMC) announced that the federal funds target rate would remain unchanged within a band between 0 and 0.25 percent and that it would continue to promote the economic recovery and maintain price stability by adopting a series of measures. At its regular meeting on August 9, the FOMC also indicated that current interest rates would remain in place until at least mid-2013. At its regular meeting on September 21, the FOMC reiterated its current policy stance and announced its intention to launch "reverse operations" to buy USD400 billion of Treasury securities with remaining maturities of 6 to 30 years and to sell an equal amount of Treasury securities with remaining maturities of 3 years or less. The Federal Reserve held that, given the substantial downward risks to economic activities and financial market pressures, reverse operations represent a correct decision. It is expected that this program will put downward pressures on longer-term interest rates and will help make broader financial conditions more accommodative. In the meantime, the FOMC decided to reinvest principal payments from its holdings of agency debt and agency mortgage-backed securities (MBS) to help support conditions on the MBS market. Furthermore, the FOMC will maintain its existing policy of rolling over maturing Treasury securities at auctions.

II. European Central Bank

On July 7 the Governing Council of the European Central Bank (ECB) decided to increase benchmark interest rates for the second time since April 7 and raised the interest rate on the main refinancing operations, the marginal interest rate on the deposit facility, and the marginal interest rate on the lending facility by 0.25 percentage point, to 1.5 percent, 0.75 percent, and 2.25 percent respectively. At its regular meetings on August 4 and September 8, the Governing Council of the ECB decided to keep the benchmark interest rates unchanged. On August 4 the ECB also announced details on refinancing operations for the period from October 12, 2011 to January 17, 2012, and decided to continue conducting its main refinancing operations (MROs), the Eurosystem's special-term refinancing operations, and longer-term refinancing operations (LTROs), as fixed-rate tender procedures with a full allotment to meet the financing needs of financial institutions in the euro area. On September 15, the ECB announced that in coordination with the U.S. Federal Reserve, the Bank of England, the Bank of Japan, and the Swiss National Bank, it would conduct three US dollar liquidity-providing operations to help the European banks weather the storm.

III. Bank of Japan

At its regular meetings on July 12, August 4, and September 7, the Bank of Japan decided to keep its key rate at near zero, i.e., to keep the uncollaterized overnight call rate unchanged at 0~0.1 percent. At its regular meeting on August 4, due to increased downward risks to the global economy, the BOJ decided to further strengthen its accommodative monetary policy and to increase the amount of the Asset Purchase Program by 10 trillion yen to make a total of about 50 trillion yen. In the meantime, the BOJ will continue to provide ample funds to ensure financial market stability.

IV. Bank of England

At its regular meetings on July 7, August 4, and September 8, the Monetary Policy Committee of the Bank of England announced that it would keep the official rate of 0.5 percent unchanged and that it would continue its asset purchase program of GBP200 billion. Since domestic demand and economic activity remained subdued, and the fiscal challenges in the euro-area periphery highlighted the potential for further adverse shocks to demand, at the regular meetings of the Monetary Policy Committee starting from June the differences among members were narrowed as to whether or not to hike the Bank Rate. At its regular meetings in August and September, by unanimous vote, the Committee decided to keep the current Bank Rate unchanged. Furthermore, according to the minutes of its regular meeting on September 8, since the downward risks to economic activities had heightened and inflationary pressures had relaxed, the Bank of England considered restarting its asset purchase program, increasing the likelihood that a new round of the quantitative easing policy will be launched in the near future.

附录三 中国主要经济和金融指标

Appendix 3 China's Major Economic and Financial Indicators

一、经济增长与经济发展水平

1. Economic Growth

1978年以来我国经济增长与宏观经济政策

China's economic growth and macroeconomic policies since 1978

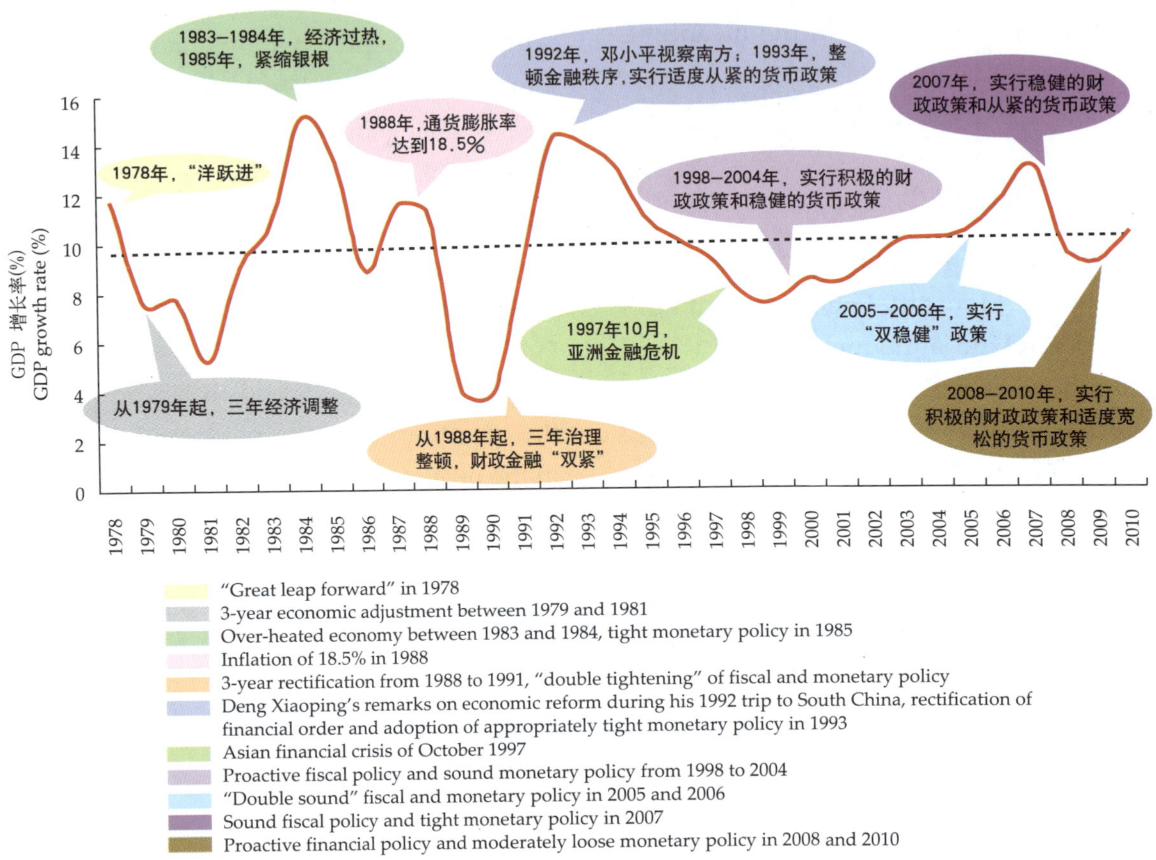

人均国内生产总值

Per capita GDP

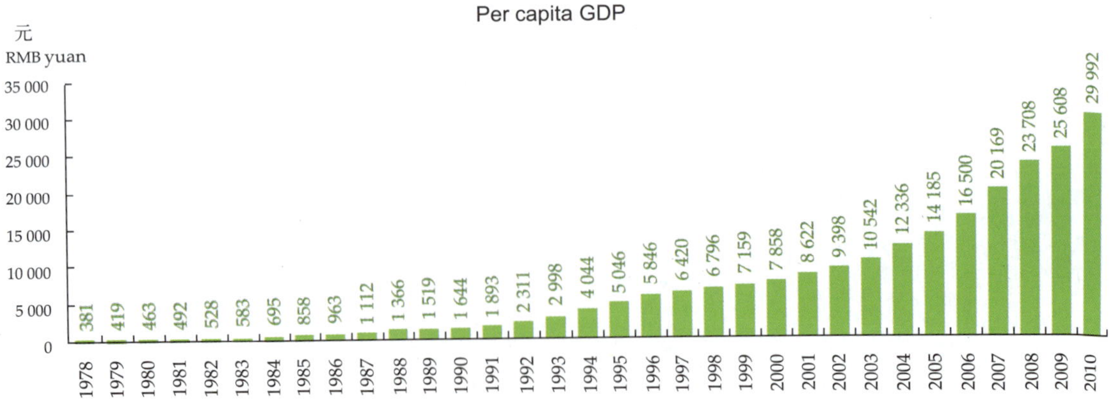

注：图中数据根据国家统计局最新数据修订。

Note: Data are revised by National Bureau of Statistics of China.

GDP总量：据世界银行按汇率套算，2010年中国GDP总量为5.88万亿美元，占世界GDP总量63.05万亿美元的9.3%，位居第二，排在美国之后。根据《2011年世界发展指标》，按购买力平价方法计算，2010年中国GDP总量为10.08万亿美元，占世界GDP总量76.3万亿美元的13.2%，位居第二，排在美国之后。

人均GDP：2010年，我国人均GDP为29 992元人民币，按年末汇率折算为4 529美元。

人均国民收入：据世界银行按汇率折算方法测算，2010年世界人均国民收入为9 097美元，中国人均国民收入为4 260美元，位居世界215个经济体由高向低排列的第121位，属于中等收入国家中的较低收入组。按购买力平价方法计算，2010年中国人均国民收入为7 570美元，相当于世界人均国民收入11 058美元的68.5%，位居世界215个经济体由高向低排列的第118位，依然属于中等收入国家中的较低收入组。

Gross Domestic Product (GDP): The World Bank estimated that the world total GDP and China's GDP in 2010 were USD63.05 trillion and USD5.88 trillion respectively based on the current exchange rate. Accounting for 9.3 percent of the world total, China's GDP ranked 2nd in the world after the U.S.. The World Bank estimated that the world total GDP and China's GDP in 2010 were USD76.3 trillion and USD10.08 trillion respectively based on a PPP basis, according to the *World Development Indicators 2011*. Accounting for 13.2 percent of the world total, China's GDP ranked 2nd in the world, after the U.S..

GDP per capita: In 2010, China's GDP per capita reached RMB29,992 yuan, or USD4,529 based on the exchange rate at the end of 2010.

Gross National Income (GNI) per capita: The World Bank estimated that in 2010 the GNI per capita for the world as a whole was USD9,097 based on Atlas menthodology. The GNI per capita in China was USD4,260, ranking 121st among 215 worldwide economies, meaning that China is a lower-middle-income country. In PPP terms, the GNI per capita in China in 2010 was USD7,570, equivalent to 68.5 percent of the world figure which was USD11,058, thus ranking 118th among the 215 worldwide economies, and a ranking that still indicates China's status as a lower-middle-income country.

2010年世界银行按汇率套算的GDP总量前10名排序

Top ten economies in terms of GDP based on current exchange rate in 2010 (World Bank estimation)

排名 Rank	国家 Country		GDP(万亿美元) GDP (USD trillion)	占世界GDP总量的比重(%) As a percent of the world total (%)
1	美国	U.S.	14.58	23.1
2	**中国**	**China**	**5.88**	**9.3**
3	日本	Japan	5.50	8.7
4	德国	Germany	3.31	5.2
5	法国	France	2.56	4.1
6	英国	U.K.	2.25	3.6
7	巴西	Brazil	2.09	3.3
8	意大利	Italy	2.05	3.3
9	印度	India	1.73	2.7
10	加拿大	Canada	1.57	2.5
世界	World total		63.05	100

2010年世界银行按购买力平价方法估算的GDP总量前10名排序

Top ten economies in terms of GDP based on PPP in 2010 (World Bank estimation)

排名 Rank	国家 Country		GDP(万亿美元) GDP (USD trillion)	占世界GDP总量的比重(%) As a percent of the world total (%)
1	美国	U.S.	14.58	19.1
2	**中国**	**China**	**10.08**	**13.2**
3	日本	Japan	4.33	5.7
4	印度	India	4.20	5.5
5	德国	Germany	3.07	4.0
6	俄罗斯	Russia	2.81	3.7
7	英国	U.K.	2.23	2.9
8	法国	France	2.19	2.9
9	巴西	Brazil	2.17	2.8
10	意大利	Italy	1.91	2.5
世界	World total		76.3	100

世界银行估算的2010年人均国民收入

National income per capita in 2010 (estimated by the World Bank)

单位：美元 Unit: USD

	世界平均 Global average	低收入国家 Low-income countries	中等收入国家 Middle-income countries			高收入国家 High-income countries
				较低收入组 Lower-middle-income countries	较高收入组 Upper-middle-income countries	
汇率折算方法 Atlas menthodology	9 097	510	3 764	1 658	5 884	38 658
购买力平价法 On a PPP basis	11 058	1 246	6 780	3 701	9 904	37 183

国内生产总值
Gross domestic product

年/季 Year /Quarter		国内生产总值 GDP 绝对值(亿元) Absolute value (RMB 100 million yuan)	国内生产总值 GDP 增长(%) Growth(%)	第一产业 Primary industry 绝对值(亿元) Absolute value (RMB 100 million yuan)	第一产业 Primary industry 增长(%) Growth(%)	第二产业 Secondary industry 绝对值(亿元) Absolute value (RMB 100 million yuan)	第二产业 Secondary industry 增长(%) Growth(%)	第三产业 Tertiary industry 绝对值(亿元) Absolute value (RMB 100 million yuan)	第三产业 Tertiary industry 增长(%) Growth(%)
2007	I	53 058	13.0	3 654	4.4	26 465	14.6	22 940	12.7
	I–II	112 458	13.4	9 283	4.0	57 615	15.0	45 561	13.5
	I–III	174 428	13.4	17 937	4.3	86 405	14.8	70 086	14.0
	I–IV	257 306	13.0	28 627	3.7	124 799	14.7	103 880	13.8
2008	I	66 284	11.3	4 679	2.8	31 658	11.5	27 097	10.9
	I–II	140 478	11.0	11 697	3.4	70 543	11.3	53 596	10.7
	I–III	217 026	10.6	21 869	4.4	105 889	11.2	81 989	11.2
	I–IV	314 045	9.6	33 702	5.4	149 003	9.9	131 340	10.4
2009	I	69 817	6.6	4 627	3.5	32 658	5.8	32 531	7.9
	I–II	148 204	7.5	11 831	3.8	71 703	7.1	64 670	8.5
	I–III	231 303	8.2	22 142	4.0	109 101	8.1	100 060	9.3
	I–IV	340 503	9.1	35 226	4.2	157 639	9.9	148 038	9.3
2010	I	82 496	12.0	5 144	3.8	39 467	14.7	37 886	10.2
	I–II	174 879	11.2	13 379	3.6	86 328	13.5	75 172	9.7
	I–III	272 169	10.7	25 623	4.0	130 084	12.8	116 462	9.5
	I–IV	401 202	10.4	40 534	4.3	187 581	12.4	173 087	9.6
2011	I	96 975	9.7	5 980	3.5	47 009	11.1	43 987	9.1
	I–II	205 779	9.6	15 700	3.2	102 647	10.9	87 432	9.2
	I–III	320 692	9.4	30 340	3.8	154 795	10.8	135 557	9.0

注：① 表中绝对数按当年价格计算，"比上年同期增长"按不变价格计算。
② 表中数据根据国家统计局最新数据修订。

Notes: 1. Absolute figures in this table are calculated at current prices, and the year-on-year growth rates are calculated at constant prices.
2. Data are revised by National Bureau of Statistics of China.

1978年以来GDP及其增长率
GDP and its annual growth rate since 1978

年 Year	GDP(万亿元) GDP(RMB trillion yuan)	GDP增长率(%) GDP growth rate(%)
1978	0.4	11.7
1979	0.4	7.6
1980	0.5	7.8
1981	0.5	5.3
1982	0.5	9.0
1983	0.6	10.9
1984	0.7	15.2
1985	0.9	13.5
1986	1.0	8.9
1987	1.2	11.6
1988	1.5	11.3
1989	1.7	4.1
1990	1.9	3.8
1991	2.2	9.2
1992	2.7	14.2
1993	3.5	14.0
1994	4.8	13.1
1995	6.1	10.9
1996	7.1	10.0
1997	7.9	9.3
1998	8.4	7.8
1999	9.0	7.6
2000	9.9	8.4
2001	11.0	8.3
2002	12.0	9.1
2003	13.6	10.0
2004	16.0	10.1
2005	18.3	10.4
2006	21.2	11.6
2007	25.7	13.0
2008	31.4	9.6
2009	34.1	9.1
2010	39.8	10.3

注：表中数据根据国家统计局最新数据修订。
Note: Data are revised by National Bureau of Statistics of China.

1978年以来GDP及其增长率
GDP and its annual growth rate since 1978

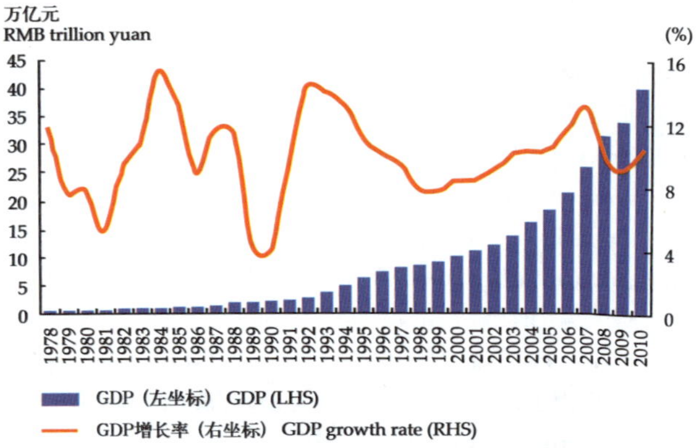

2000年以来年度GDP中三大产业比重
Shares of industries in GDP since 2000

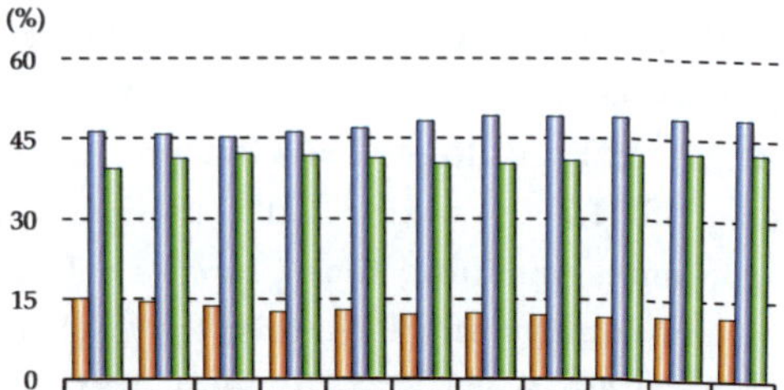

	2000	2001	2002	2003	2004	2005	2006	2007	2008	2009	2010
第一产业 Primary industry	14.8	14.1	13.5	12.6	13.1	12.2	11.3	11.1	10.7	10.3	10.2
第二产业 Secondary industry	45.9	45.2	44.8	46.0	46.2	47.7	48.7	48.5	47.4	46.3	46.9
第三产业 Tertiary industry	39.3	40.7	41.7	41.4	40.7	40.1	40.0	40.4	41.8	43.4	43.0

季度GDP三次产业所占的比重与增长率变化
Shares of industries in GDP and their growth rates on a quarterly basis

单位：%　Unit: %

年/季 Year/Quarter	第一产业所占的比重 Share of primary industry	第二产业所占的比重 Share of secondary industry	第三产业所占的比重 Share of tertiary industry	第一产业同比累计增长 YOY accumulated growth of primary industry	第二产业同比累计增长 YOY accumulated growth of secondary industry	第三产业同比累计增长 YOY accumulated growth of tertiary industry
2007Q1	6.9	49.9	43.2	4.4	14.6	12.7
2007Q2	8.3	51.2	40.5	4.0	15.0	13.5
2007Q3	10.3	49.5	40.2	4.3	14.8	14.0
2007Q4	11.1	48.5	40.4	3.7	14.7	13.8
2008Q1	7.4	49.9	42.7	2.8	11.5	10.9
2008Q2	8.8	51.5	39.8	3.5	11.3	10.7
2008Q3	10.6	50.0	39.4	4.5	10.6	10.5
2008Q4	10.7	47.4	41.8	5.5	9.3	9.5
2009Q1	7.1	48.6	44.2	3.5	5.3	7.4
2009Q2	8.6	50.1	41.3	3.8	6.6	8.3
2009Q3	10.3	48.9	40.8	4.0	7.5	8.8
2009Q4	10.6	46.8	42.6	4.2	9.9	9.3
2010Q1	6.4	48.5	45.1	3.8	14.5	10.2
2010Q2	7.7	49.7	42.6	3.6	13.2	9.6
2010Q3	9.5	48.1	42.3	4.0	12.6	9.5
2010Q4	10.2	46.9	43.0	4.3	12.2	9.5
2011Q1	6.2	48.6	45.2	3.5	11.1	9.1
2011Q2	7.7	50.0	42.3	3.2	11.0	9.2
2011Q3	9.5	48.3	42.3	3.8	10.8	9.0

注：① 从2006年第一季度开始，根据《国民经济行业分类》(2002)，将“农林牧渔服务业”从第三产业调整到第一产业。
② 表中数据根据国家统计局最新数据修订。

Notes: 1. Beginning from the first quarter 2006,according to the *Classification of National Economic Sectors* (2002), services for agriculture,forestry, animal husbandry and fishery have been readjusted for tertiary industry to primary industry.
2. Data are revised by National Bureau of Statistics of China.

季度GDP三次产业所占的比重与增长率变化
Shares of industries in GDP and their growth rates on a quarterly basis

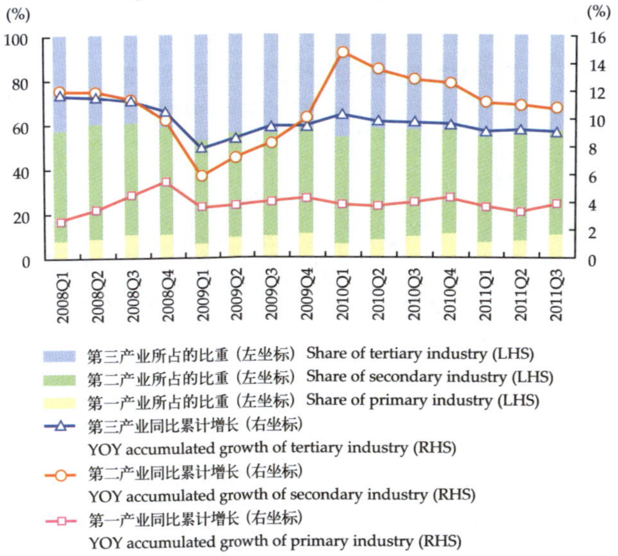

2004年以来GDP季度累计增长率
Quarterly accumulated GDP growth rates since 2004

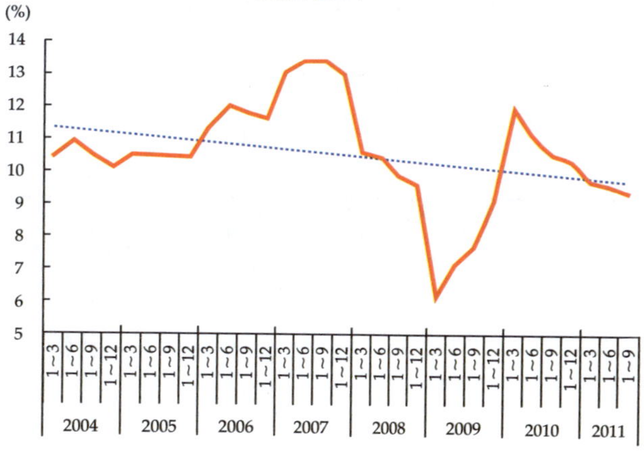

工业增加值增长速度
Growth rate of value added of industry

单位：% Unit: %

年/月 Year/Month		工业增加值 Value added	轻工业 Light industry	重工业 Heavy industry	国有及国有控股企业 State-owned and state-holding enterprises	集体企业 Collectively-owned enterprises	股份制企业 Joint-stock enterprises	外商及港澳台投资企业 Enterprises with foreign, Hongkong, Macau, and Taiwan investment
		比上年同期增长(%) Year-on-year growth rate(%)						
2007		18.5	16.3	19.6	13.8	11.5	20.6	17.5
2008		12.9	12.3	13.2	9.1	8.1	15.0	9.9
2009		11.0	9.7	11.5	6.9	10.2	10.3	6.2
2010	7	13.4	13.5	13.3	11.4	5.2	14.0	13.0
	8	13.9	13.1	14.2	11.7	8.1	14.7	13.4
	9	13.3	13.0	13.4	11.0	8.7	14.2	12.0
	10	13.1	12.9	13.2	10.6	7.9	14.3	11.2
	11	13.3	12.7	13.6	10.9	10.8	14.4	11.7
	12	13.5	13.0	13.7	9.8	7.9	15.0	11.4
2011	1	—	—	—	—	—	—	—
	2	14.9	13.1	15.6	10.5	11.7	16.5	12.2
	3	14.8	12.8	15.6	12.9	8.9	16.5	11.6
	4	13.4	11.9	14.0	10.4	8.1	15.4	9.7
	5	13.3	12.9	13.5	8.9	9.5	15.2	9.5
	6	15.1	13.9	15.6	10.7	11.2	17.2	11.3
	7	14.0	12.8	14.5	9.5	9.2	15.8	10.6
	8	13.5	13.4	13.5	9.4	8.7	15.5	10.0
	9	13.8	12.8	14.3	9.9	7.2	16.0	10.1
2010	1~7	17.0	13.6	18.4	16.6	9.5	18.0	16.4
	1~8	16.6	13.6	17.9	15.8	9.3	17.6	16.2
	1~9	16.3	13.6	17.5	15.1	9.4	17.3	15.8
	1~10	16.1	13.6	17.1	14.8	9.2	17.1	15.3
	1~11	15.8	13.6	16.7	14.2	9.3	16.9	14.9
	1~12	15.7	13.6	16.5	13.7	9.4	16.8	14.5
2011	1~2	14.1	13.3	14.4	10.6	10.5	15.6	12.2
	1~3	14.4	13.1	14.9	11.4	10.2	15.9	11.9
	1~4	14.2	12.9	14.7	11.2	9.4	15.9	11.4
	1~5	14.0	12.9	14.4	10.7	9.4	15.8	10.9
	1~6	14.3	13.1	14.7	10.7	9.6	16.1	11.1
	1~7	14.3	13.1	14.7	10.6	9.6	16.2	11.1
	1~8	14.2	13.1	14.6	10.4	9.6	16.1	10.9
	1~9	14.2	13.1	14.6	10.4	9.6	16.1	10.9

注：①自2011年起，工业统计范围调整为年主营收入2 000万元及以上的工业企业。
②本表中“比上年同期增长”按可比价格计算。

Notes: 1. Since 2011, the statistical coverage of industry has been adjusted to industrial enterprises with the annual sales income from main business of RMB20 million yuan and above.
2. The year-on-year changes in this table are calculated at comparable prices.

工业增加值增长速度及工业产品销售率
Growth rate of industrial value added and ratio of sales to output of industrial products

单位：% Unit: %

年/月 Year/Month		当月工业增加值同比增长 YOY growth of monthly industrial value added	工业增加值月度累计同比增长 YOY growth of monthly accumulated industrial value added	当月销售率 Monthly ratio of sales to output
2010	1	—	—	—
	2	12.8	20.7	96.9
	3	18.1	19.6	97.8
	4	17.8	19.1	98.4
	5	16.5	18.5	97.6
	6	13.7	17.6	97.5
	7	13.4	17.0	98.1
	8	13.9	16.6	98.2
	9	13.3	16.3	98.0
	10	13.1	16.1	97.8
	11	13.3	15.8	97.5
	12	13.5	15.7	98.9
2011	1	—	—	—
	2	14.9	14.1	97.9
	3	14.8	14.4	97.8
	4	13.4	14.2	98.4
	5	13.3	14.0	98.1
	6	15.1	14.3	97.6
	7	14.0	14.3	98.5
	8	13.5	14.2	98.2
	9	13.8	14.2	97.8

工业增加值增长速度及工业产品销售率
Growth rate of industrial value added and ratio of sales to output of industrial products

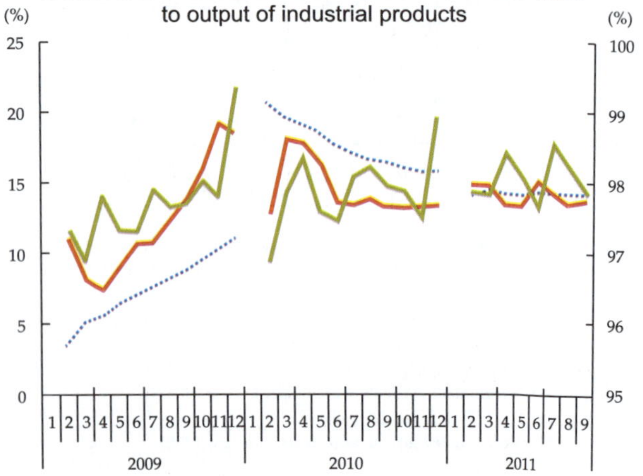

当月工业增加值同比增长（左坐标）
YOY growth of monthly industrial value added (LHS)
工业增加值月度累计同比增长（左坐标）
YOY growth of monthly accumulated industrial value added (LHS)
当月销售率（右坐标）
Monthly ratio of sales to output (RHS)

二、价格走势
2. Price Development

1.各种价格指数一览
(1) Overview of price indices

各种价格指数变动表
Changes in price indices

单位：% Unit: %

年/月 Year/Month	居民消费价格指数 CPI			农业生产资料价格指数 Agricultural production materials price index		工业生产者购进价格指数 Purchasing price index for industrial producers		工业生产者出厂价格指数 Producer price index for manufactured goods		固定资产投资价格指数 Fixed-asset investment price index		进出口同比价格指数 Import-export price index (YOY)		
	月环比 MOM	当月同比 YOY	累计同比 Accumulated YOY	当月同比 YOY	累计同比 Accumulated YOY	当月同比 YOY	累计同比 Accumulated YOY	当月同比 YOY	累计同比 Accumulated YOY	当季同比 YOY	累计同比 Accumulated YOY	出口 Exports	进口 Imports	贸易条件 Terms of trade
2009 1	0.9	1.0	1.0	9.7	9.7	-5.3	-5.3	-3.3	-3.3	—	—	2.3	-10.6	114.4
2	0.0	-1.6	-0.3	6.8	8.2	-7.1	-6.2	-4.5	-3.9	—	—	-2.5	-17.6	118.3
3	-0.3	-1.2	-0.6	1.3	5.8	-8.9	-7.1	-6.0	-4.6	-1.2	-1.2	-5.6	-18.5	115.8
4	-0.2	-1.5	-0.8	-1.7	3.8	-9.6	-7.7	-6.6	-5.1	—	—	-5.9	-19.2	116.5
5	-0.3	-1.4	-0.9	-3.6	2.3	-10.4	-8.2	-7.2	-5.5	—	—	-6.2	-20.4	117.8
6	-0.5	-1.7	-1.1	-5.8	0.9	-11.2	-8.7	-7.8	-5.9	-3.9	-2.6	-8.8	-16.3	109.0
7	0.0	-1.8	-1.2	-7.2	-0.4	-11.7	-9.2	-8.2	-6.2	—	—	-7.1	-16.7	111.5
8	0.5	-1.2	-1.2	-7.5	-1.3	-11.4	-9.4	-7.9	-6.4	—	—	-9.3	-20.4	113.9
9	0.4	-0.8	-1.1	-7.3	-2.0	-10.1	-9.5	-7.0	-6.5	-3.6	-2.9	-9.1	-15.3	107.3
10	-0.1	-0.5	-1.1	-6.1	-2.4	-8.4	-9.4	-5.8	-6.4	—	—	-8.7	-12.4	104.2
11	0.3	0.6	-0.9	-3.9	-2.6	-3.6	-8.9	-2.1	-6.0	—	—	-7.5	-1.3	93.7
12	1.0	1.9	-0.7	-1.9	-2.5	3.0	-7.9	1.7	-5.4	-1.0	-2.4	-3.5	8.6	88.9
2010 1	0.6	1.5	1.5	-0.4	-0.4	8.0	8.0	4.3	4.3	—	—	-5.3	13.5	83.4
2	1.2	2.7	2.1	0.3	-0.1	10.3	9.1	5.4	4.9	—	—	-5.5	15.6	81.7
3	-0.7	2.4	2.2	0.9	0.3	11.5	9.9	5.9	5.2	1.9	1.9	1.4	17.6	86.2
4	0.2	2.8	2.4	1.2	0.5	12.0	10.4	6.8	5.6	—	—	-0.7	19.4	83.2
5	-0.1	3.1	2.5	2.1	0.8	12.2	10.8	7.1	5.9	—	—	2.2	19.2	85.7
6	-0.6	2.9	2.6	2.5	1.1	10.8	10.8	6.4	6.0	3.6	2.7	3.4	17.4	88.1
7	0.4	3.3	2.7	2.9	1.3	8.5	10.5	4.8	5.8	—	—	4.0	12.8	92.2
8	0.6	3.5	2.8	3.5	1.6	7.5	10.1	4.3	5.6	—	—	6.5	10.5	96.4
9	0.6	3.6	2.9	3.9	1.9	7.1	9.8	4.3	5.5	3.5	3.0	4.9	9.5	95.8
10	0.7	4.4	3.0	5.2	2.2	8.1	9.6	5.0	5.5	—	—	4.8	10.4	94.9
11	1.1	5.1	3.2	6.5	2.6	9.7	9.6	6.1	5.5	—	—	7.6	8.9	98.8
12	0.5	4.6	3.3	6.0	2.9	9.5	9.6	5.9	5.5	5.4	3.6	4.9	10.1	95.3
2011 1	1.0	4.9	4.9	5.4	5.4	9.7	9.7	6.6	6.6	—	—	11.0	11.7	99.4
2	1.2	4.9	4.9	6.5	6.0	10.4	10.0	7.2	6.9	—	—	11.4	16.6	95.5
3	-0.2	5.4	5.0	8.6	6.9	10.5	10.2	7.3	7.1	6.5	6.5	7.5	15.5	93.1
4	0.1	5.3	5.1	10.2	7.7	10.4	10.3	6.8	7.0	—	—	10.9	12.9	98.2
5	0.1	5.5	5.2	11.4	8.4	10.2	10.2	6.8	7.0	—	—	9.4	16.7	93.7
6	0.3	6.4	5.4	13.5	9.3	10.5	10.3	7.1	7.0	6.7	6.6	10.9	15.7	95.9
7	0.5	6.5	5.5	14.6	10.0	11.0	10.4	7.5	7.1	—	—	10.3	15.0	95.9
8	0.3	6.2	5.6	14.7	10.6	10.6	10.4	7.3	7.1	—	—	9.2	15.6	94.5
9	0.5	6.1	5.7	15.0	11.1	10.0	10.4	6.5	7.0	7.3	6.8	9.5	14.8	95.4

注：国家统计局从2011年1月开始实施新的工业生产者价格统计调查制度方法。"工业品价格统计"改称为"工业生产者价格统计"，相应地将"原材料、燃料、动力购进价格指数"改称为"工业生产者购进价格指数"，将"工业品出厂价格指数"改称为"工业生产者出厂价格指数"。

Note: Since January 2011, NBS begins to conduct new statistical system and survey methods on PPI. "prices statistics on industrial goods" is renamed to "prices statistics on industrial producers". Accordingly, "purchasing prices for raw material,fuels and power" is renamed to "purchasing price for industral producers", "producer price index of industrial products" is renamed to "producer price index for manufactured goods".

居民消费价格月环比指数变动
Change in CPI (month-on-month)

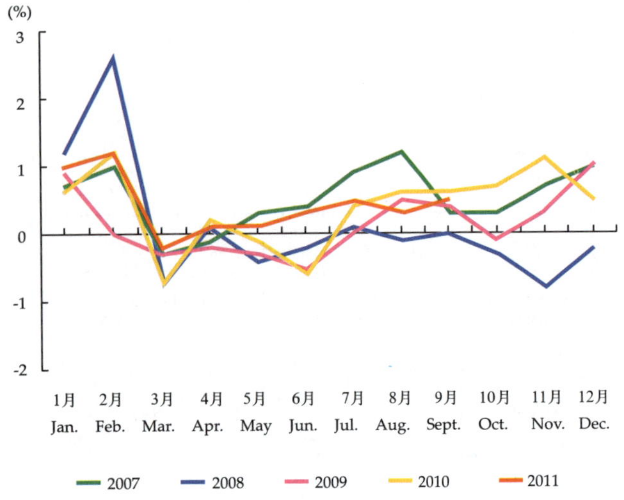

居民消费价格同比指数变动
Change in CPI (year-on-year)

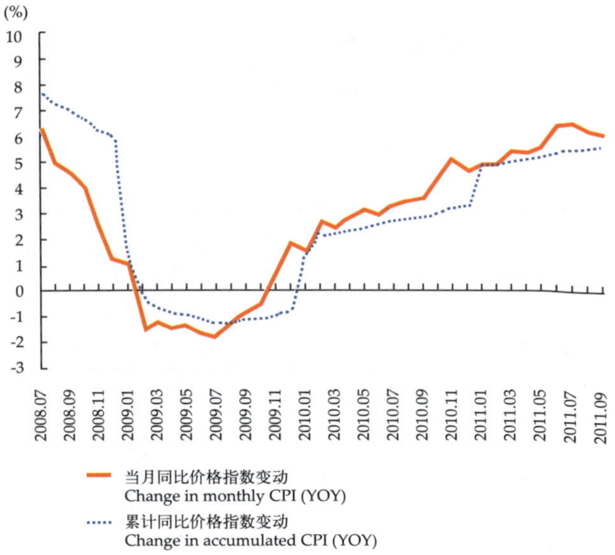

居民消费价格指数与生产价格指数的比较
Comparison between changes in CPI and PPI

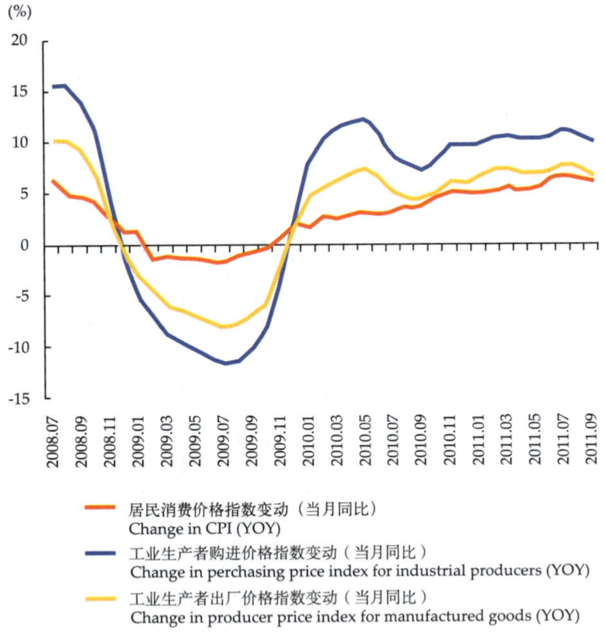

进出口价格指数和贸易条件
Import-export price index and terms of trade

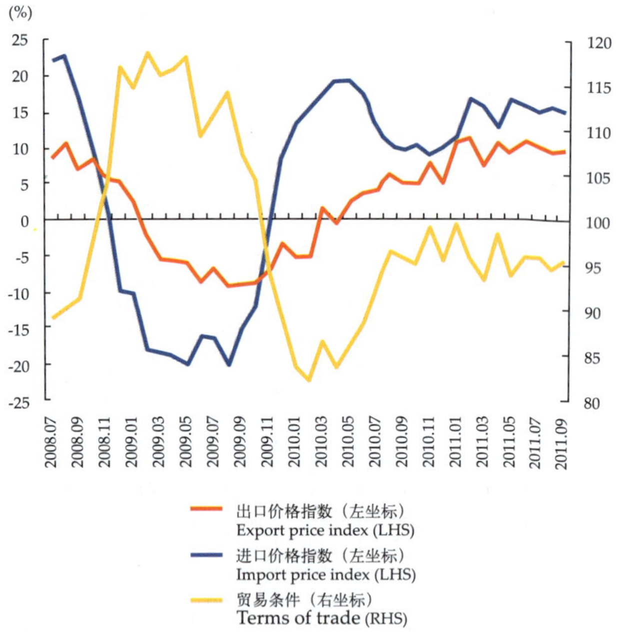

2. 分类指数

(2) Breakdown of indices

居民消费价格当月同比分类指数变动
Breakdown of changes in CPI (YOY)

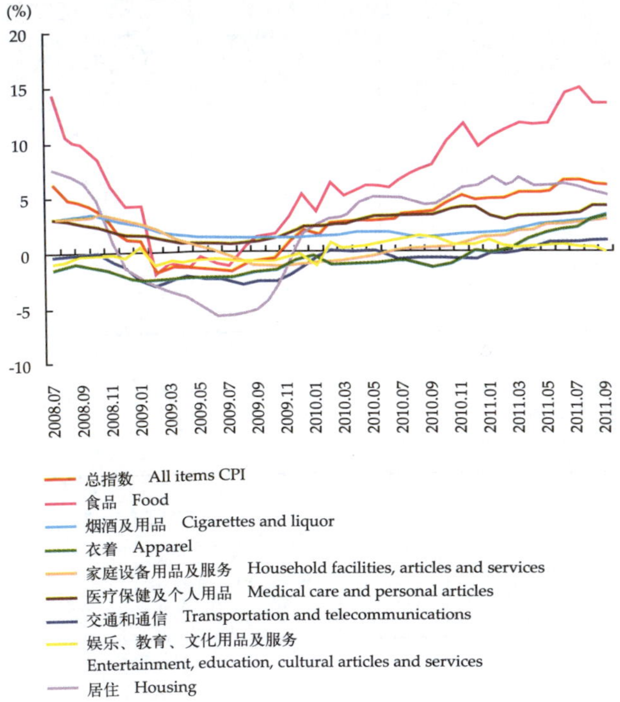

工业生产者出厂价格当月同比指数变动按生产资料和生活资料分类
Breakdown of changes in producer price index (PPI) for manufactured goods by means of production and means of consumer goods (YOY)

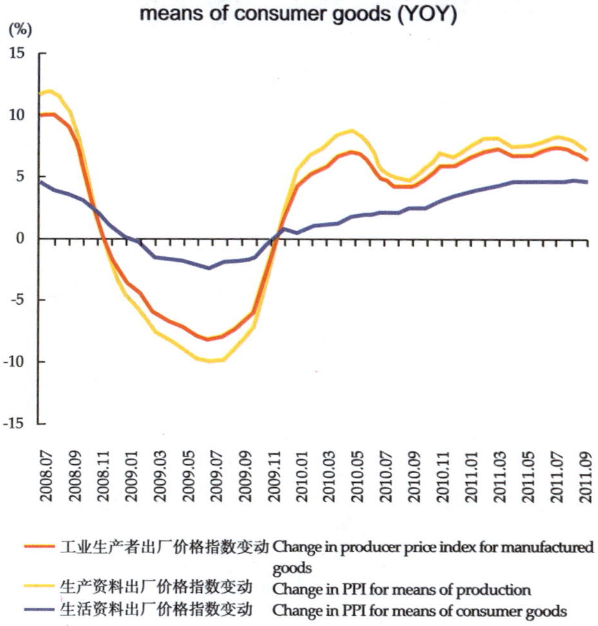

生活资料出厂价格当月同比分类指数变动
Breakdown of changes in PPI for means of consumer goods (YOY)

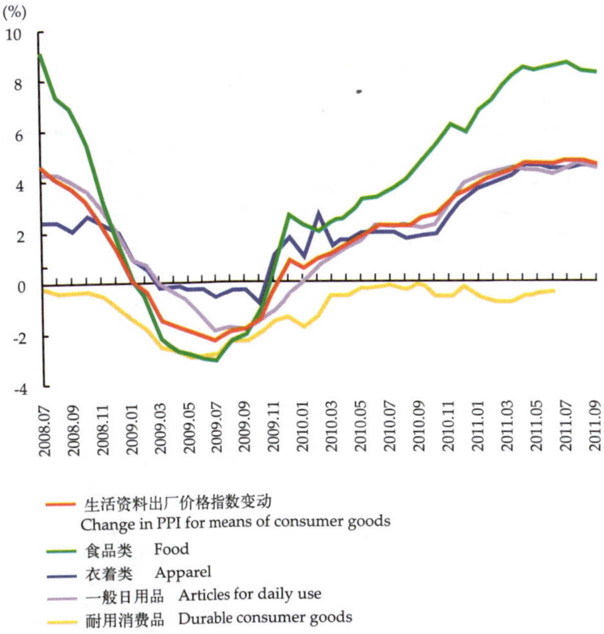

生产资料出厂价格当月同比分类指数变动
Breakdown of changes in PPI for means of production (YOY)

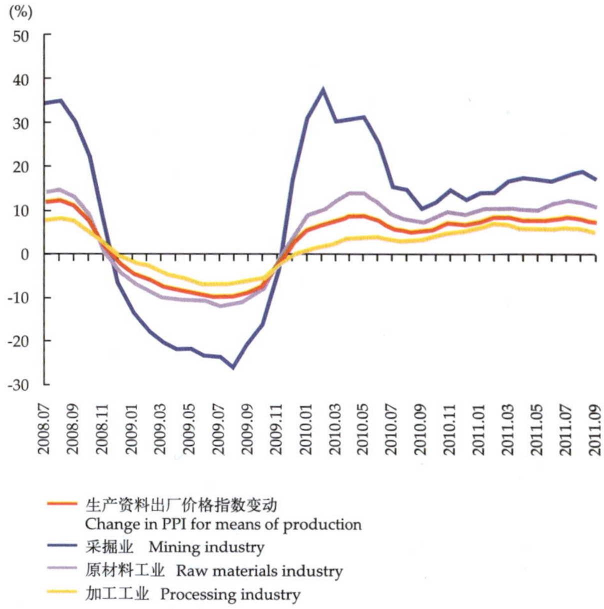

三、就业、失业与收入
3. Employment, Unemployment and Income

人口与就业基本情况
Population and employment

年 Year	年底总人口（亿人） Population at the end of the year (100 million people)	城镇 Urban	比重(%) Share (%)	乡村 Rural	比重(%) Share (%)	15～64岁人口数(亿人) Population between 15~64 years of age (100 million people)	就业人员(亿人) Employment (100 million people)
2002	12.8	5.0	39	7.8	61	9.0	7.3
2003	12.9	5.2	41	7.7	59	9.1	7.4
2004	13.0	5.4	42	7.6	58	9.2	7.4
2005	13.1	5.6	43	7.5	57	9.4	7.5
2006	13.1	5.8	44	7.3	56	9.5	7.5
2007	13.2	6.1	46	7.1	54	9.6	7.5
2008	13.3	6.2	47	7.0	53	9.7	7.6
2009	13.3	6.5	48	6.9	52	9.7	7.6
2010	13.4	6.7	50	6.7	50	10.0	7.6

注：表中数据根据第六次人口普查数据重新修订。
Note:Data are revised according to the 6th National Population Census.

就业人员按城乡和产业分类
Employment in urban & rural areas and in industries

年 Year	就业人员(亿人) Employment (100 million people)	按城乡分 Urban and rural: 城镇 Urban	比重(%) Share (%)	乡村 Rural	比重(%) Share (%)	按产业分 Industries: 第一产业 Primary industry	比重(%) Share (%)	第二产业 Secondary industry	比重(%) Share (%)	第三产业 Tertiary industry	比重(%) Share (%)
2002	7.33	2.52	34.3	4.81	65.7	3.66	50.0	1.57	21.4	2.10	28.6
2003	7.37	2.62	35.6	4.75	64.4	3.62	49.1	1.59	21.6	2.16	29.3
2004	7.43	2.73	36.8	4.70	63.2	3.48	46.9	1.67	22.5	2.27	30.6
2005	7.46	2.84	38.0	4.63	62.0	3.34	44.8	1.78	23.8	2.34	31.4
2006	7.50	2.96	39.5	4.53	60.5	3.19	42.6	1.89	25.2	2.41	32.2
2007	7.53	3.10	41.1	4.44	58.9	3.07	40.8	2.02	26.8	2.44	32.4
2008	7.56	3.21	42.5	4.35	57.5	2.99	39.6	2.06	27.2	2.51	33.2
2009	7.58	3.33	43.9	4.25	56.1	2.89	38.1	2.11	27.8	2.59	34.1
2010	7.61	3.47	45.6	4.14	54.4	2.79	36.7	2.18	28.7	2.63	34.6

注：表中数据根据第六次人口普查数据重新修订。
Note:Data are revised according to the 6th National Population Census.

城乡居民家庭人均收入
Urban and rural household income (per capita)

年/季 Year/Quarter		农村居民家庭人均现金收入 Rural household cash income (per capita): 绝对值(元) Absolute value (RMB yuan)	同比实际增长(%) Growth in real terms (YOY) (%)	城镇居民家庭人均可支配收入 Urban household disposable income (per capita): 绝对值(元) Absolute value (RMB yuan)	同比实际增长(%) Growth in real terms (YOY) (%)
2008	I	1 494	9.1	4 386	3.4
	I-II	2 528	10.3	8 065	6.3
	I-III	3 971	11.0	11 865	7.5
	I-IV	5 737	—	15 781	8.4
2009	I	1 622	8.6	4 834	11.2
	I-II	2 733	8.1	8 856	11.2
	I-III	4 307	9.2	12 973	10.5
	I-IV	6 270	—	17 175	9.8
2010	I	1 814	9.2	5 308	7.5
	I-II	3 078	9.5	9 757	7.5
	I-III	4 869	9.7	14 334	7.5
	I-IV	7 089	—	19 109	7.8
2011	I	2 187	14.3	5 963	7.1
	I-II	3 706	13.7	11 041	7.6
	I-III	5 875	13.6	16 301	7.8

城镇失业人数和失业率
Unemployed urban population and unemployment rate

年/季度末 Year/End of quarter		城镇登记失业人数(万人) Registered unemployment (10 000 people)	城镇登记失业率(%) Registered unemployment rate (%)
2008	I	825	4.0
	II	835	4.0
	III	830	4.0
	IV	886	4.2
2009	I	915	4.3
	II	906	4.3
	III	915	4.3
	IV	921	4.3
2010	I	919	4.2
	II	911	4.2
	III	905	4.1
	IV	908	4.1
2011	I	909	4.1
	II	908	4.1
	III	911	4.1

四、国内需求
4. Domestic Demand

1.按支出法计算的国内生产总值
(1) Expenditure-based GDP

按支出法计算的国内生产总值及其构成
Expenditure-based GDP and its composition

年 Year	按支出法计算的国内生产总值(亿元) Expenditure-based GDP (RMB100 million yuan)	最终消费 Final consumption	居民消费 Household consumption	城镇居民 Urban	农村居民 Rural	政府消费 Government consumption	资本形成总额 Total capital formation	固定资本形成 Fixed capital formation	存货增加 Increased inventory	货物和服务净出口 Net exports of goods and services
	绝对值(亿元) Absolute value (RMB100 million yuan)									
2000	98 749	61 516	45 855	30 707	15 147	15 661	34 843	33 844	998	2 390
2001	109 028	66 934	49 436	33 645	15 791	17 498	39 769	37 755	2 015	2 325
2002	120 476	71 817	53 057	36 785	16 272	18 760	45 565	43 632	1 933	3 094
2003	136 635	77 686	57 650	41 344	16 306	20 036	55 963	53 491	2 472	2 986
2004	160 800	87 553	65 219	47 529	17 690	22 334	69 168	65 118	4 051	4 079
2005	187 131	99 051	72 653	53 281	19 372	26 399	77 857	74 233	3 624	10 223
2006	222 240	112 632	82 104	60 842	21 261	30 528	92 954	87 954	5 000	16 654
2007	265 834	131 510	95 610	71 488	24 122	35 900	110 943	103 949	6 995	23 381
2008	314 901	152 347	110 595	83 100	27 495	41 752	138 325	128 084	10 241	24 229
2009	345 024	165 527	121 130	92 296	28 834	44 397	164 464	156 680	7 784	15 033
2010	394 308	186 905	133 291	102 394	30 897	53 614	191 691	182 340	9 351	15 712
	构成(%) Composition (%)									
2000	100	62.3	46.4	31.1	15.3	15.9	35.3	34.3	1.0	2.4
2001	100	61.4	45.3	30.9	14.5	16.0	36.5	34.6	1.8	2.1
2002	100	59.6	44.0	30.5	13.5	15.6	37.8	36.2	1.6	2.6
2003	100	56.9	42.2	30.3	11.9	14.7	41.0	39.1	1.8	2.2
2004	100	54.4	40.6	29.6	11.0	13.9	43.0	40.5	2.5	2.5
2005	100	52.9	38.8	28.5	10.4	14.1	41.6	39.7	1.9	5.5
2006	100	50.7	36.9	27.4	9.6	13.7	41.8	39.6	2.2	7.5
2007	100	49.5	36.0	26.9	9.1	13.5	41.7	39.1	2.6	8.8
2008	100	48.4	35.1	26.4	8.7	13.3	43.9	40.7	3.3	7.7
2009	100	48.0	35.1	26.8	8.4	12.9	47.7	45.4	2.3	3.9
2010	100	47.4	33.8	26.0	7.8	13.6	48.6	46.2	2.4	4.0

注：表中数据根据国家统计局最新数据修改。
Note: Data are revised by National Bureau of Statistics of China.

按支出法计算的国内生产总值构成变化
Changes in the composition of GDP (based on expenditures)

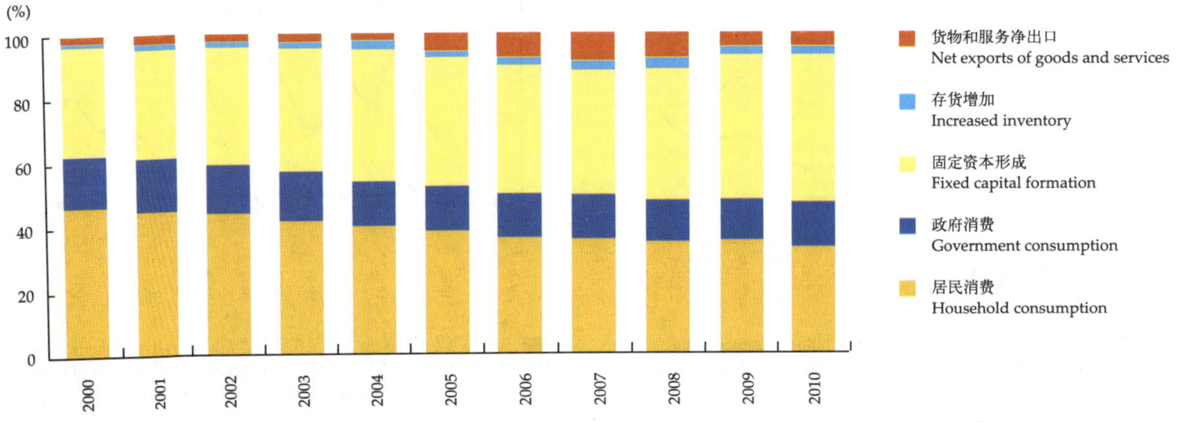

投资率和消费率
Investment ratio and consumption ratio

单位：% Unit: %

年 Year	资本形成率(投资率) Capital formation ratio (investment ratio)	最终消费率(消费率) Final consumption ratio (consumption ratio)
1978	38.2	62.1
1979	36.1	64.4
1980	34.8	65.5
1981	32.5	67.1
1982	31.9	66.5
1983	32.8	66.4
1984	34.2	65.8
1985	38.1	66.0
1986	37.5	64.9
1987	36.3	63.6
1988	37.0	63.9
1989	36.6	64.5
1990	34.9	62.5
1991	34.8	62.4
1992	36.6	62.4
1993	42.6	59.3
1994	40.5	58.2
1995	40.3	58.1
1996	38.8	59.2
1997	36.7	59.0
1998	36.2	59.6
1999	36.2	61.2
2000	35.3	62.3
2001	36.5	61.4
2002	37.9	59.6
2003	41.0	56.8
2004	43.2	54.3
2005	42.7	51.8
2006	42.6	49.9
2007	41.7	49.5
2008	43.9	48.4
2009	47.5	48.6
2010	48.6	47.4

注：表中数据根据国家统计局最新数据修订。
Note: Data are revised by National Bureau of Statistics of China.

生产法现价GDP与支出法现价GDP及其增长率比较
Comparison between production-based GDP and expenditure-based GDP at current price

年 Year	(1)生产法GDP Production-based GDP		(2)支出法GDP Expenditure-based GDP		(1)-(2)	
	绝对量(亿元) Absolute value (RMB100 million yuan)	现价增速(%) Growth rate at current price(%)	绝对量(亿元) Absolute value (RMB100 million yuan)	现价增速(%) Growth rate at current price(%)	绝对量(亿元) Absolute value (RMB100 million yuan)	现价增速(%) Growth rate at current price(%)
1978	3 645	13.8	3 606	13.9	40	-0.04
1979	4 063	11.5	4 093	13.5	-30	-2.06
1980	4 546	11.9	4 593	12.2	-47	-0.33
1981	4 892	7.6	5 009	9.1	-117	-1.45
1982	5 323	8.8	5 590	11.6	-267	-2.77
1983	5 963	12.0	6 216	11.2	-254	0.81
1984	7 208	20.9	7 363	18.4	-155	2.45
1985	9 016	25.1	9 077	23.3	-61	1.80
1986	10 275	14.0	10 509	15.8	-233	-1.80
1987	12 059	17.4	12 277	16.8	-219	0.53
1988	15 043	24.8	15 389	25.3	-346	-0.59
1989	16 992	13.0	17 311	12.5	-319	0.47
1990	18 668	9.9	19 348	11.8	-680	-1.90
1991	21 781	16.7	22 577	16.7	-796	-0.01
1992	26 923	23.6	27 565	22.1	-642	1.52
1993	35 334	31.2	36 938	34.0	-1 604	-2.76
1994	48 198	36.4	50 217	36.0	-2 020	0.46
1995	60 794	26.1	63 217	25.9	-2 423	0.24
1996	71 177	17.1	74 164	17.3	-2 987	-0.24
1997	78 973	11.0	81 659	10.1	-2 685	0.84
1998	84 402	6.9	86 532	6.0	-2 129	0.90
1999	89 677	6.3	91 125	5.3	-1 448	0.94
2000	99 215	10.6	98 749	8.4	466	2.27
2001	109 655	10.5	109 028	10.4	627	0.11
2002	120 333	9.7	120 476	10.5	-143	-0.76
2003	135 823	12.9	136 635	13.4	-812	-0.54
2004	159 878	17.7	160 800	17.7	-922	0.02
2005	184 937	15.7	187 131	16.4	-2 194	-0.70
2006	216 314	17.0	222 240	18.8	-5 926	-1.80
2007	265 810	22.9	265 834	19.6	-24	3.27
2008	314 045	18.1	314 901	18.5	-856	-0.31
2009	340 903	8.6	345 024	9.6	-4 121	-1.01
2010	401 202	17.7	394 308	14.3	6 894	3.40

注：表中数据根据国家统计局最新数据修订。
Note: Data are revised by National Bureau of Statistics of China.

投资率和消费率
Investment ratio and consumption ratio

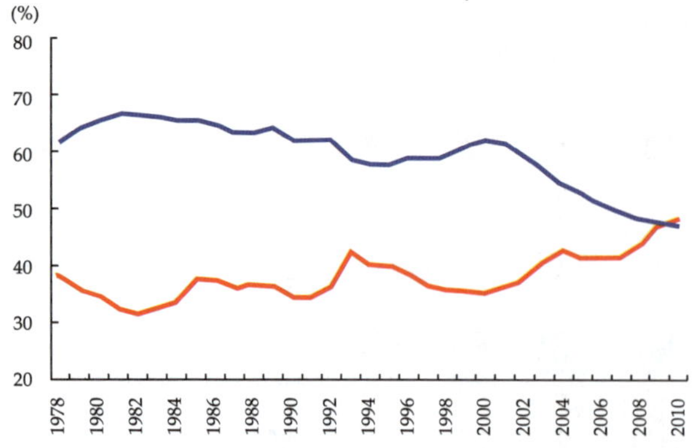

资本形成率（投资率） Capital formation ratio (investment ratio)
最终消费率（消费率） Final consumption ratio (consumption ratio)

生产法现价GDP与支出法现价GDP增速比较
Comparison of growth rate at current prices between production-based GDP and expenditure-based GDP

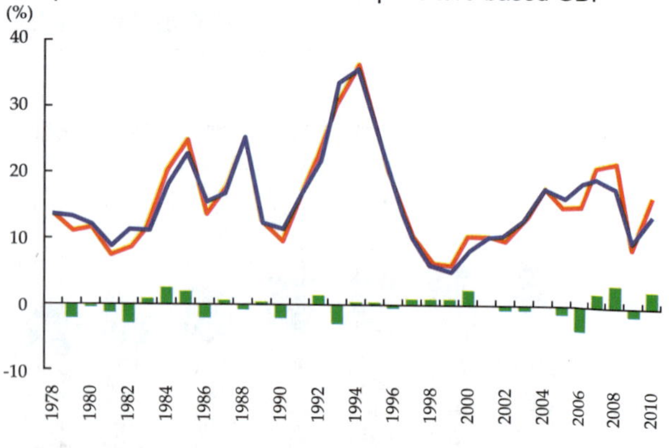

生产法现价GDP增速－支出法现价GDP增速 Gap between the two growth rates
生产法现价GDP增速 Growth rate of production-based GDP at current prices
支出法现价GDP增速 Growth rate of expenditure-based GDP at current prices

2.社会消费品零售额
(2) Retail sales of consumer goods

月度社会消费品零售额
Monthly retail sales of consumer goods

单位：亿元
Unit: RMB 100 million yuan

年/月 Year/Month	社会消费品零售总额 Retail sales of consumer goods	当月同比增长率(%) Monthly growth rate(YOY)(%)	累计同比增长率(%) Accumulated growth rate(YOY)(%)
2010.01	12 718	14.0	14.0
2010.02	12 334	22.1	17.9
2010.03	11 322	18.0	17.9
2010.04	11 510	18.5	18.1
2010.05	12 455	18.7	18.2
2010.06	12 330	18.3	18.2
2010.07	12 253	17.9	18.2
2010.08	12 570	18.4	18.2
2010.09	13 537	18.8	18.3
2010.10	14 285	18.6	18.3
2010.11	13 911	18.7	18.4
2010.12	15 330	19.1	18.4
2011.01	15 249	19.9	19.9
2011.02	13 769	11.6	15.8
2011.03	13 588	17.4	16.3
2011.04	14 697	16.9	16.6
2011.05	14 565	17.7	16.8
2011.06	14 408	17.2	16.8
2011.07	14 705	17.0	16.9
2011.08	15 865	17.7	17.0
2011.09	16 546	17.2	17.0

社会消费品零售总额与最终消费增长率的比较
Comparison of growth rate at current prices between retail sales of consumer goods and final consumption expenditure

单位：万亿元
Unit: RMB trillion yuan

年 Year	社会消费品零售总额 Retail sales of consumer goods	最终消费 Final consumption	社会消费品零售总额现价增长率(%) Growth rate at current prices of retail sales of consumer goods(%)	最终消费现价增长率(%) Growth rate at current prices of final consumption expenditure(%)
1991	0.94	1.41	13.4	16.6
1992	1.10	1.72	16.8	22.1
1993	1.43	2.19	29.8	27.3
1994	1.86	2.92	30.5	33.5
1995	2.36	3.67	26.8	25.7
1996	2.84	4.39	20.1	19.5
1997	3.13	4.81	10.2	9.6
1998	3.34	5.16	6.8	7.2
1999	3.56	5.56	6.8	7.8
2000	3.91	6.15	9.7	10.6
2001	4.31	6.69	10.1	8.7
2002	4.81	7.17	11.8	7.2
2003	5.25	7.74	9.1	8.0
2004	5.95	8.70	13.3	12.4
2005	6.72	9.78	12.9	12.4
2006	7.60	11.06	13.1	12.8
2007	8.90	12.88	16.8	16.6
2008	10.85	14.91	21.6	15.8
2009	12.53	16.61	15.5	9.0
2010	13.53	18.69	16.5	12.9

月度社会消费品零售额及其增长率
Monthly retail sales and growth rates of consumer goods

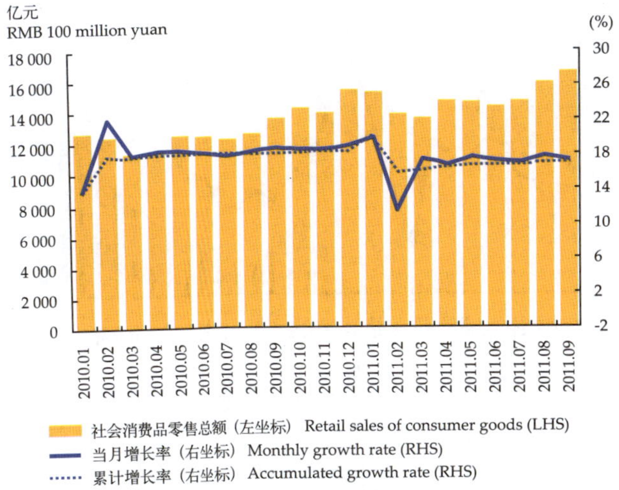

社会消费品零售总额及最终消费增长趋势
Growth trend of retail sales of consumer goods and final consumption expenditure

3.固定资产投资完成额
(3) Completed fixed-asset investment

固定资产投资（不含农户）完成额
Completed investment in fixed assets (excluding rural households)

单位：亿元
Unit: RMB 100 million yuan

年/月 Year/Month	投资完成额 Investment completed	增长率(%) Growth rate (%)
	—	—
2011 1~2	17 444.2	24.9
1~3	39 464.9	25.0
1~4	62 716.2	25.4
1~5	90 254.5	25.8
1~6	124 566.7	25.6
1~7	152 419.9	25.4
1~8	180 607.6	25.0
1~9	212 274.0	24.9

注：自2011年起，投资项目统计起点标准由原来的50万元调整为500万元，“固定资产投资（不含农户）”等于原口径的城镇固定资产投资加上农村企事业组织项目投资。

Note: Since 2011, investment indicators are calculated using new threshold criteria of RMB5 million yuan instead of RMB500 thousand yuan in the past."investment in fixed assets(excluding rural households)" equils to "investment in fixed assets in urban area" under the old creteria plus "investment of rural enterprises and institutions".

固定资产投资完成额和固定资本形成总额的比较
Comparison of completed fixed-asset investment and gross capital formation

单位：万亿元
Unit: RMB trillion yuan

年 Year	全社会固定资产投资完成额 Total completed fixed-asset investment	固定资本形成总额 Gross capital formation	全社会固定资产投资现价增长率(%) Growth rate of total fixed-asset investment at current prices(%)	固定资本形成总额现价增长率(%) Growth rate of gross capital formation at current prices(%)
1991	0.56	0.61	23.9	25.7
1992	0.81	0.85	44.4	40.3
1993	1.31	1.33	61.8	56.3
1994	1.70	1.73	30.4	30.1
1995	2.00	2.09	17.5	20.6
1996	2.29	2.40	14.5	15.1
1997	2.49	2.60	8.8	8.0
1998	2.84	2.86	13.9	10.0
1999	2.99	3.05	5.1	6.9
2000	3.29	3.38	10.3	10.9
2001	3.72	3.78	13.1	11.6
2002	4.35	4.36	16.9	15.6
2003	5.56	5.35	27.7	22.6
2004	7.05	6.51	26.8	21.7
2005	8.88	7.73	26.0	18.7
2006	10.99	9.02	24.0	16.6
2007	13.72	10.54	24.8	17.0
2008	17.28	13.83	25.9	24.7
2009	22.48	16.23	30.1	17.3
2010	27.81	19.17	23.7	16.6

注：表中数据根据国家统计局最新数据修订。
Note: Data are revised by National Bureau of Statistics of China.

固定资产投资（不含农户）完成额
Completed investment in fixed assets (excluding rural households)

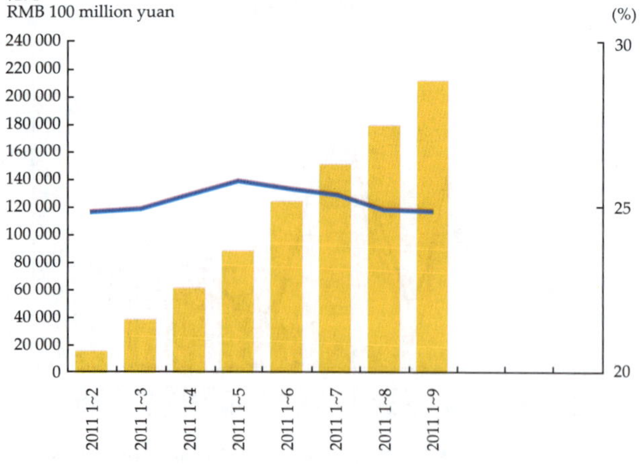

投资完成额（左坐标）
Investment completed (LHS)
比上年同比增长（右坐标）
YOY growth rate (RHS)

固定资产投资完成额和固定资本形成总额
Completed fixed-asset investment and gross capital formation

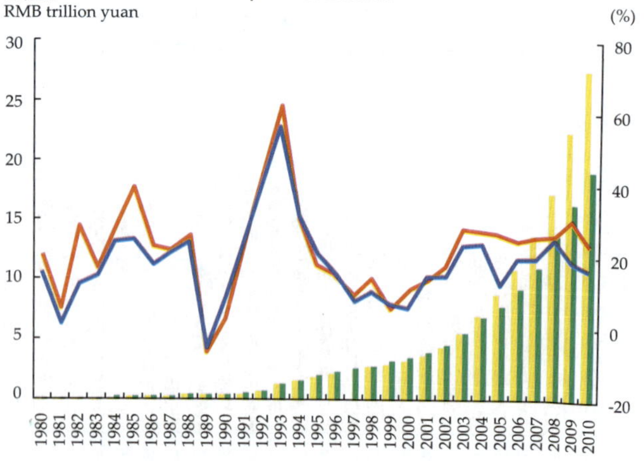

全社会固定资产投资完成额（左坐标）
Total completed fixed-asset investment (LHS)
固定资本形成总额（左坐标）
Gross capital formation (LHS)
全社会固定资产投资现价增长率（右坐标）
Growth rate of total fixed-asset investment at current prices (RHS)
固定资本形成总额现价增长率（右坐标）
Growth rate of gross capital formation at current prices (RHS)

按建设性质分固定资产投资（不含农户）累计完成额及增长率

Completed investment in fixed assets (excluding rural households) and growth rate by type of construction

年/月 Year/Month	绝对值(亿元) Absolute value (RMB 100 million yuan)			增长率(%) Growth rate (%)		
	新建 New projects	扩建 Expansion projects	改建 Reconstruction projects	新建 New projects	扩建 Expansion projects	改建 Reconstruction projects
	—	—	—	—	—	—
2011 1~2	8 460.4	2 248.8	1 875.0	29.8	12.6	14.4
1~3	19 059.2	5 388.8	4 657.0	29.7	11.9	16.5
1~4	30 687.5	8 652.1	7 655.2	29.8	11.8	20.2
1~5	44 231.4	12 671.8	11 166.0	29.0	14.0	23.1
1~6	60 275.5	17 410.0	15 760.2	29.1	14.6	23.2
1~7	73 498.9	21 484.5	19 503.9	28.2	14.2	22.8
1~8	87 052.0	25 617.4	23 081.0	28.1	14.9	21.2
1~9	102 195.4	29 994.5	27 287.1	28.0	14.9	20.7

注：按建设性质分组的投资不含房地产投资。
Note: Investment grouped by type of construction does not include real estate investment.

按建筑性质分固定资产投资（不含农户）完成额构成变化

Completed investment in fixed assets (excluding rural households) by type of construction

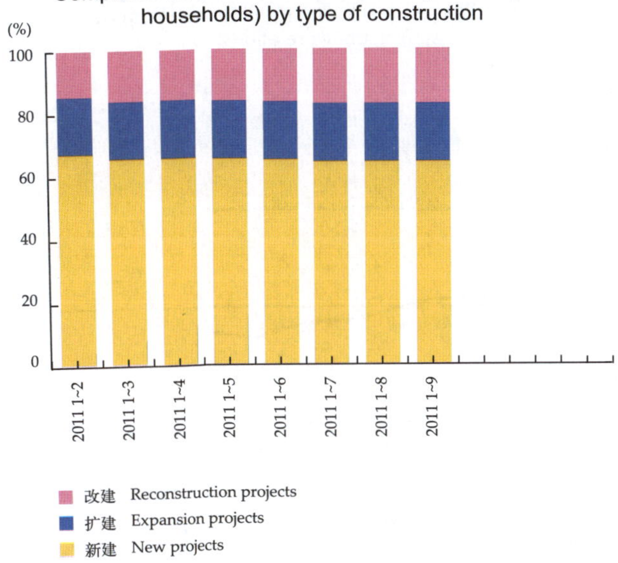

按建筑性质分固定资产投资（不含农户）完成额增长趋势

Growth of monthly accumulated completed investment in fixed assets (excluding rural households) by type of construction

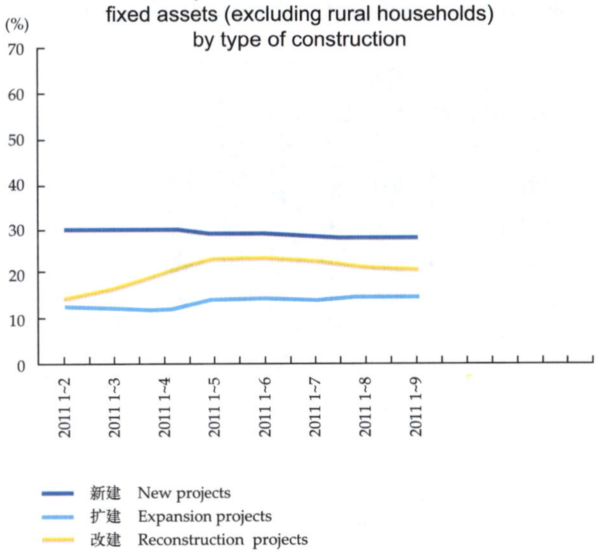

按隶属关系分固定资产投资（不含农户）累计完成额及增长率

Composition of monthly accumulated completed investment in fixed assets (excluding rural households) and growth rate by administrative relationship

年/月 Year/Month	绝对值(亿元) Absolute value (RMB 100 million yuan)		增长率(%) Growth rate (%)	
	中央项目 Central government projects	地方项目 Local government projects	中央项目 Central government projects	地方项目 Local government projects
	—	—	—	—
2011 1~2	1 385	16 060	6.3	26.9
1~3	2 540	36 925	3.0	26.8
1~4	4 124	58 593	2.6	27.4
1~5	5 670	84 584	0.3	28.0
1~6	7 360	117 207	-3.8	28.1
1~7	9 075	143 345	-4.7	28.0
1~8	10 722	169 885	-8.9	28.1
1~9	12 445	199 829	-7.5	27.7

按隶属关系分固定资产投资（不含农户）完成额

Completed investment in fixed assets (excluding rural households) by administrative relationship

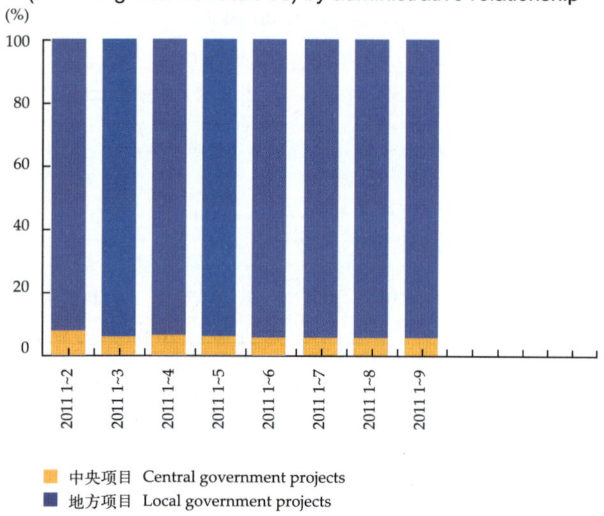

按隶属关系分固定资产投资（不含农户）完成额增长趋势

Growth of monthly accumulated completed investment in fixed assets (excluding rural households) by administrative relationship

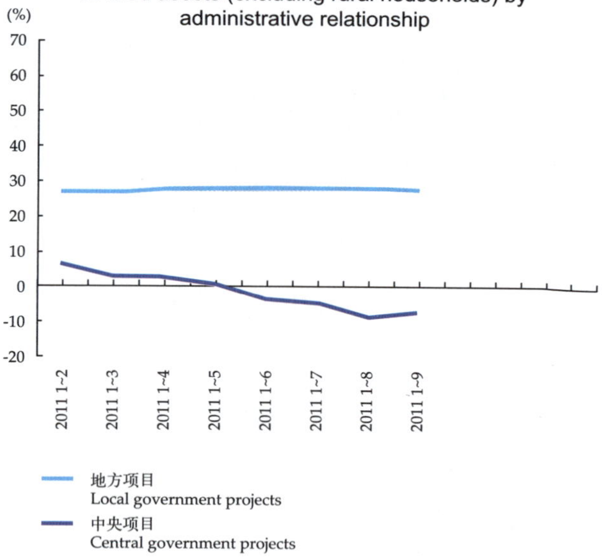

固定资产投资月度累计新开工项目数
Number of monthly accumulated urban newly started projects of fixed-asset investment

单位：万个　Unit: 10 000

	2007	2008	2009	2010	2011
1月 Jan.	—	—	—	—	—
2月 Feb.	1.01	1.45	1.85	1.85	1.72
3月 Mar.	3.11	3.85	5.29	5.88	5.33
4月 Apr.	5.17	5.97	8.64	8.52	8.73
5月 May	7.47	8.44	12.39	11.81	12.46
6月 Jun.	11.04	12.30	17.61	17.52	16.71
7月 Jul.	13.21	14.45	20.57	20.48	19.80
8月 Aug.	14.98	16.57	23.49	23.23	22.71
9月 Sept.	17.01	19.07	26.93	25.68	25.69
10月 Oct.	19.11	20.81	29.34	28.03	—
11月 Nov.	21.11	22.88	31.70	30.19	—
12月 Dec.	23.19	25.26	34.48	33.00	—

注：自2011年起，固定资产投资等于原口径的城镇固定资产投资加上农村企事业组织项目投资（不含农户）。

Note: Since 2011, "investment in fixed assets" equals to "investment in fixed assets in urban area" under the old criteria plus "investment of rural enterprises and institutions(excluding rural households)".

固定资产投资月度累计施工项目数
Number of monthly accumulated urban under-construction projects of fixed-asset investment

单位：万个　Unit: 10 000

	2007	2008	2009	2010	2011
1月 Jan.	—	—	—	—	—
2月 Feb.	5.55	6.74	7.87	9.28	9.81
3月 Mar.	9.29	10.84	12.91	15.37	16.06
4月 Apr.	12.27	13.79	17.25	18.99	20.70
5月 May	15.11	16.85	21.64	23.48	25.21
6月 Jun.	19.32	21.40	27.53	29.93	30.17
7月 Jul.	21.78	23.85	30.89	33.78	33.64
8月 Aug.	23.70	26.10	33.98	36.27	36.80
9月 Sept.	25.91	28.83	37.65	38.95	39.98
10月 Oct.	28.25	30.68	40.22	41.52	—
11月 Nov.	30.28	32.90	42.95	43.98	—
12月 Dec.	32.77	35.72	46.15	47.19	—

固定资产投资月度累计新开工项目数
Number of monthly accumulated newly started projects of fixed-asset investment

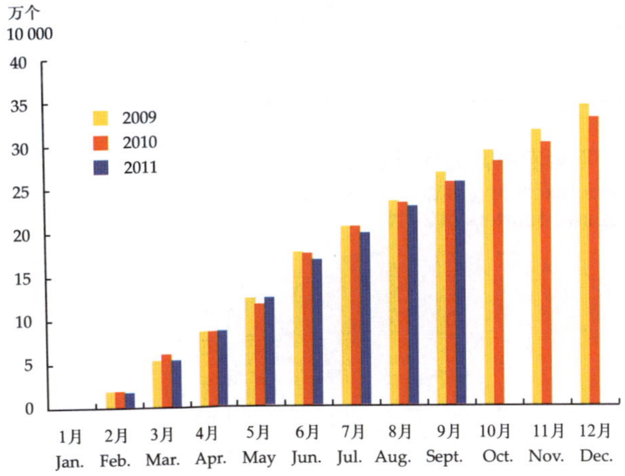

固定资产投资月度累计施工项目数
Number of monthly accumulated under-construction projects of fixed-asset investment

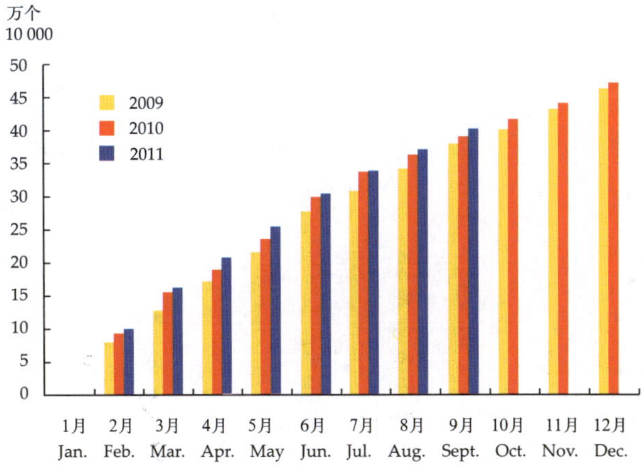

2011年前三个季度分省固定资产投资（不含农户）完成额及增长率
Accumulated completed investment in fixed-assets (excluding rural households) and growth rate by province in the first three quarters of 2011

单位：亿元 Unit: RMB 100 million yuan

	城镇固定资产投资累计完成额 Monthly accumulated completed urban fixed- asset investment	增长率(%) Growth rate (%)
Zhejiang 浙 江	9 629.3	68.0
Qinghai 青 海	1 092.0	66.7
Jiangsu 江 苏	18 619.4	55.6
Guizhou 贵 州	2 476.0	45.5
Gansu 甘 肃	3 004.4	43.1
Xinjiang 新 疆	2 913.0	41.5
Fujian 福 建	6 716.0	38.3
Guangdong 广 东	10 934.3	37.9
Shandong 山 东	18 958.0	33.3
Jiangxi 江 西	6 172.0	33.0
Hunan 湖 南	7 658.8	33.0
Yunnan 云 南	4 189.6	31.1
Shaanxi 陕 西	4 239.5	30.8
Tibet 西 藏	371.0	29.8
Hubei 湖 北	8 588.8	29.8
Hainan 海 南	1 086.3	28.0
Liaoning 辽 宁	13 700.5	27.9
Chongqing 重 庆	4 929.4	26.9
Sichuan 四 川	10 135.0	25.2
Henan 河 南	11 649.7	24.7
Ningxia 宁 夏	1 139.7	22.9
Tianjin 天 津	5 190.3	20.7
Anhui 安 徽	8 791.7	20.4
Hebei 河 北	11 500.1	17.7
Inner Mongolia 内蒙古	7 948.3	17.4
Heilongjiang 黑龙江	3 913.8	16.0
Guangxi 广 西	5 092.7	15.0
Beijing 北 京	3 814.8	14.9
Shanxi 山 西	6 450.8	10.9
Shanghai 上 海	3 124.0	3.6
Jilin 吉 林	5 820.2	1.4

2011年前三个季度分省固定资产投资（不含农户）完成额及增长率
Accumulated completed investment in fixed-assets (excluding rural households) and growth rate by province in the first three quarters of 2011

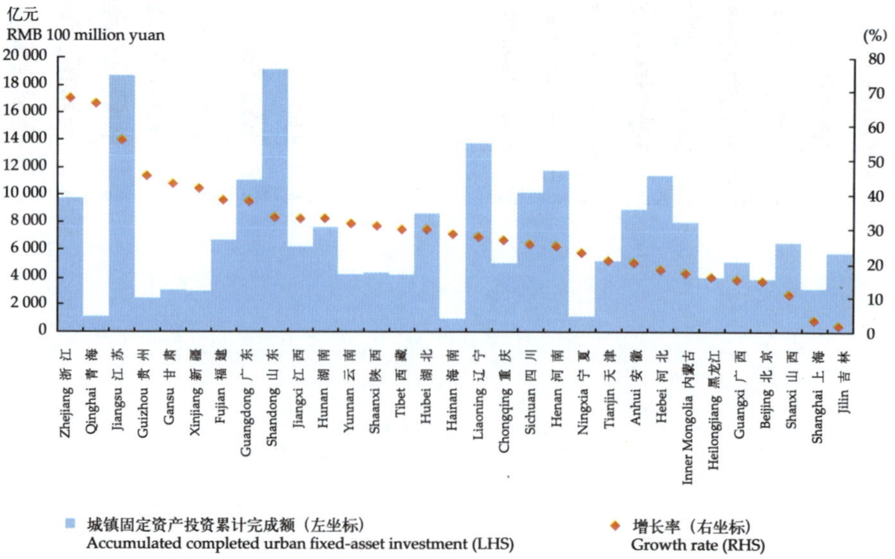

4.房地产
(4) Real estate development

房地产开发投资按工程用途分的完成额及增长率
Real estate development investment completed and growth rate by purpose of engineering

单位：亿元　Unit: RMB 100 million yuan

年/月 Year/Month	房地产开发投资完成额 Real estate development investment completed		按工程用途 By purpose of engineering: 住宅投资 Residential building investment		办公楼投资 Office building investment		商业用房投资 Commercial and business building investment		其他投资 Other investment	
	绝对值 Absolute value	增长率(%) Growth rate (%)	绝对值 Absolute value	增长率(%) Growth rate (%)	绝对值 Absolute value	增长率(%) Growth rate (%)	绝对值 Absolute value	增长率(%) Growth rate (%)	绝对值 Absolute value	增长率(%) Growth rate (%)
2010.01	—	—	—	—	—	—	—	—	—	—
2010.02	3 144	31.1	2 233	32.8	149	32.2	371	30.4	391	22.5
2010.03	6 594	35.1	4 552	33.0	303	43.6	755	30.6	985	47.1
2010.04	9 932	36.2	6 854	34.0	447	54.2	1 148	32.1	1 483	45.8
2010.05	13 917	38.2	9 643	35.7	591	53.0	1 612	35.0	2 071	49.8
2010.06	19 747	38.1	13 692	34.4	846	59.7	2 271	34.5	2 938	55.5
2010.07	23 865	37.2	16 709	34.5	983	48.4	2 779	35.3	3 395	50.9
2010.08	28 355	36.7	19 876	33.9	1 134	40.8	3 291	34.3	4 054	53.6
2010.09	33 511	36.4	23 512	33.8	1 300	36.0	3 865	33.3	4 834	54.6
2010.10	38 070	36.5	26 683	33.8	1 447	33.4	4 375	33.9	5 564	55.2
2010.11	42 697	36.5	30 022	34.2	1 616	34.1	4 898	34.3	6 161	52.1
2010.12	48 267	33.2	34 038	32.9	1 807	31.2	5 599	33.9	6 824	34.6
2011.01	—	—	—	—	—	—	—	—	—	—
2011.02	4 250	35.2	3 014	34.9	193	29.6	507	36.7	537	37.4
2011.03	8 846	34.1	6 253	37.4	361	19.1	1 058	40.2	1 174	19.2
2011.04	13 340	34.3	9 497	38.6	541	21.0	1 547	34.7	1 756	18.4
2011.05	18 737	34.6	13 290	37.8	748	26.5	2 193	36.0	2 506	21.0
2011.06	26 250	32.9	18 641	36.1	1 068	26.2	3 147	38.6	3 394	15.5
2011.07	31 873	33.6	22 789	36.4	1 286	30.9	3 807	37.0	3 991	17.6
2011.08	37 781	33.2	27 118	36.4	1 508	33.0	4 509	37.0	4 647	14.6
2011.09	44 225	32.0	31 788	35.2	1 742	34.0	5 259	36.1	5 436	12.5

房地产开发投资按工程用途分的构成变化
Change in composition of real estate development investment by purpose of engineering

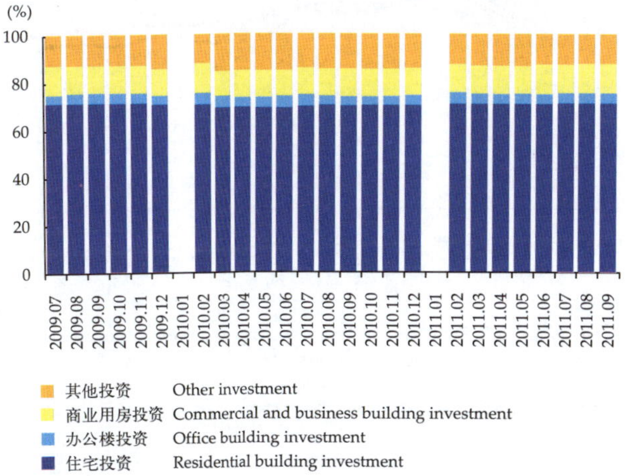

房地产开发投资按工程用途分的增长趋势
Growth of composition of real estate development investment by purpose of engineering

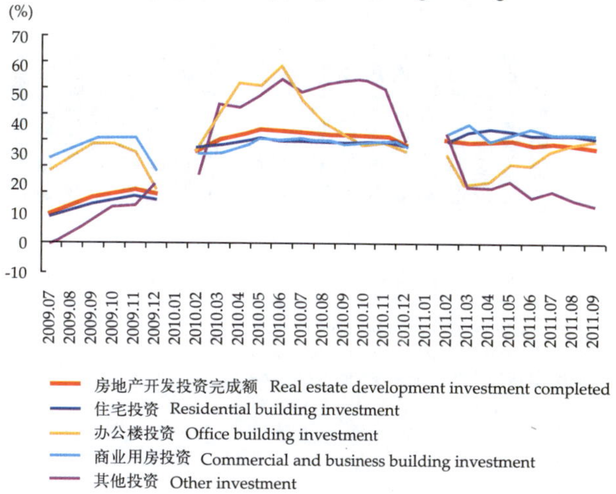

房地产开发投资按地区分的完成额及增长率

Real estate development investment completed and growth rate by region

单位：亿元　Unit: RMB 100 million yuan

年/月 Year/Month	东部地区投资 Investment in eastern area		中部地区投资 Investment in central area		西部地区投资 Investment in western area	
	绝对值 Absolute value	增长率(%) Growth rate (%)	绝对值 Absolute value	增长率(%) Growth rate (%)	绝对值 Absolute value	增长率(%) Growth rate (%)
2010.01	—	—	—	—	—	—
2010.02	2 020	29.4	551	31.9	572	36.4
2010.03	4 164	35.8	1 183	28.2	1 248	40.1
2010.04	6 117	37.3	1 866	30.2	1 949	39.1
2010.05	8 564	41.1	2 678	32.3	2 675	35.7
2010.06	11 860	40.3	3 989	33.2	3 898	37.0
2010.07	14 188	38.8	4 915	33.1	4 762	37.0
2010.08	16 742	38.1	5 910	32.5	5 704	37.3
2010.09	19 711	38.3	7 077	32.1	6 723	35.8
2010.10	22 293	38.3	8 113	32.6	7 664	35.8
2010.11	24 907	37.8	9 094	33.1	8 696	36.6
2010.12	28 009	32.7	10 517	32.5	9 741	35.4
2011.01	—	—	—	—	—	—
2011.02	2 641	30.7	770	39.7	840	46.8
2011.03	5 465	31.2	1 647	39.3	1 735	39.0
2011.04	8 119	32.7	2 538	36.0	2 684	37.7
2011.05	11 240	31.2	3 655	36.5	3 842	43.6
2011.06	15 438	30.2	5 413	35.7	5 400	38.5
2011.07	18 594	31.1	6 645	35.2	6 634	39.3
2011.08	21 855	30.5	7 965	34.8	7 961	39.6
2011.09	25 476	29.2	9 417	33.1	9 331	38.8

房地产开发投资按地区分的构成变化

Change in composition of real estate development investment by region

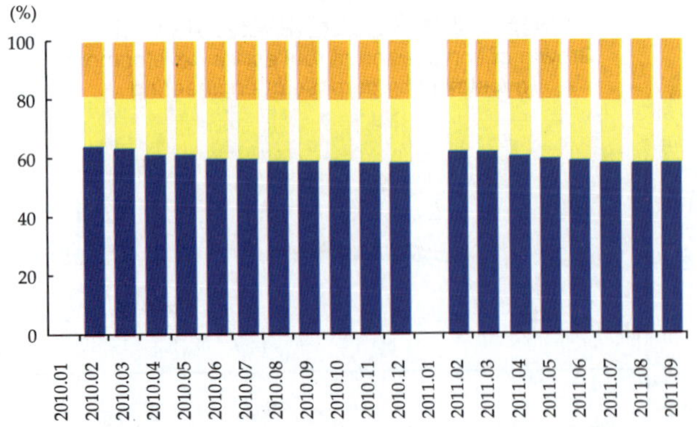

房地产开发投资按地区分的增长趋势

Growth of composition of real estate development investment by region

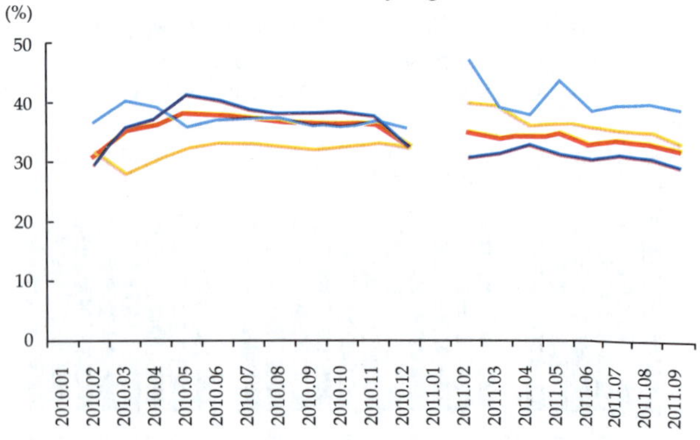

商品房建筑与销售
Construction and sales of commercial buildings

单位：亿平方米、亿元
Unit: 100 million square meters, RMB 100 million yuan

年/月 Year/Month	施工面积 Area under construction	同比增长(%) YOY growth(%)	竣工面积 Area completed	同比增长(%) YOY growth(%)	销售面积 Area sold	同比增长(%) YOY growth(%)	销售面积与竣工面积之比 Ratio of sold to completed areas	月度累计销售额 Monthly accumulated sales volume	增长率(%) Growth rate (%)
2010.01	—	—	—	—	—	—	—	—	—
2010.02	21.0	29.3	0.6	8.2	0.7	38.2	117	4 116	70.2
2010.03	24.2	35.5	1.1	12.0	1.5	35.8	138	7 977	57.7
2010.04	26.5	31.7	1.5	13.5	2.3	32.8	156	12 425	55.4
2010.05	28.5	30.5	1.9	18.1	3.0	22.5	158	15 760	38.4
2010.06	30.8	28.7	2.4	18.2	3.9	15.4	161	19 820	25.4
2010.07	32.4	29.4	2.9	12.6	4.6	9.7	160	22 886	16.8
2010.08	33.9	29.1	3.2	10.7	5.3	6.7	163	26 418	12.6
2010.09	35.5	28.1	3.7	10.4	6.3	8.2	171	31 917	15.9
2010.10	37.0	28.3	4.2	11.4	7.2	9.1	173	36 992	17.3
2010.11	38.4	28.6	4.8	9.6	8.3	9.8	170	42 278	17.5
2010.12	40.6	26.9	7.6	8.2	10.4	11.3	137	52 479	19.3
2011.01	—	—	—	—	—	—	—	—	—
2011.02	29.1	39.0	0.7	13.9	0.8	13.8	117	5 242	27.4
2011.03	32.7	35.2	1.3	15.4	1.8	14.9	137	10 152	27.3
2011.04	35.2	33.2	1.7	14.0	2.5	6.3	145	14 078	13.3
2011.05	37.8	32.4	2.2	12.9	3.3	9.1	152	18 620	18.1
2011.06	40.6	31.6	2.8	12.8	4.4	12.9	161	24 589	24.1
2011.07	42.4	30.8	3.2	13.4	5.2	13.6	160	28 852	26.1
2011.08	44.3	30.5	3.7	14.7	6.0	13.6	161	33 264	25.9
2011.09	46.1	29.7	4.3	17.8	7.1	12.9	164	39 312	23.2

商品房施工面积、竣工面积与销售面积
Area of commercial housing under construction, completed, and sold

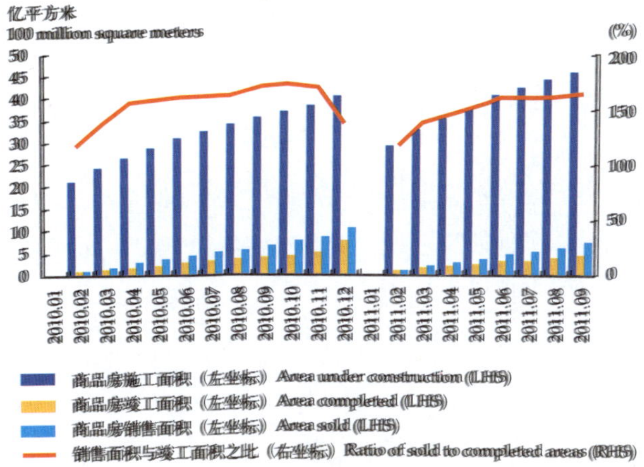

商品房施工面积、竣工面积与销售面积增长趋势
Growth of area of commercial housing under construction, completed, and sold

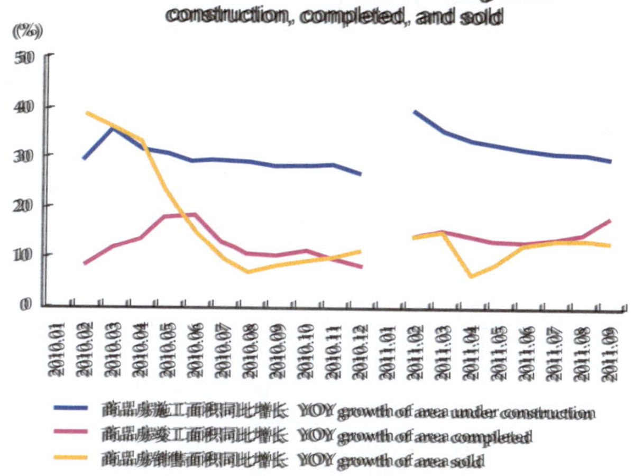

商品房销售额及其增长率
Sales volume of commercial housing and its growth rate

住宅在商品房施工面积、竣工面积与销售面积中所占的比重
Share of residences in commercial housing under construction, completed, and sold

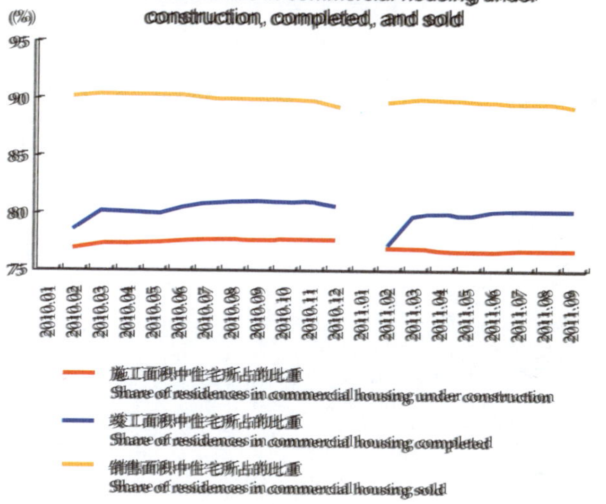

主要经济指标环比增速

MOM growth rates of main economic indicators

年/季 Year/Quarter	国内生产总值 Gross domestic product (%)	年/月 Year/Month		规模以上工业增加值 Value added of industry (%)	固定资产投资（不含农户）Completed investment in fixed assets（excluding rural households）(%)	社会消费品零售总额 Retail sales of consumer goods (%)
2011		2011	1			
			2	0.98	0.75	1.34
I	2.0		3	1.18	1.82	1.34
			4	0.97	2.36	1.32
			5	1.01	0.36	1.33
II	2.4		6	1.42	-0.84	1.36
			7	0.91	1.04	1.31
			8	1.02	1.45	1.30
III	2.3		9	1.20	-0.16	1.35
			10			
			11			
IV			12			

注：1. 自2011年4月起，国家统计局对外公布国内生产总值、规模以上工业增加值、固定资产投资（不含农户）、社会消费品零售总额四项统计指标的经季节调整的环比数据。
2. 表中数据根据国家统计局最新数据修订。

Notes: 1. From April 2011, National Bureau of Statistics began to pubilsh four seasonally-adjusted MOM indices, namely: gross domestic product, value added of industry, completed investment in fixed assets（excluding rural households）, retail sales of consumer goods.
2. Data are revised by National Bureau of Statistics of China.

五、对外部门
5. External Sector

1.外贸
(1)Foreign trade

据世界贸易组织统计，2010年，我国货物贸易出口总值为15 780亿美元，占世界货物贸易出口总值15.24万亿美元的10.4%，比2009年上升了0.8个百分点，在全球货物贸易出口排名中居第一位。2010年，我国货物贸易进口总值为13 950亿美元，占世界货物贸易进口总值15.38万亿美元的9.1%，比2009年提高了1.1个百分点，在全球货物贸易进口中排名第二位，位于美国之后。

According to WTO statistics, in 2010, China's export volume of goods totaled USD1,578 billion, and its share in the world total of USD15.24 trillion rose by 0.8 percentage point to 10.4 percent, ranking 1st in the world. China's import volume of goods reached USD1,395 billion, accounting for 9.1 percent of the world total of USD15.38 trillion, 1.1 percentage points higher than that in 2009. China ranks 2nd in the world after the U.S. in terms of goods imports.

2010年世界货物贸易出口前十位排名
Top ten economies in the world in terms of goods exported in 2010

			出口(10亿美元) Exports (USD billion)	比重(%) Share (%)
	世界	World total	15 238	100
1	中国	China	1 578	10.4
2	美国	U.S.	1 278	8.4
3	德国	Germany	1 269	8.3
4	日本	Japan	770	5.1
5	荷兰	Netherlands	572	3.8
6	法国	France	521	3.4
7	韩国	Korea	466	3.1
8	意大利	Italy	448	2.9
9	比利时	Belgium	411	2.7
10	英国	U.K.	405	2.7

2010年世界货物贸易进口前十位排名
Top ten economies in the world in terms of goods imported in 2010

			进口(10亿美元) Imports (USD billion)	比重(%) Share (%)
	世界	World total	15 376	100.0
1	美国	U.S.	1 968	12.8
2	中国	China	1 395	9.1
3	德国	Germany	1 067	6.9
4	日本	Japan	693	4.5
5	法国	France	606	3.9
6	英国	U.K.	558	3.6
7	荷兰	Netherlands	517	3.4
8	意大利	Italy	484	3.1
9	中国香港	HK SAR of China	442	2.9
10	比利时	Belgium	425	2.8

年度进出口额及其增长率
Annual imports & exports and growth rates

单位：亿美元
Unit: USD 100 million

年 Year	进出口 Imports & Exports		出口 Exports		进口 Imports		进出口差额 Trade balance
	总额 Total value	增长率(%) Growth rate (%)	总额 Total value	增长率(%) Growth rate (%)	总额 Total value	增长率(%) Growth rate (%)	
1978	206	—	98	—	109	—	-11
1979	293	42.1	137	40.1	157	43.9	-20
1980	381	30.0	181	32.7	200	27.8	-19
1981	440	15.4	220	21.5	220	10.0	0
1982	416	-5.5	223	1.4	193	-12.4	30
1983	436	4.8	222	-0.4	214	10.9	8
1984	535	22.8	261	17.6	274	28.1	-13
1985	696	30.0	274	4.6	423	54.1	-149
1986	738	6.1	309	13.1	429	1.6	-120
1987	827	11.9	394	27.5	432	0.7	-38
1988	1 028	24.4	475	20.5	553	27.9	-78
1989	1 117	8.7	525	10.6	591	7.0	-66
1990	1 154	3.4	621	18.2	533	-9.8	87
1991	1 357	17.6	719	15.8	638	19.6	81
1992	1 655	22.0	849	18.1	806	26.3	44
1993	1 957	18.2	917	8.0	1 040	29.0	-122
1994	2 366	20.9	1 210	31.9	1 156	11.2	54
1995	2 809	18.7	1 488	23.0	1 321	14.2	167
1996	2 899	3.2	1 510	1.5	1 388	5.1	122
1997	3 252	12.2	1 828	21.0	1 424	2.5	404
1998	3 239	-0.4	1 837	0.5	1 402	-1.5	435
1999	3 606	11.3	1 949	6.1	1 657	18.2	292
2000	4 743	31.5	2 492	27.8	2 251	35.8	241
2001	5 097	7.5	2 661	6.8	2 436	8.2	225
2002	6 208	21.8	3 256	22.4	2 952	21.2	304
2003	8 510	37.1	4 382	34.6	4 128	39.8	255
2004	11 546	35.7	5 933	35.4	5 612	36.0	321
2005	14 219	23.2	7 620	28.4	6 600	17.6	1 020
2006	17 604	23.8	9 689	27.2	7 915	19.9	1 775
2007	21 766	23.6	12 205	25.9	9 561	20.8	2 643
2008	25 633	17.8	14 307	17.3	11 326	18.5	2 981
2009	22 072	-13.9	12 017	-16.0	10 056	-11.2	1 961
2010	29 726	34.7	15 781	31.3	13 945	38.6	1 836

出口总值与GDP之比
Total exports over GDP

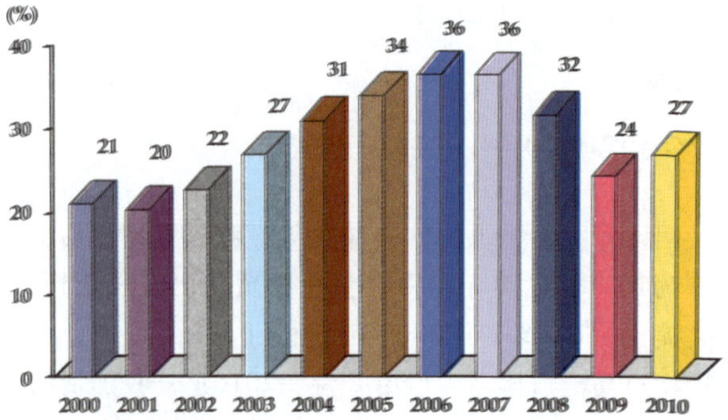

注：图中数据根据国家统计局最新数据修订。
Note: Data are revised by National Bureau of Statistics of China.

贸易差额
Trade balance

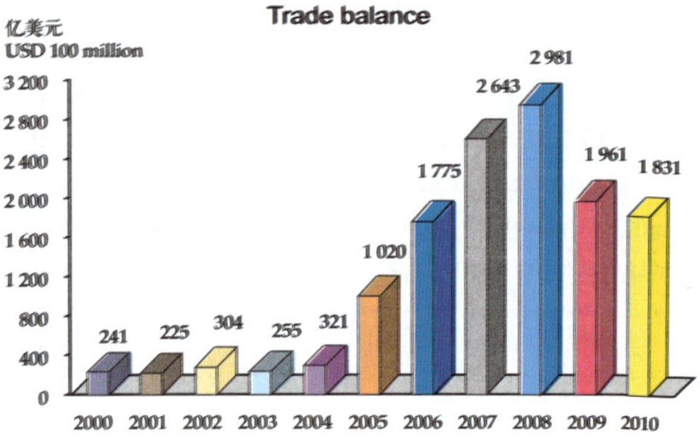

贸易总额及其增长趋势
Total trade volume and growth rates

贸易总额与GDP之比
Total trade volume over GDP

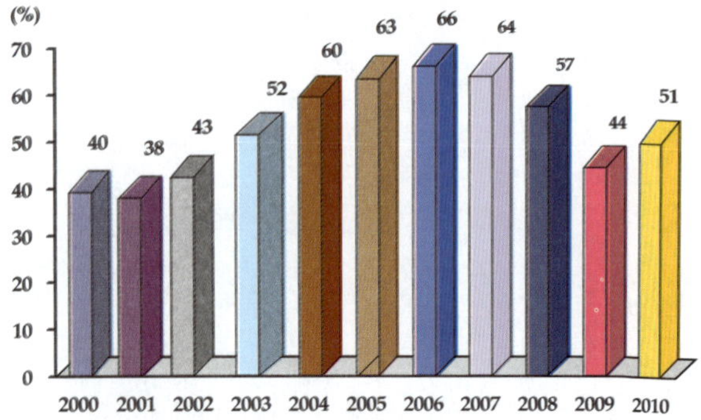

注：图中数据根据国家统计局最新数据修订。
Note: Data are revised by National Bureau of Statistics of China.

当月进出口总值及其增长率
Total monthly imports, exports, and growth rates

单位：亿美元
Unit: USD 100 million

年／月 Year/Month	出口总值 Total exports	进口总值 Total imports	出口同比增长率(%) Growth rate of exports (YOY)(%)	进口同比增长率(%) Growth rate of imports (YOY)(%)	当月差额 Monthly trade balance
2010.01	1 095	953	21.0	85.5	142
2010.02	945	869	45.7	44.7	76
2010.03	1 121	1 193	24.3	66.0	-72
2010.04	1 199	1 182	30.5	49.7	17
2010.05	1 318	1 122	48.5	48.3	195
2010.06	1 374	1 174	43.9	34.1	200
2010.07	1 455	1 168	38.1	22.7	287
2010.08	1 393	1 193	34.4	35.2	200
2010.09	1 450	1 281	25.1	24.1	169
2010.10	1 360	1 088	22.9	25.3	271
2010.11	1 533	1 304	34.9	37.7	229
2010.12	1 541	1 411	17.9	25.6	131
2011.01	1 507	1 443	37.7	51.0	65
2011.02	967	1 041	2.4	19.5	-73
2011.03	1 522	1 521	35.8	27.3	1
2011.04	1 557	1 443	29.9	21.8	114
2011.05	1 572	1 441	19.4	28.4	130
2011.06	1 620	1 397	17.9	19.3	223
2011.07	1 751	1 436	20.3	23.0	315
2011.08	1 733	1 556	24.4	30.4	178
2011.09	1 697	1 552	17.0	21.1	145

月度累计进出口总值及其增长率
Total accumulated monthly imports,exports, and growth rates

单位：亿美元
Unit: USD 100 million

年／月 Year/Month	累计出口总值 Accumulated total exports	累计进口总值 Accumulated total imports	累计出口同比增长率(%) Growth rate of accumulated exports (YOY) (%)	累计进口同比增长率(%) Growth rate of accumulated imports (YOY) (%)	累计贸易差额 Accumulated trade balance
2010.01	1 095	953	21.0	85.5	142
2010.02	2 041	1 823	31.4	63.6	218
2010.03	3 162	3 017	28.7	64.6	145
2010.04	4 361	4 199	29.2	60.1	161
2010.05	5 677	5 324	33.2	57.5	354
2010.06	7 051	6 498	35.2	52.7	553
2010.07	8 505	7 666	35.6	47.2	839
2010.08	9 897	8 858	35.5	45.5	1 039
2010.09	11 346	10 140	34.0	42.4	1 206
2010.10	12 706	11 228	32.7	40.5	1 478
2010.11	14 238	12 534	33.0	40.3	1 704
2010.12	15 781	13 945	31.3	38.6	1 836
2011.01	1 507	1 443	37.7	51.0	65
2011.02	2 475	2 484	21.3	36.0	-9
2011.03	3 996	4 006	26.5	32.6	-10
2011.04	5 553	5 450	27.4	29.6	103
2011.05	7 124	6 894	25.5	29.4	230
2011.06	8 744	8 291	24.0	27.6	449
2011.07	10 492	9 745	23.4	27.1	747
2011.08	12 225	11 301	23.5	27.6	924
2011.09	13 921	12 852	22.7	26.7	1 069

当月进出口总值及其增长率
Total monthly imports, exports, and growth rates

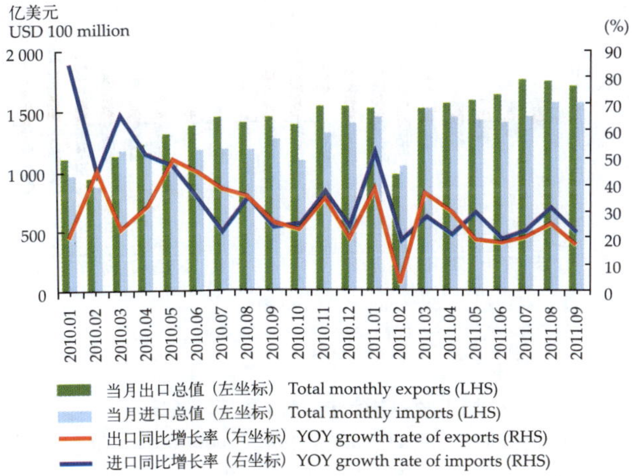

月度累计进出口总值及其增长率
Total accumulated monthly imports, exports, and growth rates

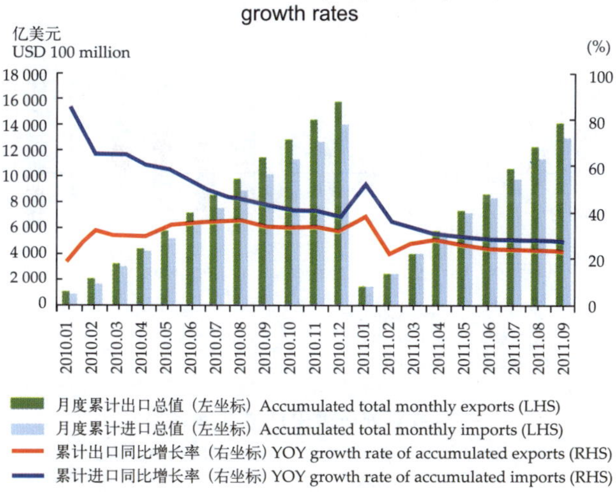

贸易差额月度变动趋势
Movement of monthly trade balance

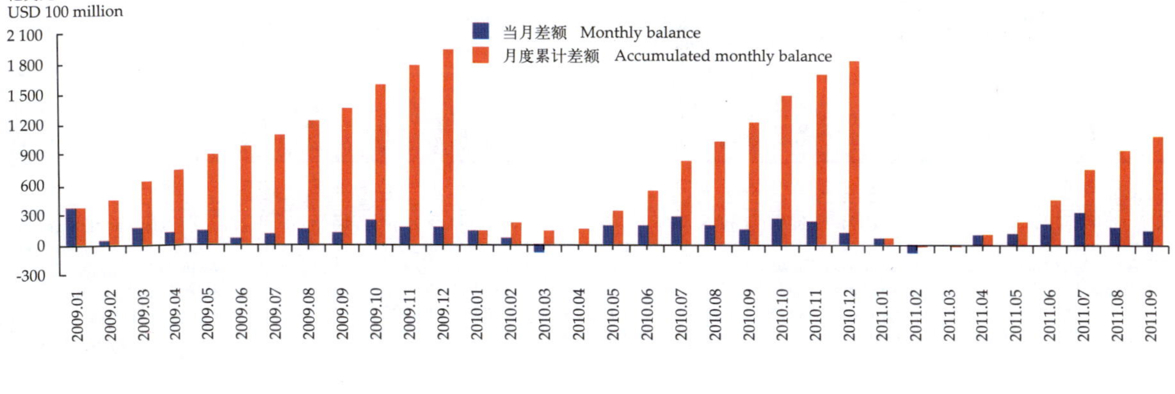

贸易差额构成
Composition of trade balance

单位：亿美元
Unit: USD 100 million

年 Year	贸易差额总计 Total trade balance	一般贸易 General trade	加工贸易 Processing trade	其他贸易 Other trade
1998	435	306	359	-230
1999	292	121	373	-202
2000	241	51	451	-261
2001	226	-16	535	-293
2002	304	71	577	-344
2003	255	-57	789	-477
2004	320	-46	1 063	-697
2005	1 020	354	1 425	-759
2006	1 775	831	1 889	-945
2007	2 643	1 098	2 491	-971
2008	2 981	899	2 968	-912
2009	1 961	-40	2 646	-646
2010	1 831	-473	3 229	-926

注："贸易差额总计"根据《海关统计》月报修正。
Note: "Total trade balance" are revised by *China Monthly Exports and Imports*.

月度累计贸易差额按企业性质分
Accumulated monthly trade balance by enterprise

单位：亿美元
Unit: USD 100 million

年/月 Year/Month	国有企业 State-owned enterprises	外资企业 Foreign-funded enterprises	其他企业 Other enterprises
2010.01	-92	82	152
2010.02	-200	140	278
2010.03	-362	168	339
2010.04	-521	216	466
2010.05	-638	316	676
2010.06	-763	425	891
2010.07	-865	576	1 128
2010.08	-987	688	1 338
2010.09	-1 141	809	1 529
2010.10	-1 233	969	1 741
2010.11	-1 367	1 125	1 946
2010.12	-1 532	1 243	2 120
2011.01	-184	61	188
2011.02	-367	111	247
2011.03	-578	197	372
2011.04	-760	297	568
2011.05	-957	389	797
2011.06	-1 120	518	1 052
2011.07	-1 272	678	1 356
2011.08	-1 485	776	1 637
2011.09	-1 679	889	1 862

贸易差额构成
Composition of trade balance

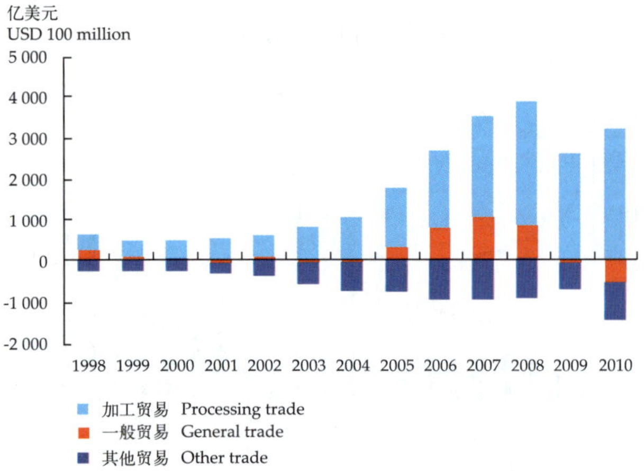

月度累计贸易差额按企业性质分
Accumulated monthly trade balance by enterprise

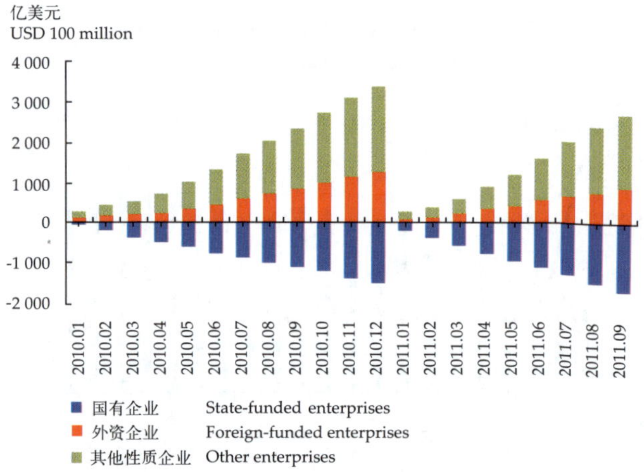

一般贸易累计进出口及其增长率
Accumulated imports and exports under general trade and growth rates

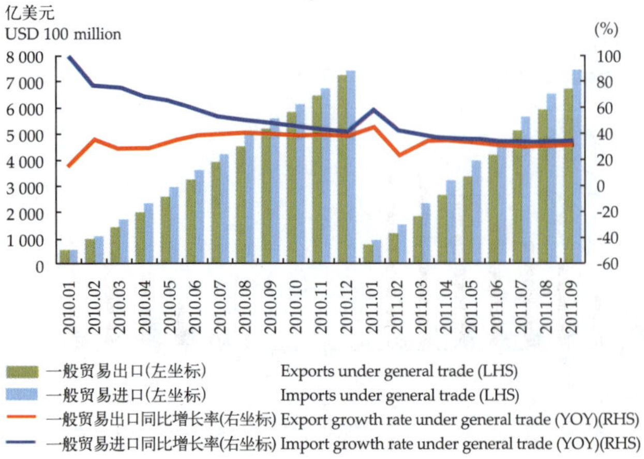

加工贸易累计进出口及其增长率
Accumulated imports and exports under processing trade and growth rates

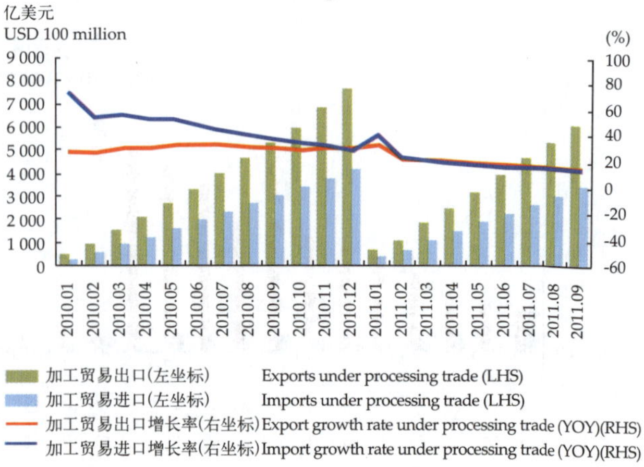

据海关统计，2011年前三个季度，欧盟、美国和东盟位居我国大陆地区贸易伙伴前三名。欧盟是我国大陆地区最大的出口市场，也是最大的进口来源地。我国大陆地区贸易逆差最大的来源地是我国台湾地区，其次为韩国和日本。我国大陆地区贸易顺差最大的来源地是我国香港特别行政区，其次为美国。

According to customs statistics, the EU, the U.S., and the ASEAN were the three largest trading partners of Mainland China in the first three quarters of 2011. The EU was the largest export market and largest import source for Mainland China. The largest surplus trade in bilateral trade with Mainland China was enjoyed first by China Taiwan and then by Korea and Japan. Hong Kong SAR trade deficit with Mainland China was the largest, followed by that of the U.S..

2011年前三个季度我国大陆前十位贸易伙伴
Mainland China's top ten trading partners in the first three quarters of 2011

			贸易总额(亿美元) Trade volume (USD 100 million)	同比增长(%) YOY growth (%)	占比(%) Share (%)
1	欧盟	EU	4 225	20.9	15.8
2	美国	U.S.	3 259	17.0	12.2
3	东盟	ASEAN	2 671	26.4	10.0
4	日本	Japan	2 536	18.2	9.5
5	香港地区	HK SAR of China	2 065	28.1	7.7
6	韩国	Korea	1 819	20.3	6.8
7	中国台湾	China Taiwan	1 209	12.6	4.5
8	澳大利亚	Australia	844	36.3	3.2
9	巴西	Brazil	624	37.5	2.3
10	俄罗斯	Russia	567	40.6	2.1

2011年前三个季度我国大陆前十位出口市场
Mainland China's top ten export markets in the first three quarters of 2011

			出口总额(亿美元) Export volume (USD 100 million)	同比增长(%) YOY growth (%)	占比(%) Share (%)
1	欧盟	EU	2 653	17.4	19.1
2	美国	U.S.	2 357	14.6	16.9
3	香港地区	HK SAR of China	1 948	27.8	14.0
4	东盟	ASEAN	1 241	24.7	8.9
5	日本	Japan	1 078	24.5	7.7
6	韩国	Korea	621	25.5	4.5
7	印度	India	372	26.0	2.7
8	英国	U.K.	320	15.0	2.3
9	俄罗斯	Russia	285	35.8	2.0
10	中国台湾	China Taiwan	268	26.0	1.9

2011年前三个季度我国大陆前十位进口来源地
Mainland China's top ten import sources in the first three quarters of 2011

			进口总额(亿美元) Import volume (USD 100 million)	同比增长(%) YOY growth (%)	占比(%) Share (%)
1	欧盟	EU	1 572	27.5	12.2
2	日本	Japan	1 458	13.9	11.3
3	东盟	ASEAN	1 430	24.7	11.1
4	韩国	Korea	1 198	17.8	9.3
5	中国台湾	China Taiwan	941	9.2	7.3
6	美国	U.S.	902	23.6	7.0
7	中国	China	886	15.8	6.9
8	澳大利亚	Australia	599	39.8	4.7
9	巴西	Brazil	383	38.7	3.0
10	沙特阿拉伯	Saudi Arabia	355	48.9	2.8

2011年前三个季度我国大陆前十位贸易顺差来源地
Mainland China's top ten sources of trade surplus in the first three quarters of 2011

			顺差额(亿美元) Trade surplus (USD100 million)	同比增长(%) YOY growth (%)
1	香港地区	HK SAR of China	1 832	27.5
2	美国	U.S.	1 455	9.7
3	欧盟	EU	1 081	5.3
4	英国	U.K.	216	9.3
5	印度	India	199	46.1
6	阿联酋	UAE	130	6.4
7	巴拿马	Panama	109	34.2
8	墨西哥	Mexico	103	24.4
9	土耳其	Turkey	96	51.9
10	尼日利亚	Nigeria	56	38.6

2011年前三个季度我国大陆前十位贸易逆差来源地
Mainland China's top ten sources of trade deficit in the first three quarters of 2011

			逆差额(亿美元) Trade deficit (USD100 million)	同比增长(%) YOY growth (%)
1	中国台湾	China Taiwan	674	26.0
2	韩国	Korea	577	25.5
3	日本	Japan	379	24.5
4	澳大利亚	Australia	355	28.4
5	沙特阿拉伯	Saudi Arabia	244	41.3
6	安哥拉	Angola	164	34.0
7	瑞士	Switzerland	154	25.6
8	巴西	Brazil	143	35.5
9	南非	South Africa	132	24.8
10	伊朗	Iran	116	35.1

我国大陆对美国进出口及其增长趋势
Mainland China's imports from and exports to the U.S. and their growth

我国大陆对美国贸易总额和贸易差额
Mainland China's trade volume and trade balance with the U.S.

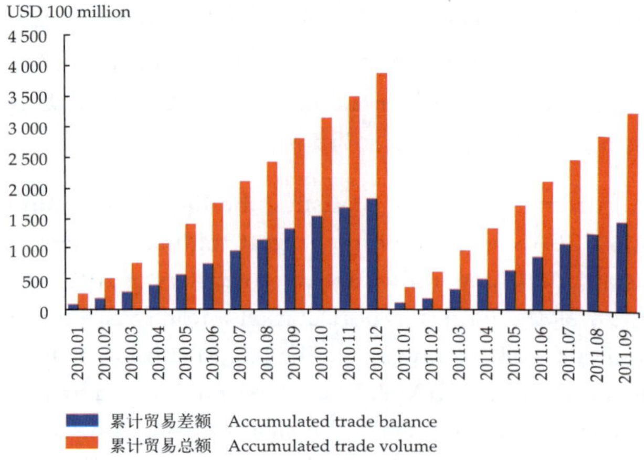

我国大陆对欧盟进出口及其增长趋势
Mainland China's imports from and exports to the EU and their growth

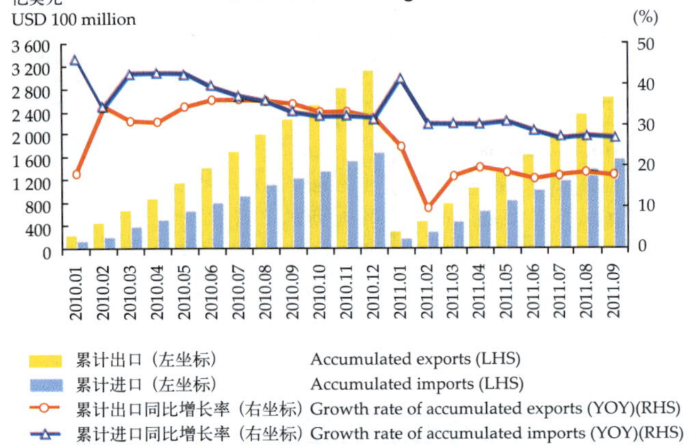

我国大陆对欧盟贸易总额和贸易差额
Mainland China's trade volume and trade balance with the EU

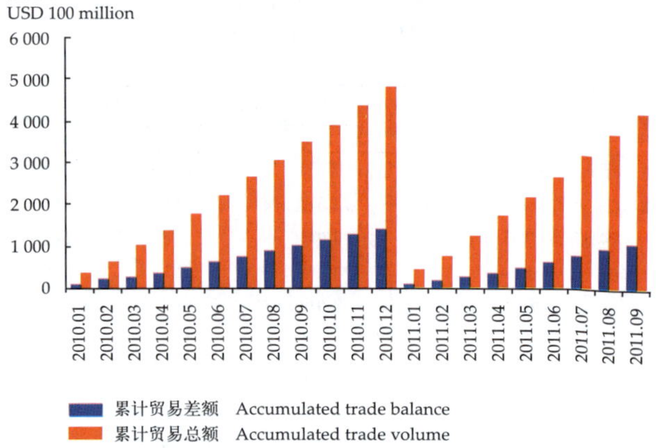

我国大陆对日本进出口及其增长趋势
Mainland China's imports from and exports to Japan and their growth

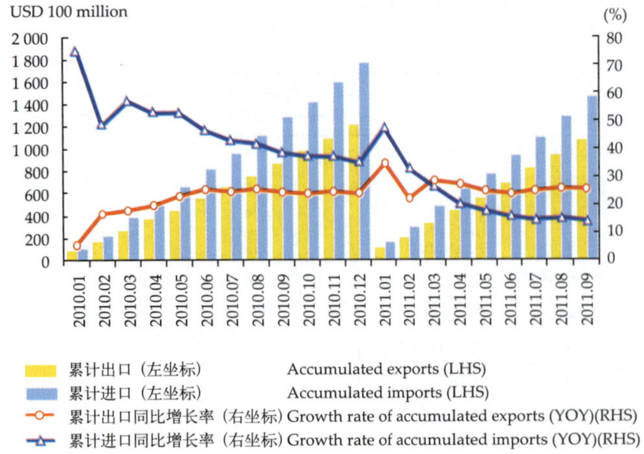

我国大陆对日本贸易总额和贸易差额
Mainland China's trade volume and trade balance with Japan

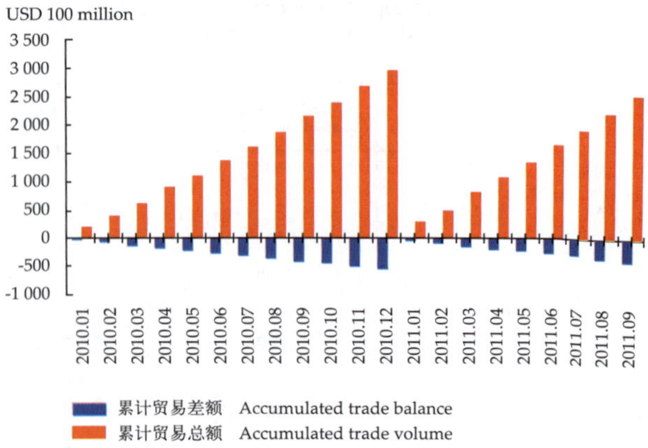

我国大陆对东盟进出口及其增长趋势
Mainland China's imports from and exports to ASEAN and their growth

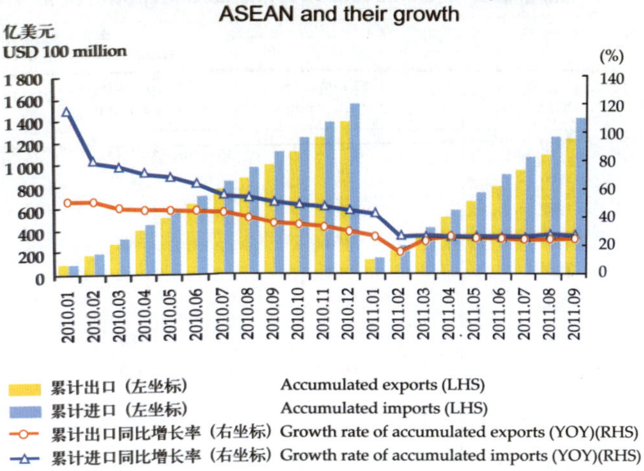

我国大陆对东盟贸易总额和贸易差额
Mainland China's trade volume and trade balance with ASEAN

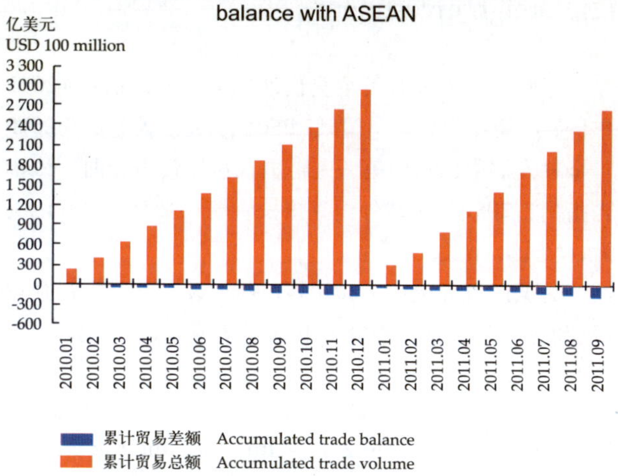

我国大陆对我国香港地区进出口及其增长趋势
Mainland China's imports from and exports to Hong Kong SAR of China and their growth

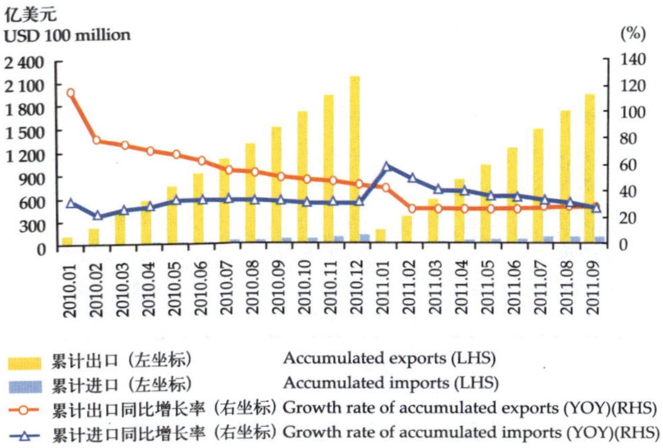

我国大陆对我国香港地区贸易总额和贸易差额
Mainland China's trade volume and trade balance with Hong Kong SAR of China

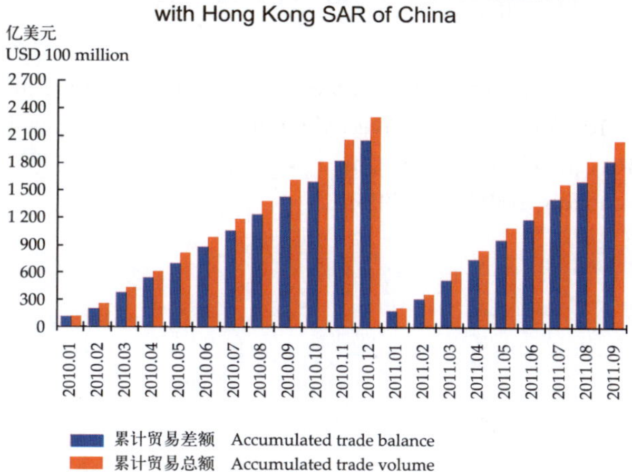

我国大陆对我国台湾地区进出口及其增长趋势
Mainland China's imports from and exports to China Taiwan and their growth

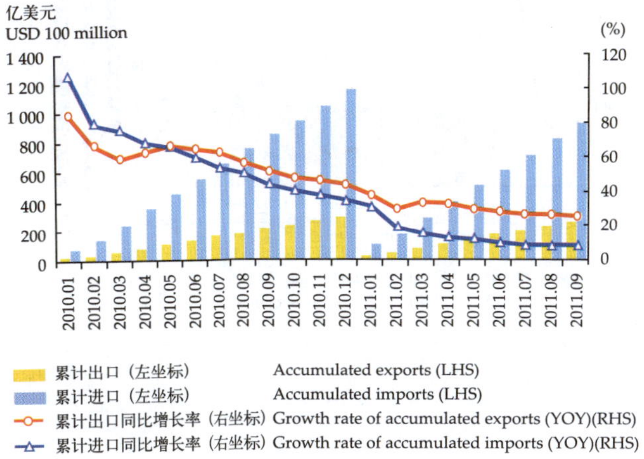

我国大陆对我国台湾地区贸易总额和贸易差额
Mainland China's trade volume and trade balance with China Taiwan

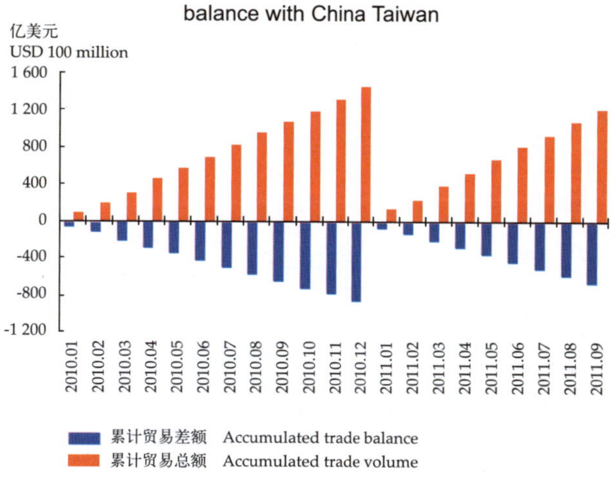

2.外资

(2) Foreign investment

据联合国贸易与发展会议2011年7月发布的《2011年世界投资报告》，中国以1 060亿美元流入量成为2010年全球发展中国家中第一大外国直接投资接受国，该报告指出：2010年全球外国直接投资流入量为1.24万亿美元，较上年增长5%。

另据商务部统计，2010年，新批设立外商投资企业27 406家，实际使用外资金额1 057亿美元。

According to the UNCTAD's *World Investment Report 2011* published in July 2011, China became the world's number 1 recipient of foreign direct investment (FDI) among developing countries in 2010, with capital inflows of USD106.0 billion. It is pointed out in the report that global FDI inflows increased by 5% to USD1.24 trillion in 2010.

According to statistics of the Ministry of Commerce, in 2010, 27,406 foreign-invested enterprises were approved for incorporation in China, with actual utilized FDI reaching USD105.7 billion.

实际利用外商直接投资及其增长趋势

Actual utilized foreign direct investments and growth rates

单位：亿美元
Unit: USD 100 million

年 Year	绝对值 Absolute value	增长率(%) Growth rate (%)
1985	19.6	37.8
1986	22.4	14.7
1987	23.1	3.1
1988	31.9	38.0
1989	34.9	9.3
1990	33.9	-2.9
1991	43.7	28.7
1992	110.1	152.1
1993	275.2	150.0
1994	337.7	22.7
1995	375.2	11.1
1996	417.3	11.2
1997	452.6	8.5
1998	454.6	0.5
1999	403.2	-11.3
2000	407.2	1.0
2001	468.5	14.9
2002	527.4	12.6
2003	535.1	1.4
2004	606.3	13.3
2005	603.3	-0.5
2006	630.2	4.5
2007	747.7	13.6
2008	924.0	23.6
2009	900.3	-2.6
2010	1 057.0	17.4

实际利用外商直接投资及其增长率

Actual utilized foreign direct investments and growth rates

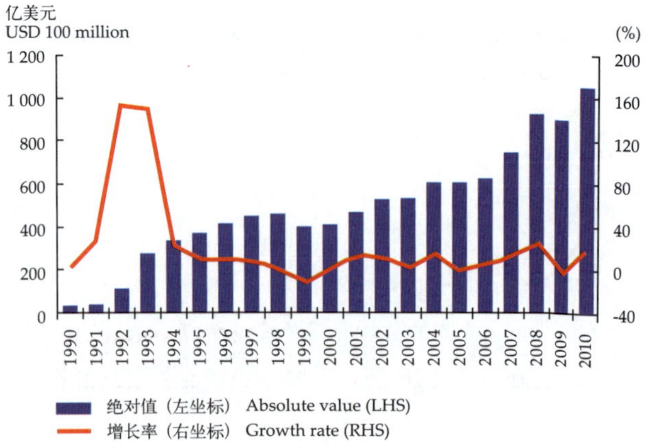

月度累计实际外商直接投资
Accumulated utilized FDI on a monthly basis

单位：亿美元
Unit: USD 100 million

年/月 Year/Month	实际外商直接投资累计金额 Accumulated utilized FDI	实际外商直接投资累计同比增长率(%) Growth rate of accumulated utilized FDI(YOY)(%)
2010.01	81	7.8
2010.02	140	4.9
2010.03	234	7.7
2010.04	308	11.3
2010.05	389	14.3
2010.06	514	19.6
2010.07	584	20.6
2010.08	660	18.1
2010.09	743	16.6
2010.10	820	15.7
2010.11	917	17.7
2010.12	1 057	17.4
2011.01	100	23.4
2011.02	178	27.1
2011.03	304	29.5
2011.04	388	26.1
2011.05	480	23.4
2011.06	609	18.4
2011.07	692	18.6
2011.08	776	17.7
2011.09	867	16.6

月度累计实际外商直接投资
Accumulated utilized FDI on a monthly basis

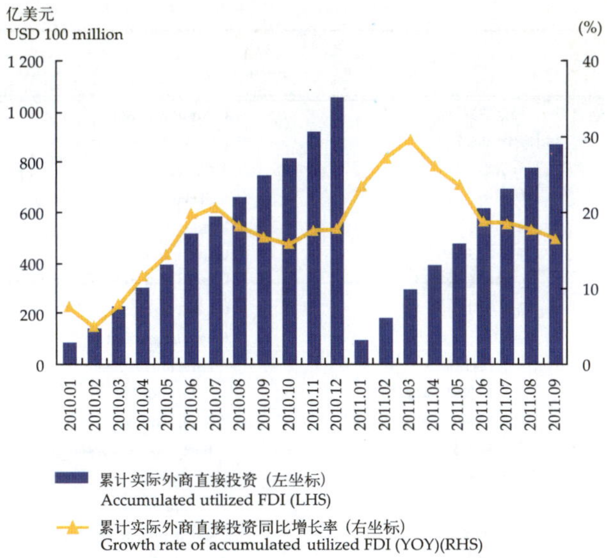

3.国际收支
(3) Balance of payments (BOP)

1995年以来中国国际收支变化趋势
Movement of China's balance of payments since 1995

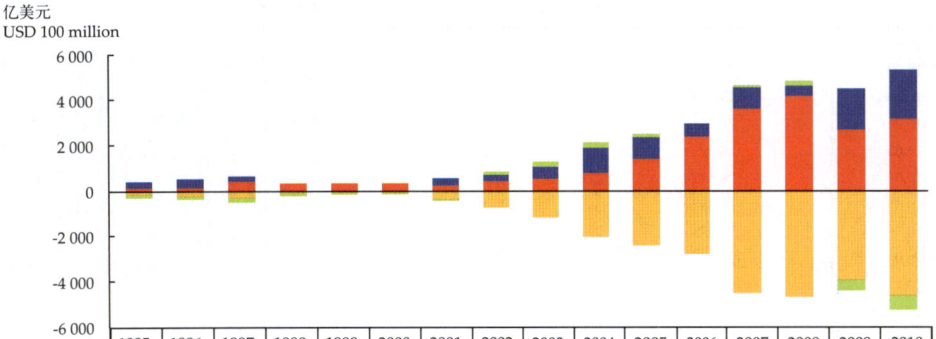

	1995	1996	1997	1998	1999	2000	2001	2002	2003	2004	2005	2006	2007	2008	2009	2010
净误差与遗漏差额 Balance of errors and omissions (net)	-178	-156	-223	-187	-178	-119	-49	78	184	270	155	-6	116	209	-435	-597
储备资产差额 Balance of reserve assets	-225	-316	-357	-64	-85	-105	-473	-755	-1 170	-2 064	-2 506	-2 848	-4 607	-4 795	-3 894	-4 717
资本和金融项目差额 Balance of capital and financial accounts	387	400	210	-63	52	19	348	323	527	1 107	1 010	526	951	463	1 808	2 260
经常项目差额 Balance of current account	16	72	370	315	211	205	174	354	459	687	1 341	2 327	3 540	4 124	2 611	3 054

注：储备资产的增加用负值表示，储备资产的减少用正值表示。
Note: The increase in the reserve assets is expressed in a negative figure and the decrease in the reserve assets is expressed in a positive figure.

2011年上半年国际收支平衡表简表
BOP sheet in the first half of 2011

单位：亿美元
Unit: USD 100 million

项目	Items	差额 Balance	贷方 Credit	借方 Debit
一、经常项目	Current account	590	5 727	5 137
A. 货物和服务	Goods and services	558	5 202	4 644
a. 货物	Goods	669	4 751	4 083
b. 服务	Services	-110	451	561
B. 收益	Yields	-33	382	414
C. 经常转移	Current transfers	65	144	79
二、资本和金融项目	Capital and financial accounts	977	3 829	2 852
A. 资本项目	Capital account	14	15	0
B. 金融项目	Financial account	963	3 814	2 851
1. 直接投资	Direct investment	479	718	238
1.1 我国在外直接投资	FDI outflow	-117	50	168
1.2 外国在华直接投资	FDI inflow	597	667	71
2. 证券投资	Portfolio investment	111	160	49
2.1 资产	Assets	34	76	42
2.2 负债	Liabilities	77	84	7
3. 其他投资	Other investment	373	2 937	2 564
三、储备资产	Reserve assets	-1 425	4	1 430
3.1 货币黄金	Monetary gold	0	0	0
3.2 特别提款权	SDRs	2	2	0
3.3 在国际货币基金组织的储备头寸	Reserve position in IMF	2	2	0
3.4 外汇	Foreign exchange	-1 430	0	1 430
3.5 其他债权	Other claims	0	0	0
四、净误差与遗漏	Errors and omissions (net)	-142	0	142

4. 外汇储备

(4) Foreign exchange reserves

外汇储备及其增长率
Foreign exchange reserves and growth rates

单位：亿美元
Unit: USD 100 million

年/月 Year/Month	外汇储备 Foreign exchange reserves	同比增长率(%) Growth rate (YOY)(%)
2010.01	24 152	26.2
2010.02	24 246	26.8
2010.03	24 471	25.3
2010.04	24 905	24.0
2010.05	24 395	16.8
2010.06	24 543	15.1
2010.07	25 389	16.8
2010.08	25 478	15.2
2010.09	26 483	16.5
2010.10	27 609	18.6
2010.11	27 678	15.9
2010.12	28 473	18.7
2011.01	29 317	21.4
2011.02	29 914	23.4
2011.03	30 447	24.4
2011.04	31 458	26.3
2011.05	31 660	29.8
2011.06	31 975	30.3
2011.07	32 453	27.8
2011.08	32 625	28.0
2011.09	32 017	20.9

外汇储备及其增长率
Foreign exchange reserves and growth rates

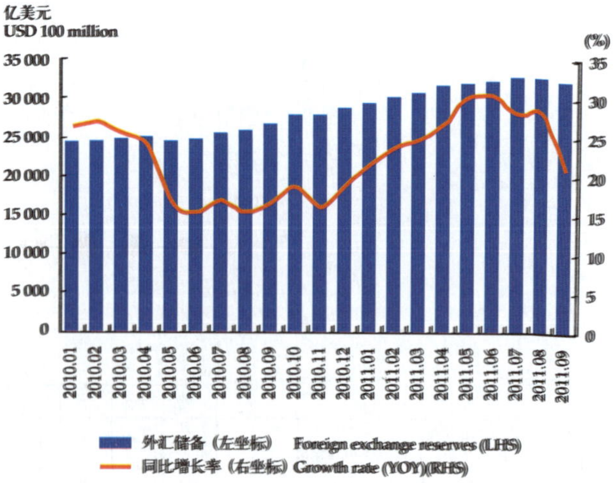

5.外债
(5) External debt

外债余额与外债债务率
Balance and ratio of external debt to foreign exchange income

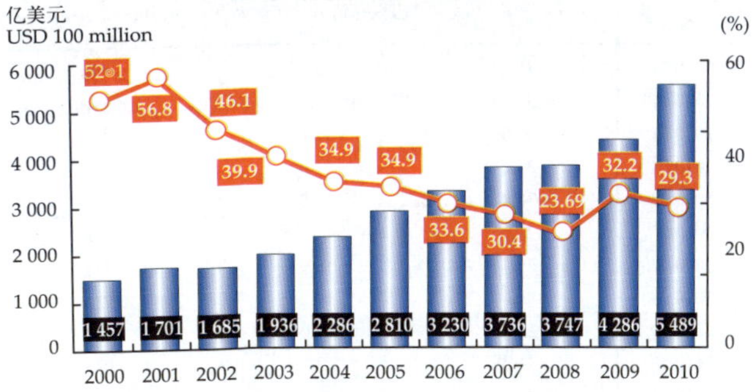

外债余额（左坐标）Balance (LHS)
债务率（外债债务余额/外汇收入）(右坐标)
Ratio (external debt balance/foreign exchange income)(RHS)

外债余额与外债负债率
Balance and ratio of external debt to GDP

外债余额（左坐标）Balance (LHS)
负债率（外债债务余额/GDP）(右坐标)
Ratio (external debt balance/GDP)(RHS)

2011年9月末外债数据
External debt balance at the end of September of 2011

单位：亿美元
Unit: USD 100 million

	登记外债 Registered external debt	国务院部委 Government ministries	中资金融机构 Chinese financial institutions	外商投资企业 Foreign investment enterprises	中资企业 Chinese enterprises	境内外资金融机构 Domestic foreign financial institutions	其他 Others	贸易信贷 Trade credit	合计 Total
外债余额 Debt balance	4 405.64	385.97	2 096.05	1 320.27	57.97	543.73	1.65	2 566.00	6 971.64
比重(%) Share (%)	100	8.76	47.58	29.97	1.32	12.34	0.04	—	—

注：2011年前三个季度我国新借入中长期外债339.48亿美元，还本209.61亿美元，付息17.79亿美元。
Note: In the first three quarters of 2011, China borrowed medium- and long-term external debts totaling USD33.948 billion, repaid principal in the amount of USD20.961 billion and interest in the amount of USD1.779 billion.

2011年9月末外债债务结构
External debt structure at the end of September of 2011

短期外债余额占比为72.8%
Balance of short-term external debt accounted for 72.8 percent

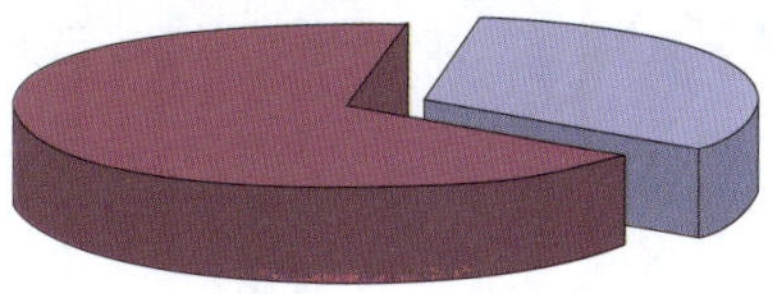

中长期外债余额占比为27.2%
Balance of medium- and long-term external debt accounted for 27.2 percent

2011年9月末，我国外债余额为9 671.64亿美元，其中，中长期外债余额为1 895.39亿美元，占外债余额的27.2%，短期外债余额为5 076.25亿美元，占外债余额的72.8%。
China's outstanding balance of external debt was USD697.164 billion at the end of September of 2011, among which USD189.539 billion or 27.2 percent was medium- and long-term external debt, and USD507.625 billion or 72.8 percent was short-term debt.

六、财政收支与债务
6. Fiscal Revenue, Expenditure and Debt

年度财政收入、财政支出及其增长趋势
Annual budgetary revenue, budgetary expenditure, and their growth

单位：亿元
Unit: RMB 100 million yuan

年 Year	财政收入 Budgetary revenue	财政支出 Budgetary expenditure	财政收入同比增长率(%) Growth rate of budgetary revenue (YOY) (%)	财政支出同比增长率(%) Growth rate of budgetary expenditure (YOY)(%)
1993	4 349	4 642	24.8	24.1
1994	5 218	5 793	20.0	24.8
1995	6 242	6 824	19.6	17.8
1996	7 408	7 938	18.7	16.3
1997	8 651	9 234	16.8	16.3
1998	9 876	10 798	14.2	16.9
1999	11 444	13 188	15.9	22.1
2000	13 395	15 887	17.0	20.5
2001	16 386	18 903	22.3	19.0
2002	18 904	22 053	15.4	16.7
2003	21 715	24 650	14.9	11.8
2004	26 396	28 487	21.6	15.6
2005	31 649	33 930	19.9	19.1
2006	38 760	40 423	22.5	19.1
2007	51 322	49 781	32.4	23.2
2008	61 330	62 593	19.5	25.4
2009	68 518	76 300	11.7	21.9
2010	83 080	89 575	21.3	17.4

注：表中数据根据财政部最新数据修订。
Note: Data are revised by Ministry of Finance People's Republic of China.

月度累计财政收支增长率与收支差额
Monthly growth rate and balance of accumulated fiscal revenue and expenditure

单位：亿元
Unit: RMB 100 million yuan

年/月 Year/Month	财政收入累计同比增长率(%) Growth rate of accumulated fiscal revenue(YOY)(%)	财政支出累计同比增长率(%) Growth rate of accumulated fiscal expenditure(YOY)(%)	累计财政收支总量差额 Balance of accumulated fiscal revenue and expenditure
2010.01	41.2	-13.2	5 193
2010.02	32.9	7.7	5 198
2010.03	34.0	11.9	5 297
2010.04	34.1	11.3	7 647
2010.05	30.8	14.2	9 778
2010.06	27.6	17.0	9 538
2010.07	25.7	16.9	11 511
2010.08	23.6	19.2	10 716
2010.09	22.4	20.6	8 535
2010.10	21.5	22.3	9 907
2010.11	21.1	27.3	5 148
2010.12	21.3	17.4	-10 000
2011.01	32.8	84.9	5 089
2011.02	36.0	24.7	8 011
2011.03	33.1	26.0	8 072
2011.04	31.4	27.4	10 850
2011.05	32.0	30.9	13 194
2011.06	31.2	31.4	12 441
2011.07	30.5	29.7	15 355
2011.08	30.9	29.2	14 824
2011.09	29.5	27.5	12 183

注：表中数据根据财政部最新数据修订。
Note: Data are revised by Ministry of Finance People's Republic of China.

年度财政收入、财政支出及其增长趋势
Annual budgetary revenue, budgetary expenditure, and their growth

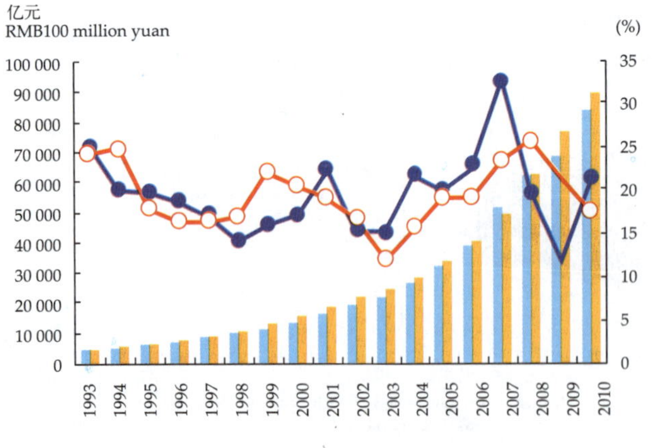

财政收入(左坐标) Budgetary revenue (LHS)
财政支出(左坐标) Budgetary expenditure (LHS)
财政收入同比增长率(右坐标) Growth rate of budgetary revenue (YOY)(RHS)
财政支出同比增长率(右坐标) Growth rate of budgetary expenditure (YOY)(RHS)

月度累计财政收支增长率与收支差额
Monthly growth rate and balance of accumulated fiscal revenue and expenditure

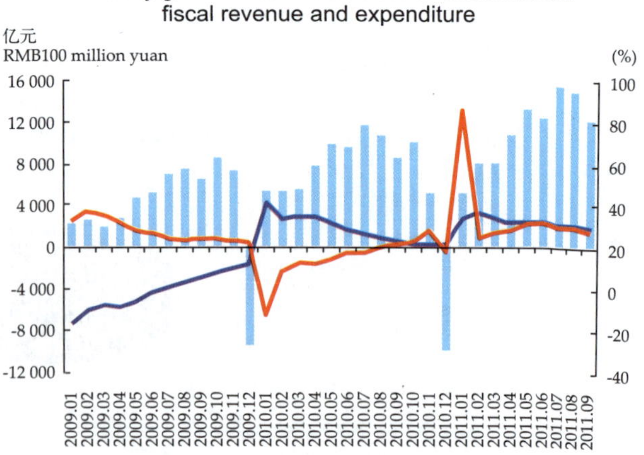

累计财政收支差额（左坐标）
Balance of accumulated fiscal revenue and expenditure (LHS)
财政收入累计同比增长率（右坐标）
Growth rate of accumulated fiscal revenue (YOY)(RHS)
财政支出累计同比增长率（右坐标）
Growth rate of accumulated fiscal expenditure (YOY)(RHS)

中央财政收支在全部财政收支中所占的比重
Ratio of revenues and expenditures of the central government to total fiscal revenues and expenditures

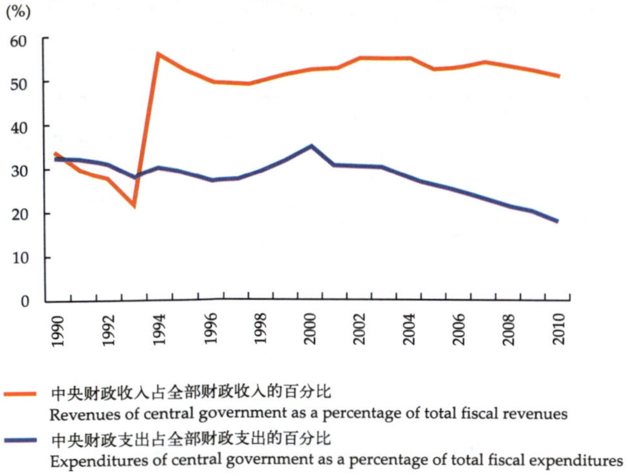

财政风险
Fiscal risks

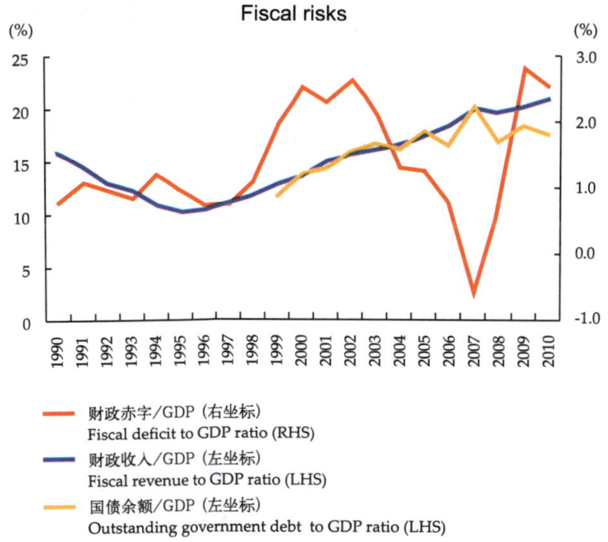

2011年主要预算指标：

2011年，中央财政预算收入为45 860亿元，比2010年执行数（下同）增长8%。从中央预算稳定调节基金中调入1 500亿元。合计收入总量为47 360亿元。中央财政预算支出总量54 360亿元，增长12.8%。中央财政收支总量相抵，赤字7 000亿元，比上年预算数减少1 500亿元。中央财政国债余额限额为77 708.35亿元。

汇总中央预算和地方预算安排，全国财政收入89 720亿元，增长8%，加上从中央预算稳定调节基金调入1 500亿元，可安排的收入总量为91 220亿元；全国财政支出100 220亿元，增长11.9%。全国财政收支差额9 000亿元。

Budgetary targets for 2011:

In 2011, revenue in the central budget will reach RMB4.586 trillion yuan, 8% over the figure for 2010 (here and below). The central budget stabilization fund will contribute RMB150 billion yuan, bringing total revenue to RMB4.736 trillion yuan. Expenditures in the central budget will reach RMB5.436 trillion yuan, an increase of 12.8%. Expenditures in the central budget will exceed revenue, resulting in a deficit of RMB700 billion yuan, an decrease of RMB150 billion yuan than previous year's budget. The limit for the outstanding balance of government bonds issued by the central government will be RMB7,770.835 billion yuan.

Total combined revenue of central and local governments is budgeted at RMB8.972 trillion yuan, an increase of 8%. Adding RMB150 billion yuan from the central budget stabilization fund, total national revenue is projected to reach RMB9.122 trillion yuan. Total national expenditures are budgeted at RMB10.022 trillion yuan, up 11.9%. Total expenditures will exceed total revenue by RMB0.9 trillion yuan.

七、货币银行
7. Money and Banking

1.货币供应量
(1) Money supply

年度M0、M1、M2及其变化趋势
Annual M0, M1, and M2 and their changes

单位：万亿元
Unit: RMB trillion yuan

年 Year	M0	M1	M2	M0同比增长率(%) Growth rate of M0 (YOY)(%)	M1同比增长率(%) Growth rate of M1 (YOY)(%)	M2同比增长率(%) Growth rate of M2 (YOY)(%)
1991	0.6	1.6	3.5	35.3	38.8	37.3
1992	0.7	2.1	4.7	24.3	26.2	34.5
1993	0.8	2.4	6.1	8.2	16.8	29.5
1994	0.9	2.9	7.6	11.6	18.9	25.3
1995	1.0	3.5	9.1	15.6	22.1	19.6
1996	1.1	3.9	10.4	10.1	11.9	14.8
1997	1.3	4.6	12.0	20.1	17.7	14.7
1998	1.5	5.3	13.5	8.9	15.9	12.3
1999	1.6	6.0	15.8	7.1	12.7	17.6
2000	1.7	7.1	18.5	10.1	18.4	16.9
2001	2.0	8.4	22.1	14.3	18.7	19.6
2002	2.1	9.6	25.4	8.7	13.6	14.7
2003	2.4	10.7	29.9	11.9	11.8	17.6
2004	2.7	12.6	34.6	12.7	17.5	17.0
2005	3.0	15.3	40.3	12.2	21.0	16.7
2006	3.4	16.6	47.5	12.7	9.1	17.8
2007	3.8	22.0	60.6	11.8	32.4	27.7
2008	3.4	16.6	47.5	12.7	9.1	17.8
2009	3.8	22.0	60.6	11.8	32.4	27.7
2010	4.5	26.7	72.6	16.7	21.2	19.7

月度M0、M1、M2及其变化趋势
Monthly M0, M1, and M2 and their changes

单位：万亿元
Unit: RMB trillion yuan

年/月 Year/Month	M0	M1	M2	M0同比增长率(%) Growth rate of M0 (YOY)(%)	M1同比增长率(%) Growth rate of M1 (YOY)(%)	M2同比增长率(%) Growth rate of M2 (YOY)(%)
2009.10	3.6	20.8	58.6	14.1	32.0	29.4
2009.11	3.6	21.3	59.5	15.0	34.6	29.7
2009.12	3.8	22.0	60.6	11.8	32.4	27.7
2010.01	4.1	23.0	62.5	-0.8	39.0	26.0
2010.02	4.3	22.4	63.6	22.0	35.0	25.5
2010.03	3.9	22.9	65.0	15.8	29.9	22.5
2010.04	4.0	23.4	65.7	15.8	31.3	21.5
2010.05	3.9	23.6	66.3	15.2	29.9	21.0
2010.06	3.9	24.1	67.4	15.7	24.6	18.5
2010.07	4.0	24.1	67.4	15.5	22.9	17.6
2010.08	4.0	24.4	68.8	16.0	21.9	19.2
2010.09	4.2	24.4	69.6	13.8	20.9	19.0
2010.10	4.2	25.3	70.0	16.6	22.1	19.3
2010.11	4.2	26.0	71.0	16.3	22.1	19.5
2010.12	4.5	26.7	72.6	16.7	21.2	19.7
2011.01	5.8	26.3	73.4	42.5	13.6	17.2
2011.02	4.7	25.9	73.6	10.3	14.5	15.7
2011.03	4.5	26.6	75.8	14.8	15.0	16.6
2011.04	4.5	26.7	75.7	14.7	12.9	15.3
2011.05	4.5	26.9	76.3	15.4	12.7	15.1
2011.06	4.4	27.5	78.1	14.4	13.1	15.9
2011.07	4.5	27.1	77.3	14.3	11.6	14.7
2011.08	4.6	27.3	78.1	14.7	11.2	13.5
2011.09	4.7	26.7	78.7	12.7	8.9	13.0

货币供应量与货币流动性
Money supply and monetary liquidity

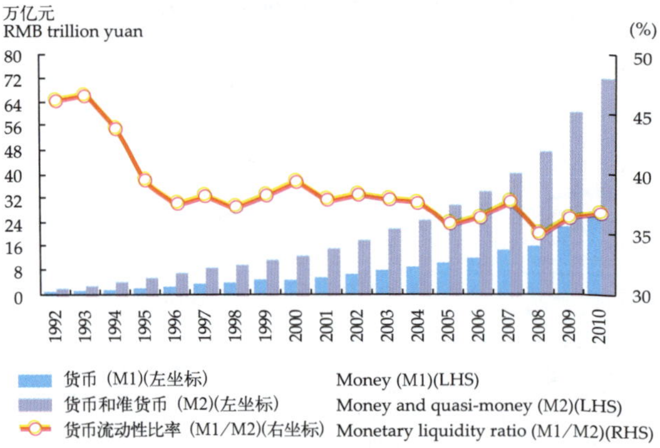

年度M0、M1、M2及其变化趋势
Annual M0, M1 and M2 and their changes

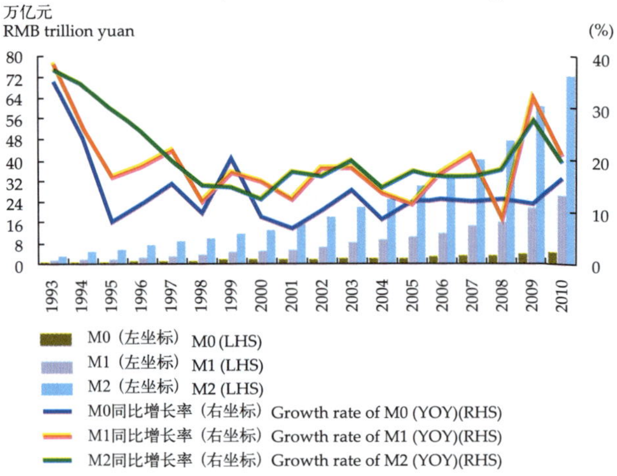

月度M0、M1、M2及其变化趋势
Monthly M0, M1 and M2 and their changes

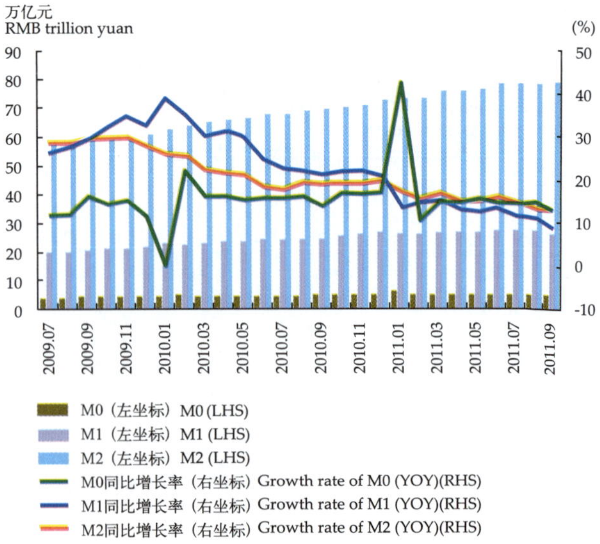

货币供应量构成
Composition of money supply

单位：亿元
Unit: RMB 100 million yuan

年/月 Year/Month	货币和准货币 Money & quasi-money M2	货币 Money M1	流通中现金 Currency in circulation M0	活期存款 Demand deposits	准货币 Quasi-money	定期存款 Time deposits	储蓄存款 Savings deposits	其他存款 Other deposits
2009.10	586 643	207 546	35 730	171 816	379 098	108 809	253 076	17 212
2009.11	594 605	212 493	36 344	176 149	382 112	109 075	253 658	19 379
2009.12	606 224	220 004	38 246	181 758	386 219	82 285	260 767	43 167
2010.01	625 609	229 589	40 759	188 830	396 020	116 341	262 773	16 907
2010.02	636 072	224 287	42 866	181 421	411 785	119 190	278 352	14 243
2010.03	649 947	229 398	39 081	190 317	420 550	122 944	280 350	17 255
2010.04	656 561	233 910	39 658	194 252	422 651	127 802	279 853	14 997
2010.05	663 351	236 498	38 653	197 845	426 853	130 292	280 548	16 013
2010.06	673 922	24 050	38 905	201 675	433 342	97 624	288 130	47 587
2010.07	674 052	240 664	39 543	201 121	433 388	97 736	287 150	48 501
2010.08	687 507	244 341	39 923	204 412	443 168	100 173	288 851	54 144
2010.09	696 472	243 822	41 854	201 967	452 582	107 459	299 227	45 897
2010.10	699 776	253 313	41 646	211 667	446 464	102 869	292 418	51 176
2010.11	710 274	259 399	42 253	217 146	450 874	103 647	293 929	53 297
2010.12	725 774	266 621	44 628	221 993	459 153	105 859	303 302	49 992
2011.01	733 885	261 765	58 064	203 701	472 120	143 050	318 425	10 646
2011.02	736 131	259 201	47 270	211 930	476 930	140 989	320 944	14 997
2011.03	758 131	266 255	44 845	221 409	491 874	148 781	331 310	11 785
2011.04	757 385	266 767	45 489	221 278	490 618	153 313	326 673	10 632
2011.05	763 409	269 290	44 603	224 687	494 119	156 371	327 472	10 276
2011.06	780 821	274 663	44 478	230 185	506 158	159 300	337 570	9 288
2011.07	772 924	270 546	45 183	225 363	502 378	160 322	331 071	10 984
2011.08	780 852	273 394	45 775	227 618	507 459	163 846	331 418	12 194
2011.09	787 406	267 193	47 145	220 048	520 213	171 105	341 792	7 315

注：自2006年起，此表中"非金融公司保证金存款"不再包含在"其他存款"项目下，而被调整到"定期存款"项目下，因此，这两个项目下，2006年及以后各期数据与历史数据不完全可比。

Note: Beginning in 2006, "non-financial corporation margin deposits"are not included in the item "Other deposits",which are included under "time deposites".Therefore,form 2006 the data of these two items are not fully comparable with the historical statistics.

广义货币供应量M2变动
Changes in the composition of broad money M2

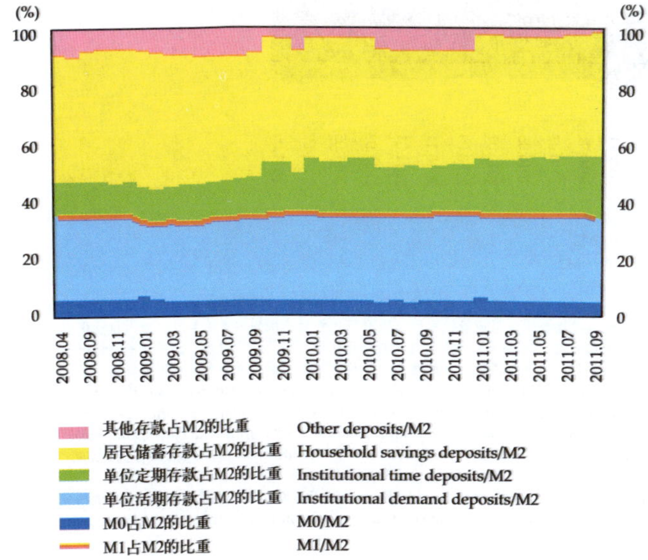

2011年9月末货币供应量构成
Composition of money supply at the end of September 2011

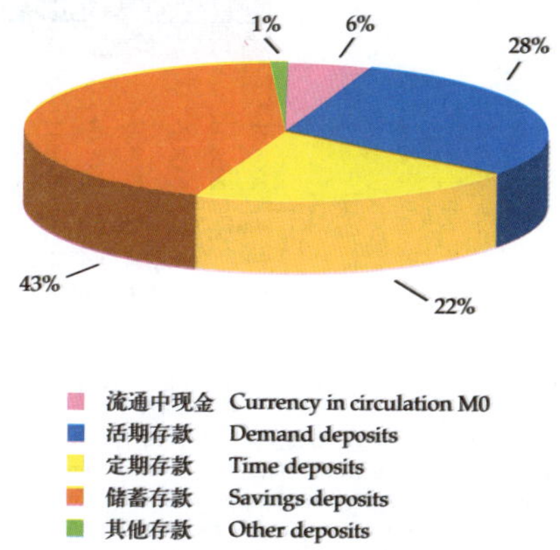

存款性公司概览 *
Depository corporations survey *

单位：万亿元
Unit: RMB trillion yuan

年/月 Year/Month	国外净资产 Net foreign assets	国内信贷 Domestic credit	对政府债权(净) Claims on government (Net)	对非金融部门债权 Claims on non-financial sectors	对其他金融部门债权 Claims on other financial sectors	其他** Others**	货币和准货币 Money & quasi-money M2
2009.10	19.32	47.56	2.25	42.73	2.58	-8.21	58.66
2009.11	19.37	48.35	2.30	43.36	2.69	-8.26	59.46
2009.12	19.85	49.59	3.23	43.70	2.66	-8.82	60.62
2010.01	19.87	50.35	2.77	44.82	2.75	-7.65	62.56
2010.02	20.00	51.24	2.92	45.66	2.67	-7.64	63.61
2010.03	20.23	52.10	2.93	46.34	2.83	-7.34	64.99
2010.04	20.40	52.69	2.62	47.31	2.77	-7.44	65.66
2010.05	20.54	53.04	2.33	48.02	2.69	-7.25	66.34
2010.06	20.73	54.07	2.37	48.58	3.11	-7.40	67.39
2010.07	21.03	54.20	2.17	49.09	2.95	-7.82	67.41
2010.08	21.29	55.06	2.22	49.71	3.12	-7.60	68.75
2010.09	21.60	55.98	2.49	50.44	3.05	-7.93	69.65
2010.10	21.98	56.39	2.24	51.08	3.07	-8.39	69.98
2010.11	22.27	57.12	2.49	51.69	2.94	-8.36	71.03
2010.12	22.60	58.73	3.46	52.17	3.11	-8.74	72.59
2011.01	22.97	59.42	3.24	53.03	3.15	-8.85	73.39
2011.02	23.15	59.92	2.96	53.62	3.34	-9.03	73.61
2011.03	23.53	61.11	3.19	54.23	3.69	-9.20	75.81
2011.04	23.71	61.09	2.80	55.04	3.25	-9.06	75.74
2011.05	23.97	61.59	2.60	55.67	3.32	-9.22	76.34
2011.06	.24.35	63.05	2.66	56.28	4.10	-9.32	78.08
2011.07	24.57	62.67	2.38	56.85	3.44	-9.95	77.29
2011.08	24.73	63.61	2.40	57.45	3.77	-10.25	78.09
2011.09	24.87	64.76	2.79	57.94	4.03	-10.89	78.74

注：*自2006年起,不再编制《银行概览》，改为编制《存款性公司概览》。《存款性公司概览》由《货币当局资产负债表》和《其他存款性公司资产负债表》合并而成。《存款性公司概览》与原《银行概览》的差别是，《存款性公司概览》不包含信托投资公司和金融租赁公司。为了保持数据的连续性，2006年之前的《存款性公司概览》由原《银行概览》替代。因此，2006年及以后各期数据与历史数据不完全可比。

**其他包括外币存款、债券、实收资本和其他项，即其他=货币和准货币－（国外净资产+国内信贷）。

Notes: *Beginning in 2006, the *Balance Sheet of the Monetary Authority* and the *Balance Sheet of Other Depository Corporations* were consolidated into the *Depository Corporations Survey*, and the *Banking Survey* was no longer compiled. The main difference between the *Depository Corporations Survey* and the *Banking Survey* is that data on trust and investment companies and financial leasing companies are not included in the *Depository Corporations Survey*. In order to maintain data consistency, the original *Banking Survey* can be substituted for the *Depository Corporations Survey* before 2006. Therefore, from 2006, the monetary statistics are not fully comparable with the historical statistics.

** Others include foreign currency deposits, bonds, paid-in capital, and other items (net). Others = Money & quasi-money M2 – (Net foreign assets + Domestic credit).

国外净资产及国内信贷对广义货币的影响
The impact of net foreign assets and domestic credit on broad money M2

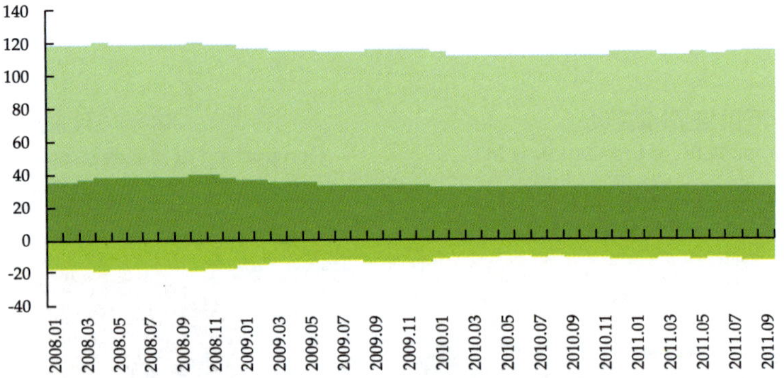

注：自2006年起，中国人民银行按照国际货币基金组织《货币与金融统计手册》对货币金融统计制度进行了修订。在机构分类上，将金融性公司划分为存款性公司和其他金融性公司，将存款性公司划分为货币当局和其他存款性公司。货币当局为中国人民银行，其他存款性公司包括政策性银行、国有商业银行、股份制商业银行、农村商业银行、城市商业银行、外资商业银行、合作金融机构、邮政储汇局、财务公司。根据金融性公司的新分类，从2006年开始编制《其他存款性公司资产负债表》，将《中央银行资产负债表》、《其他存款性公司资产负债表》合并，编制《存款性公司概览》，《存款性公司概览》同原《银行概览》相比，不包含信托投资公司和金融租赁公司。

Note: From 2006, the People's Bank of China revised the system of monetary and financial statistics in line with the IMF *Manual on Monetary and Financial Statistics*, to reclassify financial corporations as depository corporations and other financial corporations. Depository corporations are sub-divided into the monetary authority and depository corporations. The monetary authority is the People's Bank of China; other depository corporations include policy banks, state-owned commercial banks, joint-stock commercial banks, rural commercial banks, urban commercial banks, foreign-funded commercial banks, cooperative financial institutions, postal savings bureaus, and finance companies. Beginning in 2006 the *Balance Sheet of Other Depository Corporations* has been compiled according to the new classifications of financial corporations. The *Depository Corporations Survey* comprises the consolidation of the *Balance Sheets of the Monetary Authority* and the *Balance Sheets of other Depository Corporations*. The main distinction between the *Depository Corporations Survey* and the *Banking Survey* is that data on trust and investment companies and financial leasing companies are not included in the *Depository Corporations Survey*.

2.存贷款
(2) Deposits and loans

金融机构人民币各项存贷款余额及其增长趋势
Outstanding amounts of total deposits & loans and their growth in financial institutions

单位：万亿元
Unit: RMB trillion yuan

年/月 Year/Month	各项存款 Total deposits	各项贷款 Total loans	各项存款同比增长率(%) Growth rate of deposits (YOY)(%)	各项贷款同比增长率(%) Growth rate of loans (YOY)(%)
2009.10	58.7	39.3	28.1	34.2
2009.11	59.3	39.6	28.2	33.8
2009.12	59.8	40.0	28.2	31.7
2010.01	61.3	41.4	27.3	29.3
2010.02	62.2	42.1	25.0	27.2
2010.03	63.8	42.6	22.1	21.8
2010.04	65.0	43.4	22.0	32.0
2010.05	66.1	44.0	21.0	21.5
2010.06	67.4	44.6	19.0	18.2
2010.07	67.6	45.1	18.5	18.4
2010.08	68.6	45.7	19.6	18.6
2010.09	70.1	46.3	20.0	18.5
2010.10	70.3	46.9	19.8	19.3
2010.11	70.9	47.4	19.6	19.8
2010.12	71.8	47.9	20.2	19.9
2011.01	71.2	48.3	17.3	18.5
2011.02	72.6	48.9	17.6	17.7
2011.03	75.3	49.5	19.0	17.9
2011.04	75.6	50.2	17.3	17.5
2011.05	76.7	50.8	17.1	17.1
2011.06	78.6	51.4	17.6	16.9
2011.07	78.0	51.9	16.3	16.6
2011.08	78.7	52.4	15.5	16.4
2011.09	79.4	52.9	14.2	15.9

金融机构人民币各项存贷款余额及其增长趋势
Outstanding amounts of total deposits & loans and their growth in financial institutions

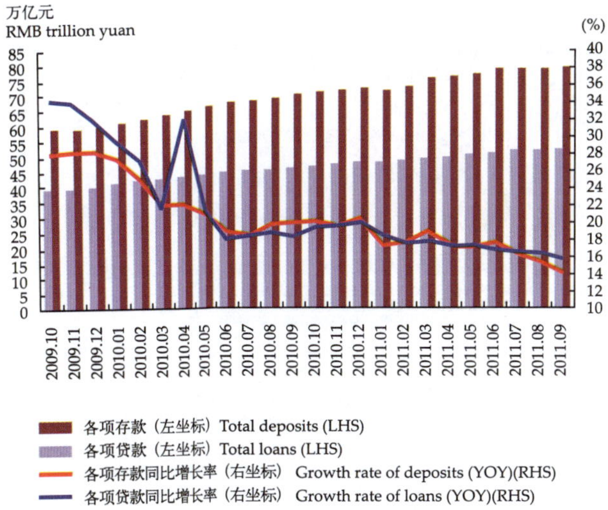

金融机构当年累计新增人民币存款
Accumulated new RMB deposits in financial institutions

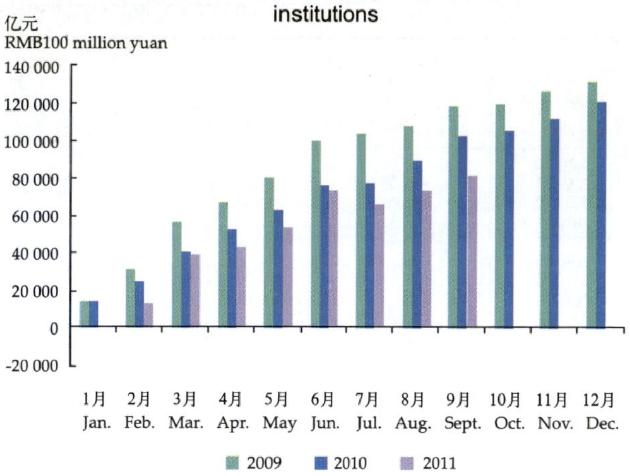

金融机构当月新增人民币存款
New RMB deposits in financial institutions by month

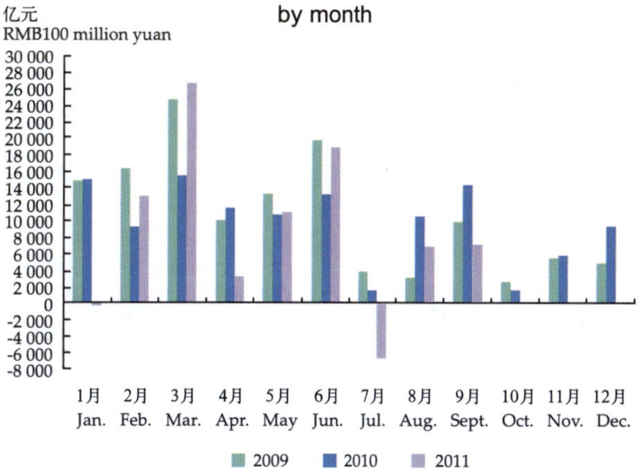

2011年9月末人民币存款余额
Outstanding amounts of RMB deposits at the end of September, 2011

单位：亿元
Unit: RMB 100 million yuan

		余额 Outstanding amount
各项存款	**Total deposits**	**794 100**
单位存款	Corporate deposits	395 736
财政性存款	Fiscal deposits	38 160
个人存款	Individual deposits	342 737
临时性存款	Temporarily deposits	1 712
委托存款	Entrusted deposits	156
其他存款	Other deposits	15 598

居民储蓄存款、非金融企业存款、财政性存款余额及其增长率
Outstanding amounts of household savings deposits,non-financial corporate deposits, fiscal deposits, and their growth rates

单位：万亿元
Unit: RMB trillion yuan

年/月 Year/Month	居民储蓄存款 Household savings deposits		非金融企业存款 Non-financial Corporate deposits		财政性存款 Fiscal deposits	
	月末余额 Outstanding amounts	同比增长率(%) Growth rate (YOY)(%)	月末余额 Outstanding amounts	同比增长率(%) Growth rate (YOY)(%)	月末余额 Outstanding amounts	同比增长率(%) Growth rate (YOY)(%)
2009.10	25.30	21.8	—	—	3.15	5.7
2009.11	25.39	20.1	—	—	3.23	13.5
2009.12	26.08	19.7	—	—	2.24	24.2
2010.01	26.32	12.9	25.92	—	2.64	42.3
2010.02	27.91	17.5	25.51	—	2.53	33.6
2010.03	28.10	15.6	26.49	26.6	2.49	45.3
2010.04	28.07	14.9	27.32	26.8	2.84	51.8
2010.05	28.12	14.2	27.81	25.5	3.22	39.1
2010.06	28.81	15.5	28.09	19.5	3.21	28.8
2010.07	28.72	15.4	27.91	19.0	3.54	23.5
2010.08	28.88	16.2	28.41	20.2	3.64	21.5
2010.09	29.93	17.0	28.78	20.5	3.39	19.6
2010.10	29.24	15.6	29.17	21.2	3.69	15.3
2010.11	29.39	15.8	29.75	21.6	3.48	8.8
2010.12	30.33	16.3	30.47	21.5	2.54	13.6
2011.01	31.50	20.8	26.33	12.1	2.91	10.0
2011.02	31.75	15.1	26.80	15.2	3.24	28.1
2011.03	32.73	18.0	28.17	16.6	3.00	20.1
2011.04	32.23	16.5	28.52	14.5	3.41	15.7
2011.05	32.36	16.5	29.00	14.3	3.76	12.1
2011.06	33.25	17.2	29.43	14.8	3.63	12.8
2011.07	32.60	15.2	29.02	14.0	4.09	15.3
2011.08	32.69	14.6	29.39	13.4	4.19	14.9
2011.09	33.39	14.1	29.09	10.9	3.82	12.3

城乡居民人民币储蓄存款余额及其增长趋势
Outstanding amounts of household RMB savings deposits and their growth

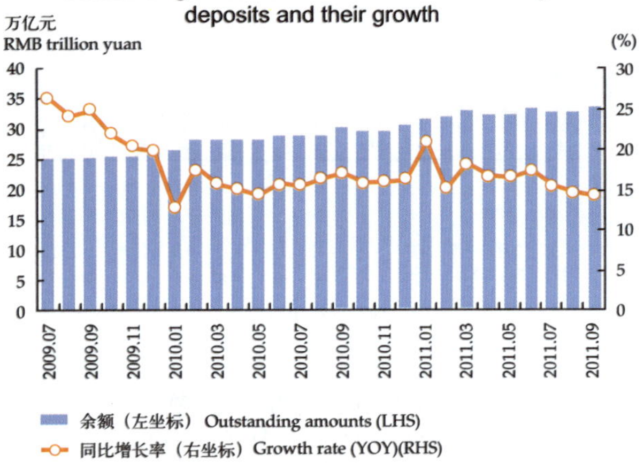

人民币企业存款余额及其增长趋势
Outstanding amounts of RMB corporate deposits and their growth

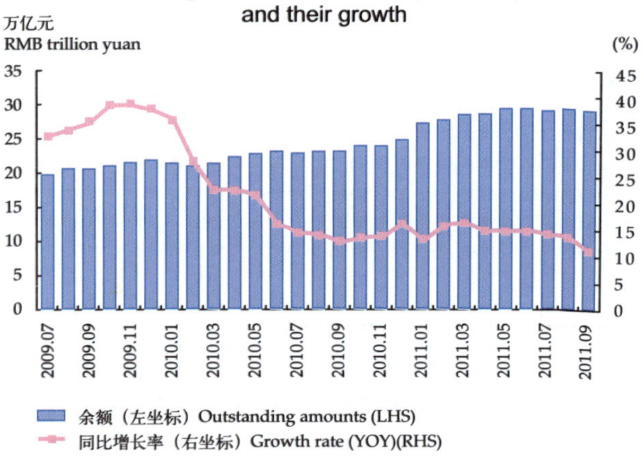

财政性存款余额及其增长趋势
Outstanding amounts of RMB fiscal deposits and their growth

2011年9月末人民币存款余额构成
Composition of outstanding amounts of RMB deposits at the end of September, 2011

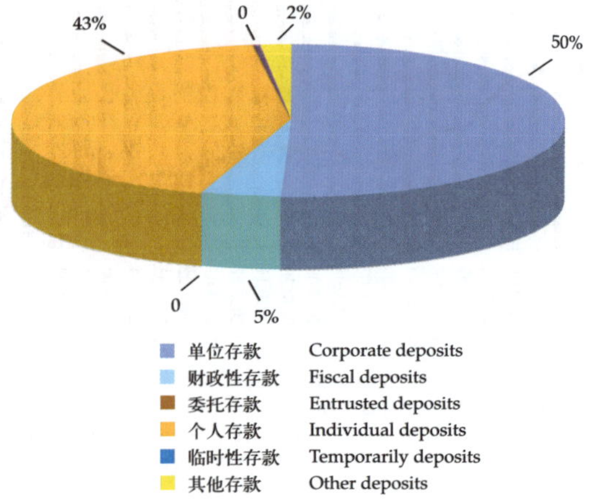

2011年9月末人民币贷款按部门分类
RMB loans issued at the end of September 2011 by sectors

单位：亿元
Unit: RMB 100 million yuan

	余额 Outstanding amounts	比年初增加 Increase over the beginning of the year
住户贷款 Loans to households	131 868	20 020
消费性贷款 Consumer loans	85 323	11 409
短期消费性贷款 Short-term consumer loans	12 473	2 882
中长期消费性贷款 Medium- and long-term consumer loans	72 849	8 526
经营性贷款 Business loans	46 545	8 611
短期经营性贷款 Short-term business loans	30 033	5 387
中长期经营性贷款 Medium- and long-term business loans	16 512	3 223
非金融性企业及其他部门贷款 Loans to non-financial institutions and other sectors	395 764	36 702
短期贷款及票据融资 Short-term loans and bill financing	164 230	18 585
中长期贷款 Medium- and long-term loans	227 614	17 060
其他贷款 Other loans	3 920	1 059

金融机构当年累计新增人民币贷款
Accumulated new RMB loans in financial institutions

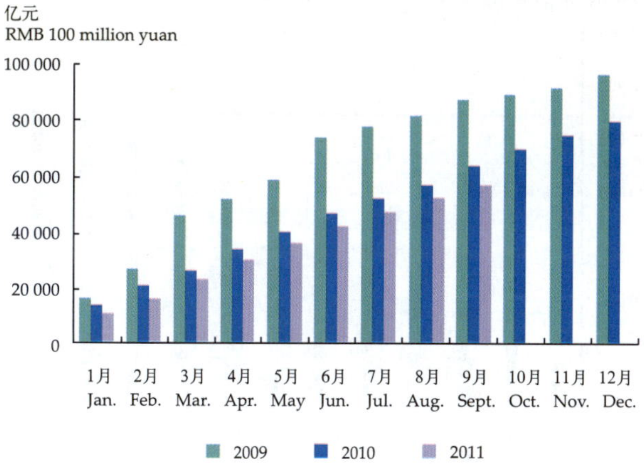

金融机构当月新增人民币贷款
New RMB loans in financial institutions by month

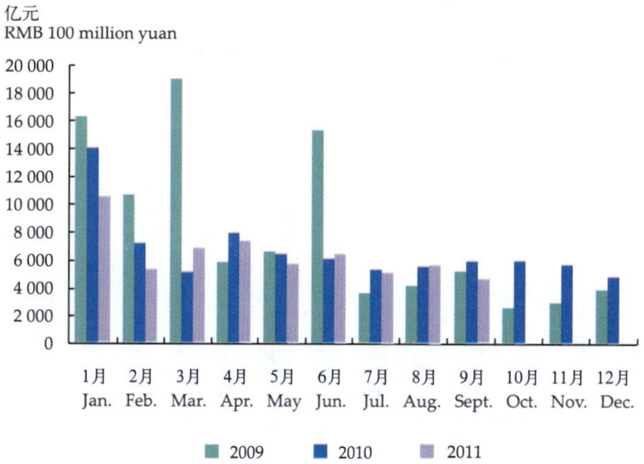

2011年前三个季度金融机构新增人民币贷款构成
Composition of new RMB loans of financial institutions in the first three quarters of 2011

单位：亿元
Unit: RMB 100 million yuan

		2011年前三个季度 The first three quarters of 2011		2010年前三个季度 The first three quarters of 2010	
		比年初增加 Increase over the beginning of the year	比重(%) Share (%)	比年初增加 Increase over the beginning of the year	比重(%) Share (%)
各项贷款	**Total loans**	56 819	100	62 796	100.0
短期贷款	Short-term loans	26 914	47.4	17 842	28.4
中长期贷款	Medium- and long-term loans	28 809	50.7	52 218	83.2
票据融资	Bill financing	-59	-0.1	-8 098	-12.9
其他贷款	Other loans	1 155	2.0	834	1.3

当年累计新增住户贷款
Accumulated new loans to households

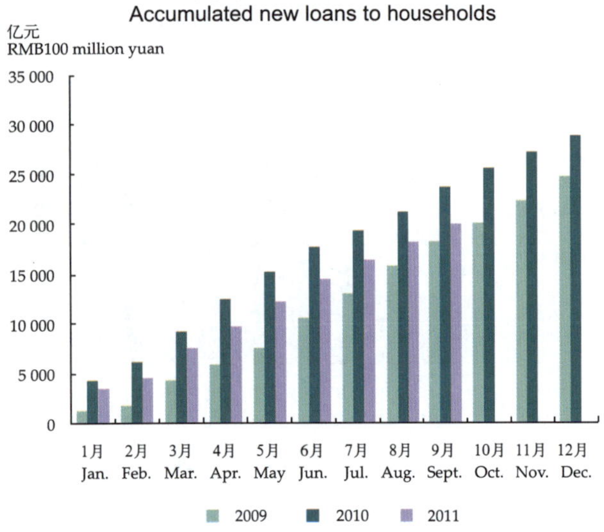

当月新增住户贷款
New loans to households by month

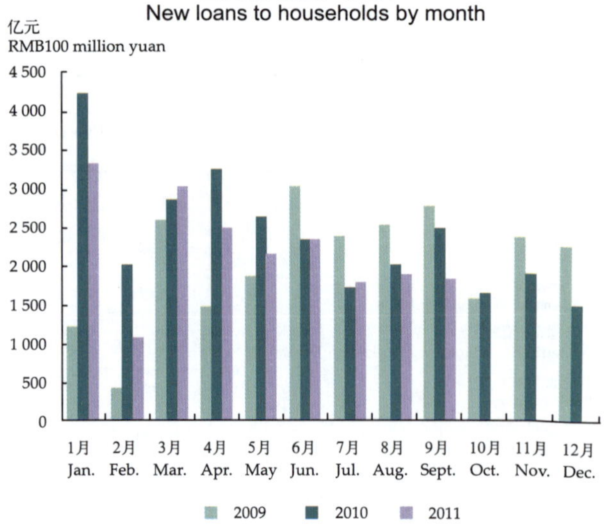

当年累计新增非金融性企业及其他部门贷款
Accumulated new loans to non-financial institutions and other sectors

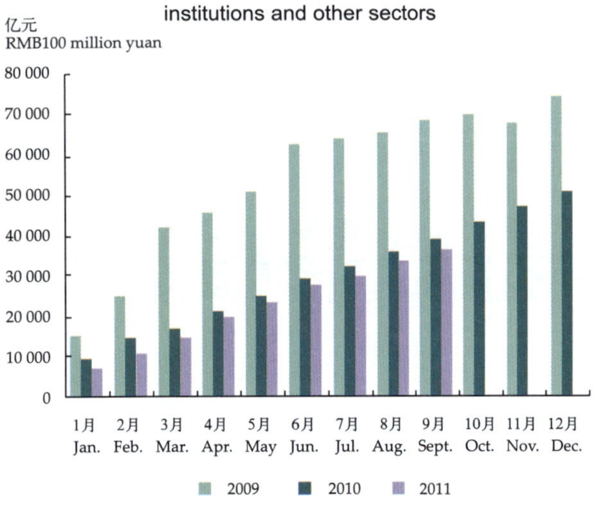

当月新增非金融性企业及其他部门贷款
New loans to non-financial institutions and other sectors by month

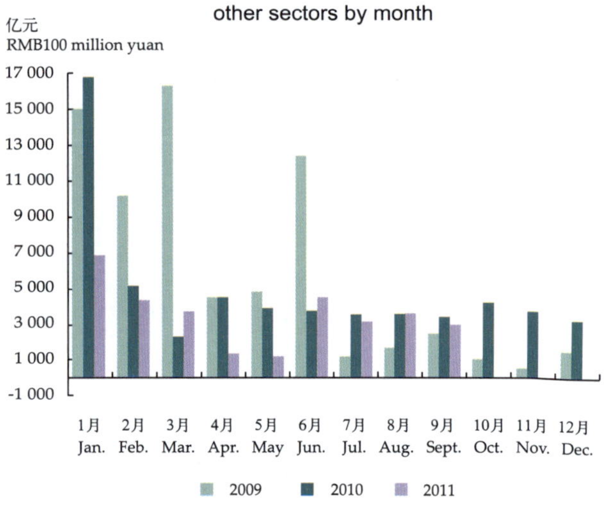

2011年9月末个人消费贷款构成
Composition of consumer loans at the end of September, 2011

单位：亿元
Unit: RMB 100 million yuan

	余额 Outstanding amounts	同比增长率(%) Growth rate (YOY)(%)	比年初增加 Increase over the beginning of the year	比上年同期 Change compared with the same period of last year
个人消费贷款 Consumer loans	**85 323**	**19.8**	**11 409**	**-3 590**
个人住房贷款 Individual housing mortgage loans	63 419	15.2	6 576	-4 145
个人汽车消费贷款 Individual auto loans	2 534	10.5	175	-254
助学贷款 Student loans	343	12.4	-35	-8.6
其他贷款 Other loans	19 027	40.5	4 692	817.6

2011年9月末个人消费贷款构成
Composition of consumer loans at the end of September, 2011

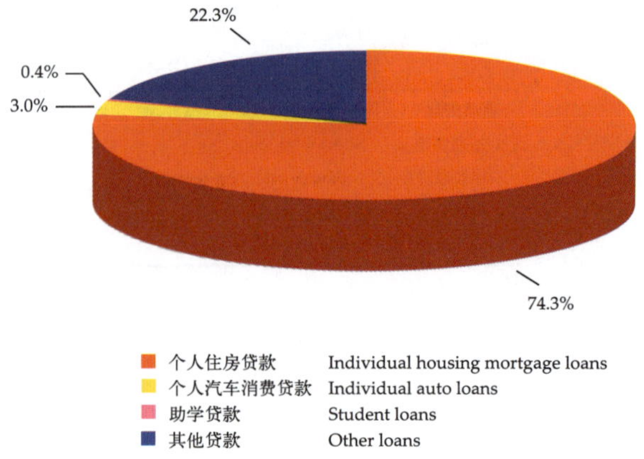

当年累计新增个人消费贷款
Accumulated new consumer loans

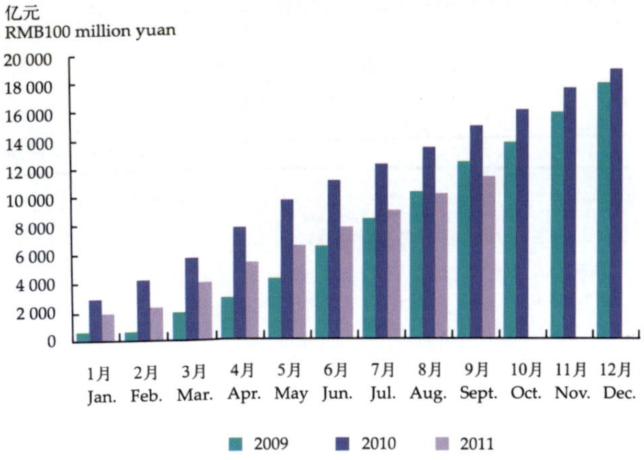

当月新增个人消费贷款
New consumer loans by month

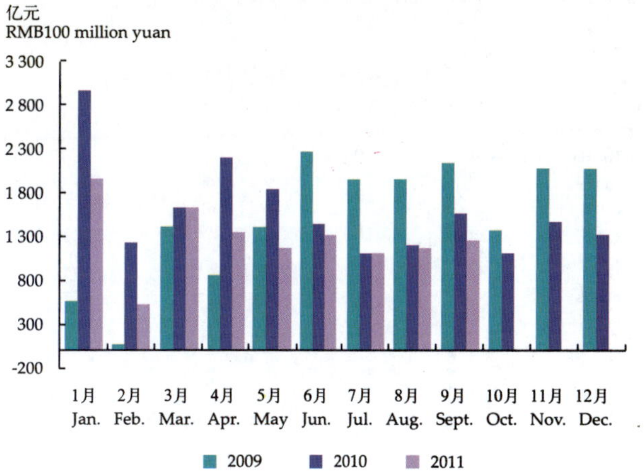

当年累计新增个人住房贷款
Accumulated new housing mortgage loans

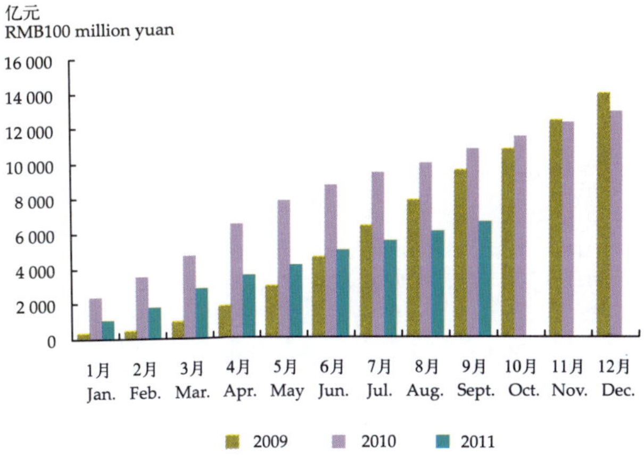

当月新增个人住房贷款
New housing mortgage loans by month

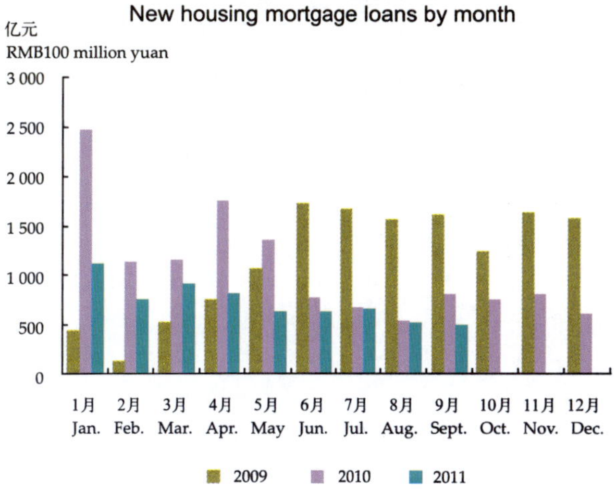

个人消费贷款余额及其增长趋势
Consumer loans and their growth

个人住房贷款余额及其增长趋势
Individual housing mortgage loans and their growth

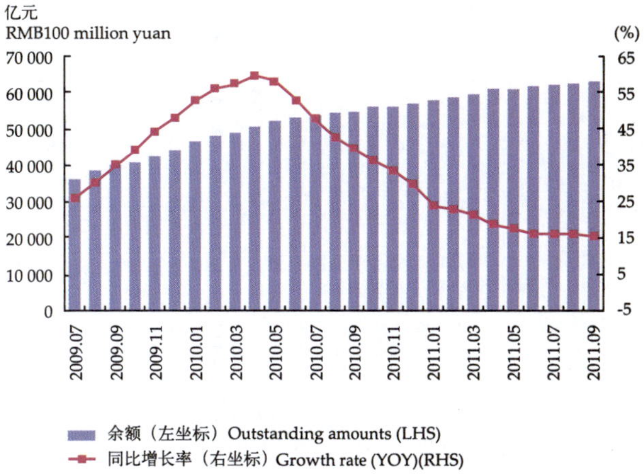

个人汽车消费贷款余额及其增长趋势
Individual auto loans and their growth

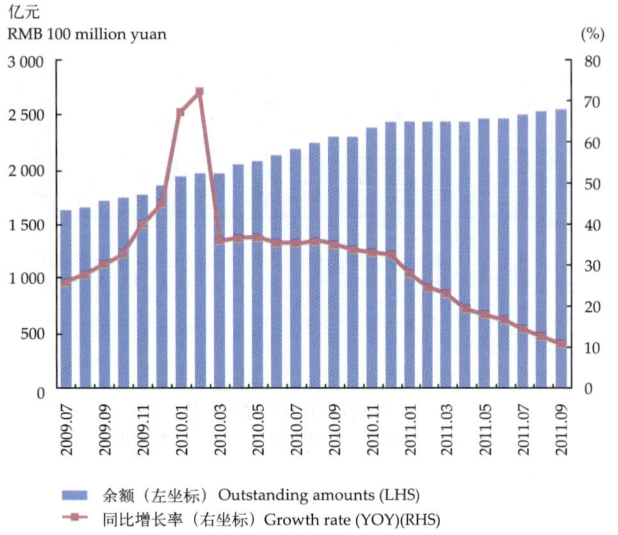

3. 基础货币
(3) Monetary base

基础货币余额及其增长趋势
Monetary base and its growth

单位：万亿元
Unit: RMB trillion yuan

年/月 Year/Month	余额 Outstanding amounts	同比增长率(%) Growth rate (YOY) (%)
2009.07	12.47	7.1
2009.08	12.43	5.7
2009.09	13.34	13.7
2009.10	12.88	10.2
2009.11	13.37	12.0
2009.12	14.74	14.1
2010.01	14.28	10.2
2010.02	15.26	21.7
2010.03	14.94	20.2
2010.04	14.80	18.3
2010.05	14.71	19.8
2010.06	15.42	24.5
2010.07	15.43	23.7
2010.08	15.45	24.0
2010.09	16.13	20.9
2010.10	16.61	29.0
2010.11	17.18	29.3
2010.12	18.53	28.7
2011.01	19.75	38.3
2011.02	19.15	25.9
2011.03	19.26	29.0
2011.04	19.33	32.2
2011.05	19.62	34.1
2011.06	20.35	32.7
2011.07	20.25	32.0
2011.08	20.51	33.9
2011.09	21.22	32.8

助学贷款余额及其增长趋势
Student loans and their growth

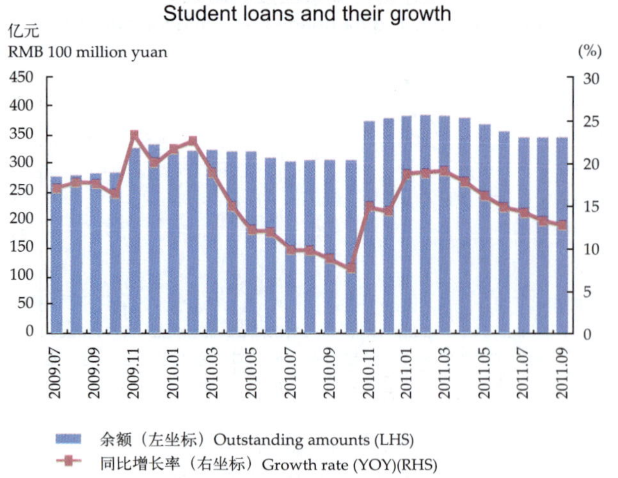

基础货币余额及其增长趋势
Monetary base and its growth

基础货币构成
Composition of monetary base

单位：亿元
Unit: RMB 100 million yuan

年/季 Year/Quarter	货币发行 Currency issue	金融性公司存款 Deposits of financial corporations	其他存款性公司存款 Deposits of other depository corporations	其他金融性公司存款 Deposits of other financial corporations
2008Q2	33 076	82 277	82 177	100
2008Q3	34 876	82 460	82 379	81
2008Q4	37 116	92 107	91 895	212
2009Q1	36 854	87 423	87 319	104
2009Q2	36 721	87 209	87 121	88
2009Q3	40 505	92 902	92 798	104
2009Q4	41 556	102 429	102 281	104
2010Q1	42 836	107 197	107 058	139
2010Q2	42 567	111 668	111 506	161
2010Q3	46 220	115 101	114 946	155
2010Q4	48 646	136 665	136 481	184
2011Q1	49 273	143 293	143 293	—
2011Q2	48 816	154 654	154 654	—
2011Q3	52 203	160 001	160001	—

注：从2011年1月起，中国人民银行采用国际货币基金组织关于储备货币的定义，不再将其他金融性公司在货币当局的存款计入储备货币。
Note: Since Jan 2011, the PBC has adopted the definition of reserve money defined by IMF, deposits of other financial corporation are no longer included in reserve money.

基础货币构成
Composition of monetary base

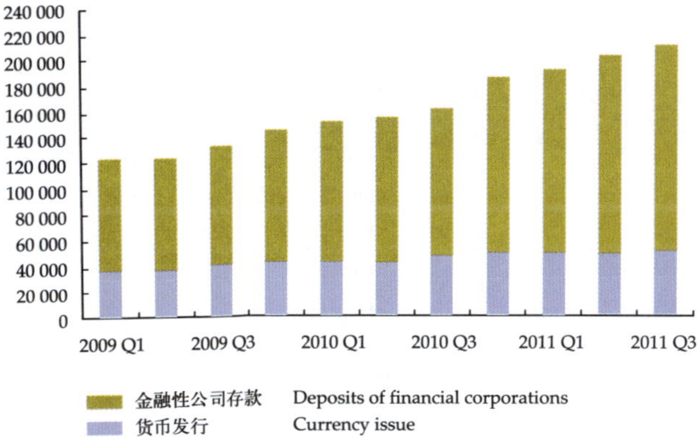

金融机构存款准备金和超额存款准备金率
Reserves and excess reserve ratio of financial institutions

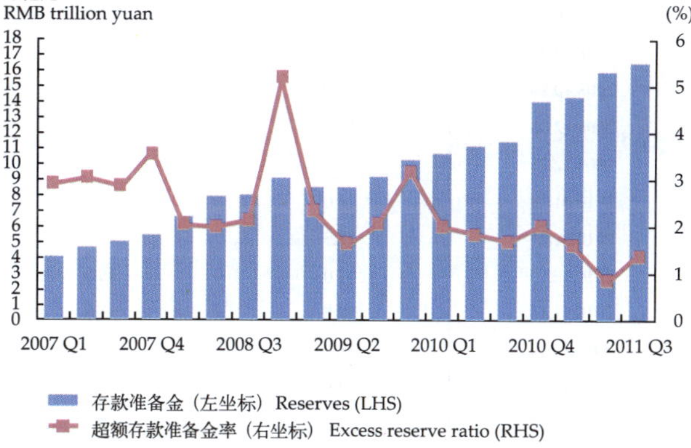

金融机构法定人民币存款准备金率
Official RMB reserve requirement ratios of financial institutions

单位：%
Unit: %

日期 Date	中资全国性大型银行① Large national-operating commercial banks[1]	中小金融机构② Medium- and small-sized financial institutions[2]	农村合作银行 Rural cooperative banks	城市信用社 Urban credit cooperatives	农村信用社 Rural credit cooperatives
2003.09.21	7.0	7.0	—	6.0	6.0
2004.04.25	7.5	7.5	7.5	6.0	6.0
2006.07.05	8.0	8.0	7.5	6.5	6.0
2006.08.15	8.5	8.5	7.5	7.0	6.0
2006.11.15	9.0	9.0	8.0	7.5	6.5
2007.01.15	9.5	9.5	8.5	8.0	7.0
2007.02.25	10.0	10.0	9.0	8.5	7.5
2007.04.16	10.5	10.5	9.5	9.0	8.0
2007.05.15	11.0	11.0	10.0	9.5	8.5
2007.06.05	11.5	11.5	10.5	10.0	9.0
2007.08.15	12.0	12.0	11.0	10.5	9.5
2007.09.25	12.5	12.5	11.5	11.0	10.0
2007.10.25	13.0	13.0	12.0	11.5	10.5
2007.11.26	13.5	13.5	12.5	12.0	11.0
2007.12.25	14.5	14.5	13.5	13.0	12.0
2008.01.25	15.0	15.0	14.0	13.5	12.5
2008.03.25	15.5	15.5	14.5	14.0	13.0
2008.04.25	16.0	16.0	15.0	14.5	13.5
2008.05.20	16.5	16.5	15.5	15.0	14.0
2008.06.15	17.0	17.0	16.0	15.5	14.5
2008.06.25	17.5	17.5	16.5	16.0	15.0
2008.09.25	17.5	16.5	15.5	15.0	14.0
2008.10.15	17.0	16.0	15.0	14.5	13.5
2008.12.05	16.0	14.0	13.0	11.5	11.5
2008.12.25	15.5	13.5	11.0	11.0	11.0
2010.01.18	16.0	14.0	11.0	11.0	11.0
2010.02.25	16.5	14.5	11.0	11.0	11.0
2010.05.10	17.0	15.0	11.5	11.5	11.0
2010.11.16	17.5	15.5	12.0	12.0	11.5
2010.11.29	18.0	16.0	12.5	12.5	12.0
2010.12.20	18.5	16.5	13.0	13.0	12.5
2011.01.20	19.0	17.0	13.5	13.5	13.0
2011.02.24	19.5	17.5	14.0	14.0	13.5
2011.03.25	20.0	18.0	14.5	14.5	14.0
2011.04.21	20.5	18.5	15.0	15.0	14.5
2011.05.18	21.0	19.0	15.5	15.5	15.0
2011.06.20	21.5	19.5	16.0	16.0	15.5

注：①包括中国工商银行、中国农业银行、中国银行、中国建设银行、交通银行和中国邮政储蓄银行。
②包括中国农业发展银行、股份制商业银行、城市商业银行、农村商业银行、有关外资金融机构。

Notes: 1. Including the Industrial and Commercial Bank of China, the Agricultural Bank of China, the Bank of China, the China Construction Bank, the Bank of Communication, the Postal Savings Bank of China.
2. Including the Agricultural Development Bank of China, joint-stock commercial banks, city commercial banks, rural commercial banks, finance companies, financial leasing companies, and foreign-funded financial institutions.

4. 利率
(4) Interest rates

中央银行基准利率
Central bank benchmark interest rates

单位：年利率%
Unit: annual interest rate%

日期 Date	法定存款准备金 Required reserves	超额存款准备金 Excess reserves	对金融机构贷款 Lending to financial institutions				再贴现 Rediscount
			1年期 1-year	6个月以内 6-month and less	3个月以内 3-month and less	20天以内 20 days and less	
1996.05.01	8.82	8.82	10.98	10.17	10.08	9.00	*
1996.08.23	8.28	7.92	10.62	—	9.72	—	*
1997.10.23	7.56	7.02	9.36	9.09	8.82	8.55	*
1998.03.25	5.22	—	7.92	7.02	6.84	6.39	6.03
1998.07.01	3.51	—	5.67	5.58	5.49	5.22	4.32
1998.12.07	3.24	—	5.13	5.04	4.86	4.59	3.96
1999.06.10	2.07	—	3.78	3.69	3.51	3.24	2.16
2001.09.11	—	—	—	—	—	—	2.97
2002.02.21	1.89	—	3.24	3.15	2.97	2.70	2.97
2003.12.20	—	1.62	—	—	—	—	—
2004.03.25	—	—	3.87	3.78	3.60	3.33	3.24
2005.03.17	—	0.99	—	—	—	—	—
2008.01.01	—	—	4.68	4.59	4.41	4.14	4.32
2008.11.27	1.62	0.72	3.60	3.51	3.33	3.06	2.97
2008.12.23	—	—	3.33	3.24	3.06	2.79	1.80
2010.12.26	—	—	3.85	3.75	3.55	3.25	2.25

注：1. 1998年3月法定存款准备金和超额存款准备金两个账户合并为准备金账户。
2. *按同档次中央银行贷款利率下浮5%～10%。

Notes: 1. The required reserves account and excess reserves account were merged into the reserves account in March 1998.
2. *The interest rate is 5%~10% below that of the central bank lending rate of the same tranche.

法定存款准备金利率和再贴现利率
Required reserves interest rates and rediscount interest rates

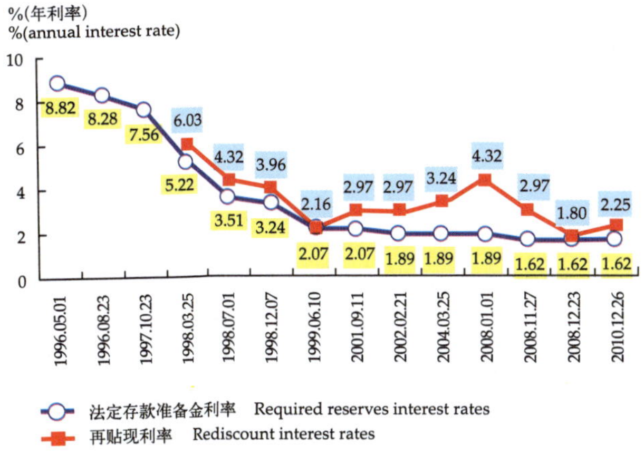

对金融机构贷款利率
Interest rates of central bank lending to financial institutions

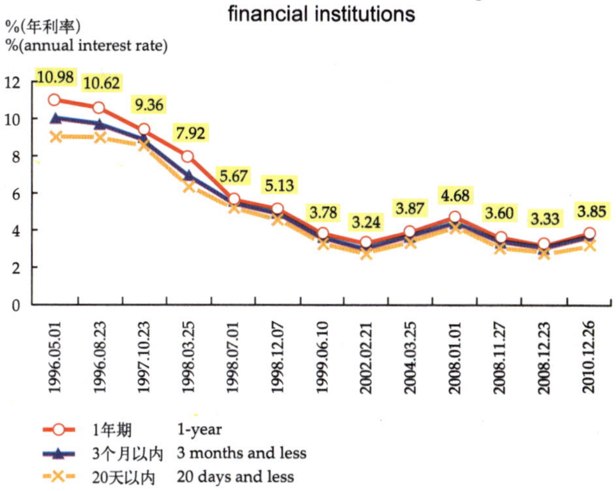

金融机构人民币存款基准利率
RMB deposit benchmark interest rates in financial institutions

单位：年利率%
Unit: annual interest rate %

日期 Date	活期 Demand deposits	定期 Time deposits					
		3个月 3-month	6个月 6-month	1年 1-year	2年 2-year	3年 3-year	5年 5-year
1990.04.15	2.88	6.30	7.74	10.08	10.98	11.88	13.68
1990.08.21	2.16	4.32	6.48	8.64	9.36	10.08	11.52
1991.04.21	1.80	3.24	5.40	7.56	7.92	8.28	9.00
1993.05.15	2.16	4.86	7.20	9.18	9.90	10.80	12.06
1993.07.11	3.15	6.66	9.00	10.98	11.70	12.24	13.86
1996.05.01	2.97	4.86	7.20	9.18	9.90	10.80	12.06
1996.08.23	1.98	3.33	5.40	7.47	7.92	8.28	9.00
1997.10.23	1.71	2.88	4.14	5.67	5.94	6.21	6.66
1998.03.25	1.71	2.88	4.14	5.22	5.58	6.21	6.66
1998.07.01	1.44	2.79	3.96	4.77	4.86	4.95	5.22
1998.12.07	1.44	2.79	3.33	3.78	3.96	4.14	4.50
1999.06.10	0.99	1.98	2.16	2.25	2.43	2.70	2.88
2002.02.21	0.72	1.71	1.89	1.98	2.25	2.52	2.79
2004.10.29	0.72	1.71	2.07	2.25	2.70	3.24	3.60
2006.08.19	0.72	1.80	2.25	2.52	3.06	3.69	4.14
2007.03.18	0.72	1.98	2.43	2.79	3.33	3.96	4.41
2007.05.19	0.72	2.07	2.61	3.06	3.69	4.41	4.95
2007.07.21	0.81	2.34	2.88	3.33	3.96	4.68	5.22
2007.08.22	0.81	2.61	3.15	3.60	4.23	4.95	5.49
2007.09.15	0.81	2.88	3.42	3.87	4.50	5.22	5.76
2007.12.21	0.72	3.33	3.78	4.14	4.68	5.40	5.85
2008.10.09	0.72	3.15	3.51	3.87	4.41	5.13	5.58
2008.10.30	0.72	2.88	3.24	3.60	4.14	4.77	5.13
2008.11.27	0.36	1.98	2.25	2.52	3.06	3.60	3.87
2008.12.23	0.36	1.71	1.98	2.25	2.79	3.33	3.60
2010.10.20	0.36	1.91	2.20	2.50	3.25	3.85	4.20
2010.12.26	0.36	2.25	2.50	2.75	3.55	4.15	4.55
2011.02.09	0.40	2.60	2.80	3.00	3.90	4.50	5.00
2011.04.06	0.50	2.85	3.05	3.25	4.15	4.75	5.25
2011.07.07	0.50	3.10	3.30	3.50	4.40	5.00	5.50

人民币存款基准利率
RMB deposit benchmark interest rates

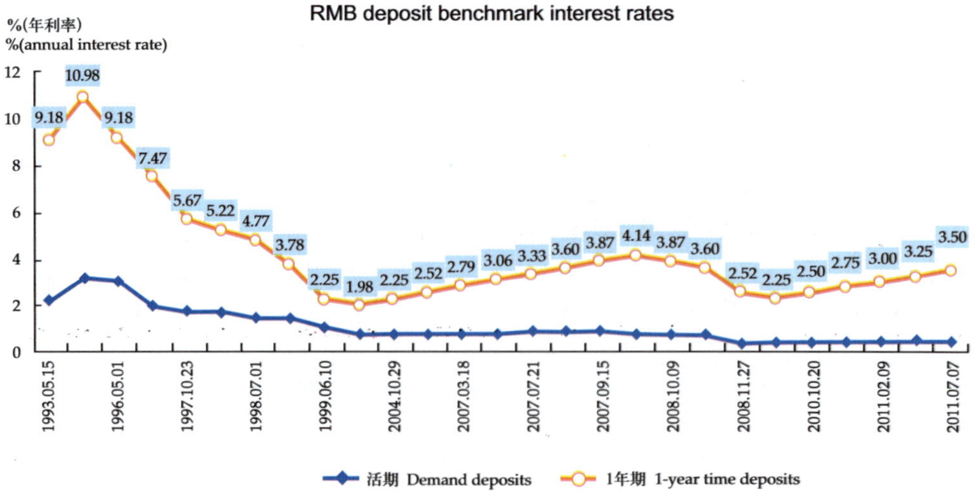

金融机构人民币贷款基准利率
RMB Lending benchmark interest rates in financial institutions

单位：年利率%
Unit: annual interest rate %

日期 Date	短期贷款 Short-term loans		中长期贷款 Medium- and long-term loans		
	6个月以内(含6个月) 6-month and less (including 6-month)	6个月至1年(含1年) 6-month to 1-year (including 1-year)	1～3年(含3年) 1 to 3-year (including 3-year)	3～5年(含5年) 3 to 5-year (including 5-year)	5年以上 More than 5-year
1991.04.21	8.10	8.64	9.00	9.54	9.72
1993.05.15	8.82	9.36	10.80	12.06	12.24
1993.07.11	9.00	10.98	12.24	13.86	14.04
1995.01.01	9.00	10.98	12.96	14.58	14.76
1995.07.01	10.08	12.06	13.50	15.12	15.30
1996.05.01	9.72	10.98	13.14	14.94	15.12
1996.08.23	9.18	10.08	10.98	11.70	12.42
1997.10.23	7.65	8.64	9.36	9.90	10.53
1998.03.25	7.02	7.92	9.00	9.72	10.35
1998.07.01	6.57	6.93	7.11	7.65	8.01
1998.12.07	6.12	6.39	6.66	7.20	7.56
1999.06.10	5.58	5.85	5.94	6.03	6.21
2002.02.21	5.04	5.31	5.49	5.58	5.76
2004.10.29	5.22	5.58	5.76	5.85	6.12
2006.04.28	5.40	5.85	6.03	6.12	6.39
2006.08.19	5.58	6.12	6.30	6.48	6.84
2007.03.18	5.67	6.39	6.57	6.75	7.11
2007.05.19	5.85	6.57	6.75	6.93	7.20
2007.07.21	6.03	6.84	7.02	7.20	7.38
2007.08.22	6.21	7.02	7.20	7.38	7.56
2007.09.15	6.48	7.29	7.47	7.65	7.83
2007.12.21	6.57	7.47	7.56	7.74	7.83
2008.09.16	6.21	7.20	7.29	7.56	7.74
2008.10.09	6.12	6.93	7.02	7.29	7.47
2008.10.30	6.03	6.66	6.75	7.02	7.20
2008.11.27	5.04	5.58	5.67	5.94	6.12
2008.12.23	4.86	5.31	5.40	5.76	5.94
2010.10.20	5.10	5.56	5.60	5.96	6.14
2010.12.26	5.35	5.81	5.85	6.22	6.40
2011.02.09	5.60	6.06	6.10	6.45	6.60
2011.04.06	5.85	6.31	6.40	6.65	6.80
2011.07.07	6.10	6.56	6.65	6.90	7.05

人民币贷款基准利率
RMB Lending benchmark interest rates

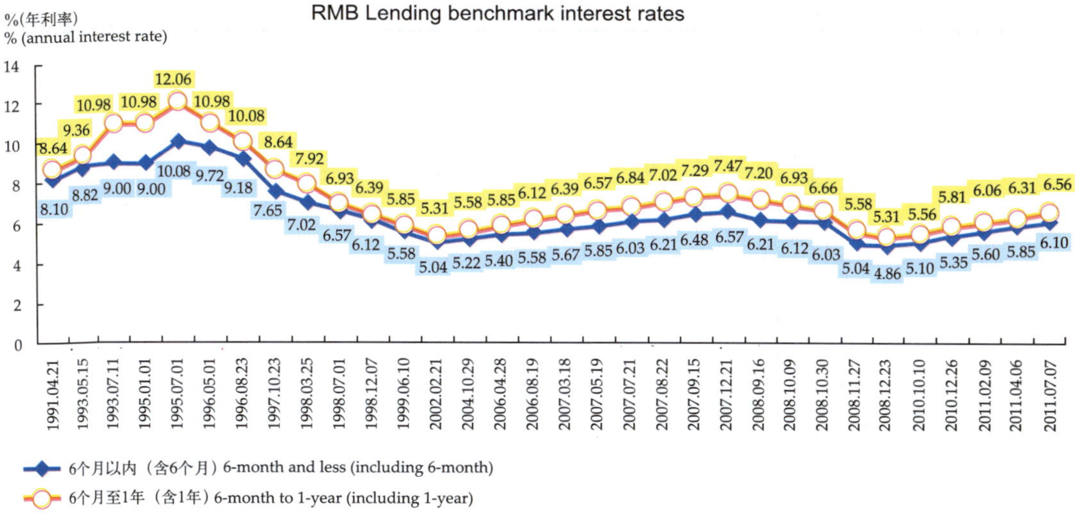

金融机构人民币贷款各利率区间占比表
Share of loans with floating rates in various ranges

单位：% Unit: %

日期 Date	下浮 Floating downward	基准 At benchmark	上浮 Floating upward					
	[0.9, 1.0)	1.0	小计 Subtotal	(1.0, 1.1]	(1.1, 1.3]	(1.3, 1.5]	(1.5, 2.0]	2.0以上Above 2.0
2009.01	23.52	34.27	42.21	14.62	12.79	4.97	6.98	2.86
2009.02	28.82	33.56	37.62	12.29	10.36	4.82	6.98	3.18
2009.03	28.38	35.18	36.43	12.21	10.46	4.37	6.64	2.75
2009.04	26.72	33.48	39.80	12.18	11.07	5.46	7.97	3.12
2009.05	27.34	32.40	40.26	13.03	11.46	5.18	7.49	3.10
2009.06	30.47	33.70	35.83	12.66	10.24	4.70	5.82	2.41
2009.07	32.76	32.18	35.06	11.89	9.16	4.52	6.55	2.94
2009.08	30.91	30.79	38.31	13.34	10.68	5.03	6.45	2.81
2009.09	31.82	30.61	37.57	12.55	10.81	5.07	6.41	2.73
2009.10	30.27	30.90	38.83	12.40	10.85	5.25	7.16	3.17
2009.11	30.19	30.53	39.28	11.96	11.14	5.37	7.44	3.38
2009.12	33.19	30.26	36.55	11.37	10.01	5.13	6.64	3.40
2010.01	35.38	31.18	33.44	11.92	8.74	4.42	5.71	2.65
2010.02	32.65	31.95	35.41	12.77	9.21	4.31	6.09	3.03
2010.03	30.05	28.91	41.04	13.12	10.91	5.45	7.11	4.45
2010.04	26.22	31.18	42.60	13.83	11.66	5.89	7.47	3.75
2010.05	26.56	29.55	43.89	14.92	11.88	5.77	7.62	3.70
2010.06	27.72	30.89	41.39	14.44	11.63	5.34	6.80	3.18
2010.07	27.03	29.72	43.25	15.38	11.76	5.42	7.05	3.64
2010.08	25.75	29.31	44.94	14.79	12.57	5.42	7.93	4.23
2010.09	25.54	30.19	44.27	14.61	12.57	5.36	7.76	3.97
2010.10	26.69	29.80	43.51	14.80	12.14	5.27	7.44	3.86
2010.11	27.49	30.60	41.91	13.96	12.31	5.00	7.34	3.30
2010.12	27.80	29.16	43.04	13.80	11.89	5.66	8.18	3.51
2011.01	21.35	29.45	49.20	15.97	15.01	6.08	8.67	3.48
2011.02	19.94	31.80	48.26	17.91	14.55	5.61	7.29	2.90
2011.03	13.96	30.22	55.82	18.25	17.76	6.96	9.24	3.60
2011.04	12.54	28.43	59.04	18.72	20.56	7.39	9.14	3.22
2011.05	11.18	27.96	60.87	20.81	21.34	7.29	8.69	2.74
2011.06	9.94	28.91	61.15	20.56	22.70	7.22	8.08	2.60
2011.07	8.53	26.72	64.74	20.75	23.98	8.14	8.99	2.89
2011.08	6.05	25.27	68.67	22.40	25.80	8.42	9.06	3.00
2011.09	6.96	25.86	67.19	21.62	25.47	8.29	8.89	2.91

2011年第三季度金融机构人民币贷款各利率区间占比表
Share of loans with rates floating at various ranges in the third quarter of 2011

单位：% Unit: %

	下浮 Floating downward	基准 At benchmark	上浮 Floating upward					
	[0.9, 1.0)	1.0	小计 Subtotal	(1.0, 1.1]	(1.1, 1.3]	(1.3, 1.5]	(1.5, 2.0]	2.0以上 Above 2.0
四大国有商业银行 Four state-owned commercial banks	12.35	38.82	48.84	26.45	20.67	1.49	0.18	0.04
股份制商业银行 Joint-stock commercial banks	5.49	25.60	68.91	29.33	32.49	4.50	0.65	1.95
外资商业银行 Foreign commercial banks	25.40	20.99	53.62	22.76	22.87	5.40	2.38	0.21
城市商业银行 City commercial banks	4.45	17.30	78.26	17.44	32.01	15.92	10.64	2.24
城乡信用社 Urban and rural credit cooperatives	3.03	6.08	90.88	5.97	18.72	20.45	35.55	10.19
政策性银行 Policy banks	26.65	65.68	7.66	5.96	1.59	0.12	0.00	0.00
合计 Total	9.94	28.91	61.15	20.56	22.70	7.22	8.08	2.60

大额美元存款与美元贷款平均利率表
Average interest rates of large-value dollar deposits and loans

单位：% Unit: %

日期 Date	大额存款 Large-value deposits						贷款 Loans				
	活期 Demand	3个月以内 Within 3 months	3(含)~6个月 3~6 months (including 3 months)	6(含)~12个月 6~12 months (including 6 months)	1年 1 year	1年以上 Above 1 year	3个月以内 Within 3 months	3(含)~6个月 3~6 months (including 3 months)	6(含)~12个月 6~12 months (including 6 months)	1年 1 year	1年以上 Above 1 year
2009.04	0.10	0.36	1.13	1.39	1.58	3.73	1.98	2.26	2.37	2.14	3.59
2009.05	0.11	0.36	0.90	1.17	1.49	5.00	1.59	1.86	1.79	1.49	2.63
2009.06	0.11	0.32	0.76	1.05	1.68	1.12	1.49	1.48	1.52	1.44	3.53
2009.07	0.10	0.32	0.65	1.08	1.52	1.98	1.51	1.47	1.51	1.36	2.61
2009.08	0.10	0.35	0.67	0.93	1.89	1.66	1.41	1.37	1.42	1.53	2.71
2009.09	0.13	0.37	0.61	0.74	1.82	2.33	1.33	1.37	1.51	1.59	2.59
2009.10	0.13	0.43	0.57	0.95	1.60	0.50	1.96	1.41	1.52	1.54	3.04
2009.11	0.12	0.51	0.79	1.35	1.59	1.63	1.42	1.48	1.68	1.76	2.56
2009.12	0.17	0.46	0.75	1.35	1.21	2.84	1.59	1.66	1.91	1.87	2.59
2010.01	0.12	0.62	0.88	1.07	1.88	2.96	1.55	1.91	2.07	2.09	3.04
2010.02	0.15	0.70	0.85	1.50	1.65	1.75	1.68	1.88	1.90	2.16	2.79
2010.03	0.15	0.76	0.81	1.34	2.32	0.82	1.69	1.82	2.03	2.32	2.87
2010.04	0.15	0.92	0.87	1.69	1.99	3.83	1.94	2.12	2.14	2.53	2.50
2010.05	0.16	1.41	1.65	1.72	3.09	2.82	2.39	2.88	2.63	2.96	3.02
2010.06	0.21	1.76	1.44	2.32	1.60	3.94	2.39	2.81	2.88	3.10	3.33
2010.07	0.22	1.99	2.20	2.66	3.02	2.89	2.48	2.99	3.18	3.22	3.07
2010.08	0.31	2.04	2.18	2.65	3.42	2.19	2.37	2.72	3.03	2.78	2.12
2010.09	0.26	1.93	1.85	2.12	3.48	2.16	2.30	2.46	2.94	2.93	3.82
2010.10	0.20	1.85	2.47	1.96	1.18	1.80	2.35	2.58	2.85	2.81	3.02
2010.11	0.21	1.86	1.81	2.49	3.37	3.95	2.38	2.68	3.06	2.98	3.15
2010.12	0.33	1.84	2.19	2.27	1.91	1.80	2.57	2.85	3.13	3.16	2.74
2011.01	0.24	1.99	2.01	1.87	3.47	4.45	2.76	2.92	3.04	2.91	3.35
2011.02	0.27	2.14	2.68	2.55	3.34	3.91	2.94	3.16	3.12	3.16	3.16
2011.03	0.32	2.31	2.67	3.01	2.91	4.47	3.04	3.26	3.76	3.25	3.15
2011.04	0.28	2.61	2.58	2.96	4.19	5.20	3.02	3.25	3.57	3.41	3.16
2011.05	0.29	2.63	3.14	3.38	3.60	5.58	3.12	3.44	3.68	3.54	3.60
2011.06	0.26	2.79	2.80	2.66	1.48	3.22	3.16	3.46	3.73	3.78	3.46
2011.07	0.33	2.68	2.98	3.39	2.78	5.47	3.30	3.58	4.23	3.90	3.78
2011.08	0.31	2.95	3.47	3.44	3.58	5.36	3.34	3.69	4.03	3.97	3.58
2011.09	0.35	2.99	3.81	3.15	3.86	5.61	3.37	3.75	4.37	3.70	3.76

八、金融市场
8. Financial Market

1.货币市场
(1) Money market

银行间市场交易量
Transaction volume in the inter-bank market

单位：万亿元
Unit: RMB trillion yuan

年 Year	债券回购 Repurchasing	同业拆借 Inter-bank borrowing	现券买卖 Outright transactions
2000	1.6	0.7	0.1
2001	4.0	0.8	0.1
2002	10.2	1.2	0.4
2003	11.7	2.4	3.1
2004	9.4	1.5	2.5
2005	15.9	1.3	6.0
2006	26.6	2.2	10.2
2007	44.8	10.6	15.6
2008	58.1	15.0	37.1
2009	70.3	19.4	47.3
2010	87.6	27.9	64.0

银行间市场月加权平均利率
Monthly weighted average interest rates in the inter-bank market

单位：% Unit: %

年/月 Year/Month	同业拆借市场 Inter-bank borrowing market	质押式债券回购 Bond-pledged repurchasing
2009.10	1.30	1.30
2009.11	1.25	1.24
2009.12	1.25	1.26
2010.01	1.16	1.19
2010.02	1.52	1.55
2010.03	1.40	1.40
2010.04	1.34	1.36
2010.05	1.67	1.71
2010.06	2.31	2.38
2010.07	1.67	1.68
2010.08	1.62	1.66
2010.09	1.90	1.98
2010.10	1.67	1.69
2010.11	1.76	1.81
2010.12	2.92	3.12
2011.01	3.70	4.29
2011.02	2.73	3.02
2011.03	1.93	1.98
2011.04	2.16	2.22
2011.05	2.93	3.03
2011.06	4.56	4.94
2011.07	4.44	4.61
2011.08	3.30	3.38
2011.09	3.74	3.75

银行间市场交易量
Transaction volume in the inter-bank market

单位：万亿元
Unit: RMB trillion yuan

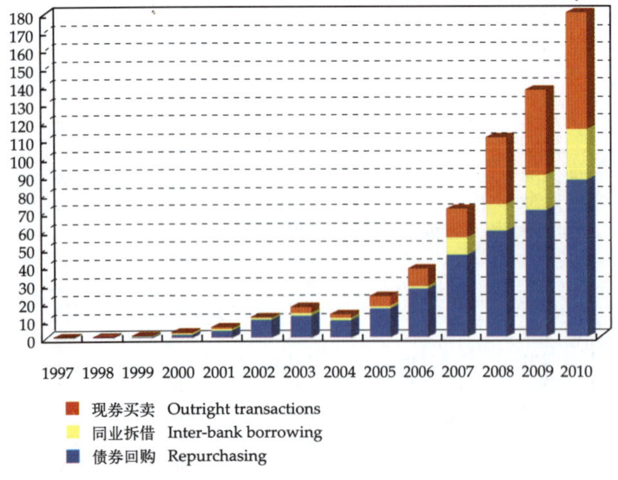

银行间市场月加权平均利率
Monthly weighted average interest rates in the inter-bank market

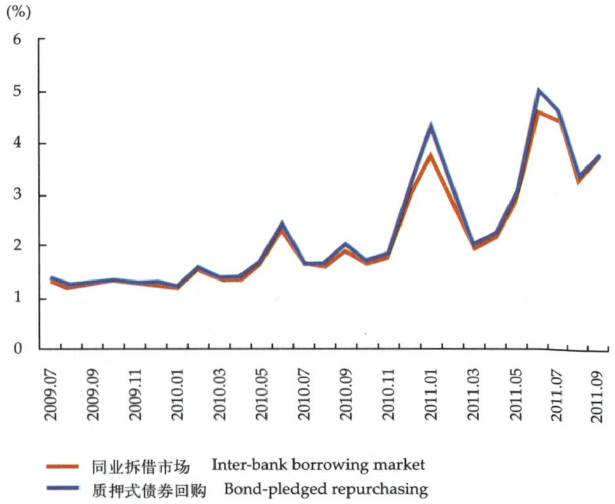

各品种Shibor走势图
Movements of the Shibor

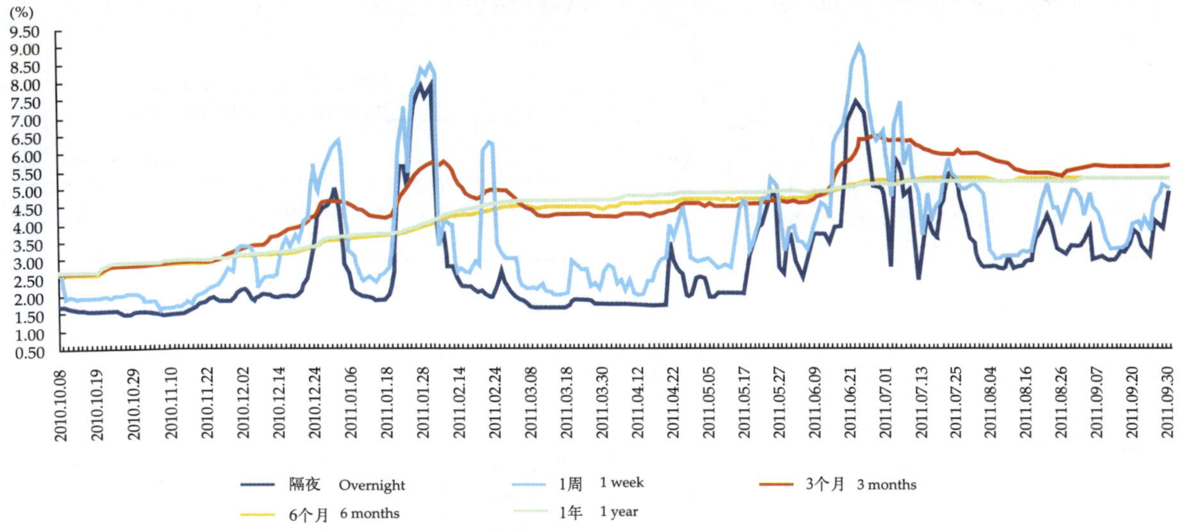

全国银行间同业拆借各期限当月交易量及月加权平均利率
Monthly transaction volume and monthly weighted average interest rates of inter-bank borrowing with different maturities

单位：亿元，%
Unit: RMB 100 million yuan, %

年/月 Year/Month	隔夜 Overnight		7天 7 days		8～14天 8 to 14 days		15～20天 15 to 20 days		21～30天 21 to 30 days		31～60天 31 to 60 days		3个月 3 months		4个月 4 months		6个月 6 months		9个月 9 months		1年 1 year	
	交易量 Volume	利率 Rate	交易量 Volume	利率 Rate	交易量 Volume	利率 Rate	交易量 Volume	利率 Rate	交易量 Volume	利率 Rate	交易量 Volume	利率 Rate	交易量 Volume	利率 Rate	交易量 Volume	利率 Rate	交易量 Volume	利率 Rate	交易量 Volume	利率 Rate	交易量 Volume	利率 Rate
2009.09	17 078.5	1.20	2 542.0	1.57	822.6	1.65	112.0	1.60	116.7	1.67	7.6	1.88	30.4	1.97	6.3	1.82	17.1	2.21	6.66	2.01	4.0	2.2
2009.10	12 186.9	1.25	1 113.8	1.57	220.7	1.59	7.30	1.88	105.6	1.70	109.2	1.80	98.5	1.84	1.0	1.81	6.1	2.17	—	—	11.0	2.3
2009.11	17 881.7	1.20	996.9	1.46	556.2	1.48	235.7	1.56	641.6	1.72	223.0	1.76	168.8	1.82	5.8	2.03	—	—	0.2	2.48	—	—
2009.12	17 920.6	1.19	2 160.1	1.50	658.6	1.60	362.9	1.61	370.9	1.73	53.7	1.73	155.9	1.86	30.3	1.92	2.8	2.46	—	—	—	—
2010.01	15 839.5	1.12	1 224.1	1.52	119.3	1.62	31.4	1.62	137.6	1.74	16.4	1.85	73.5	2.94	10.0	1.95	7.0	2.01	4.0	2.07	4.4	2.52
2010.02	13 140.8	1.45	1 396.5	1.80	733.5	2.06	74.0	1.82	114.0	1.91	64.3	1.92	94.9	2.01	10.9	2.05	12.1	2.11	—	—	—	—
2010.03	17 101.6	1.35	1 396.3	1.67	428.5	1.70	2.2	2.20	163.8	1.82	124.4	1.78	117.4	2.05	8.1	2.08	15.2	2.25	—	—	4.7	2.39
2010.04	19 859.7	1.31	1 426.0	1.66	203.9	1.66	15.0	1.90	42.4	1.82	24.7	1.87	147.6	2.00	2.5	2.30	4.2	2.42	—	—	—	—
2010.05	16 873.7	1.63	1 959.9	1.95	159.8	1.79	24.4	2.05	83.0	2.00	27.8	2.01	170.6	2.06	8.1	2.37	9.4	2.62	—	—	—	—
2010.06	14 896.8	2.20	2 331.1	2.68	371.6	3.03	136.5	3.40	122.4	3.45	15.3	3.51	47.3	3.50	35.8	3.51	9.0	3.52	0.1	2.50	—	—
2010.07	22 225.7	1.60	2 233.4	2.11	421.7	2.06	16.4	2.65	180.6	2.55	16.4	2.92	113.7	2.65	11.5	2.76	31.0	2.71	24.1	2.66	0.1	2.24
2010.08	30 720.3	1.58	3 015.2	1.92	637.1	1.82	29.3	2.08	166.8	2.11	13.4	2.10	80.7	2.49	—	—	44.0	2.61	—	—	0.1	3.22
2010.09	26 899.3	1.79	2 535.0	2.48	1 128.4	2.84	146.1	3.20	266.3	3.10	16.0	2.67	92.5	2.65	11.0	3.00	11.7	2.44	—	—	—	—
2010.10	20 287.3	1.62	1 762.1	2.06	258.9	2.26	35.0	2.38	79.9	2.61	19.5	2.62	173.7	2.81	16.6	2.84	14.5	2.95	—	—	—	—
2010.11	23 669.3	1.71	2 510.7	2.06	244.5	2.22	8.3	3.27	47.4	2.89	38.4	2.72	86.5	3.22	8.0	2.93	25.2	3.32	2.0	3.55	—	—
2010.12	23 348.1	2.69	2 478.9	4.54	353.4	4.48	131.7	3.85	208.9	4.24	89.6	4.92	142.2	4.48	75.0	3.43	2.3	4.80	—	—	0.4	3.28
2011.01	14 322.0	3.40	1 606.0	4.94	358.6	7.03	106.7	6.80	256.6	5.45	39.6	6.57	205.4	4.84	2.0	5.40	51.2	4.21	—	4.00	—	—
2011.02	13 061.6	2.45	2 099.4	3.70	549.9	4.53	12.4	4.98	47.4	4.98	27.0	5.30	133.0	4.84	21.4	4.80	43.4	4.71	0.3	4.73	0.2	4.48
2011.03	23 610.9	1.81	2 514.3	2.42	316.8	2.79	172.5	2.83	116.6	3.84	26.9	4.42	121.9	4.08	58.8	3.90	117.8	4.29	4.5	3.91	3.7	4.24
2011.04	22 683.0	2.02	2 650.2	6.01	183.7	2.94	34.2	2.75	103.5	4.03	27.0	4.53	171.6	4.08	17.6	3.65	8.60	4.72	0.80	4.4	1.00	4.95
2011.05	28 980.4	2.84	1 728.6	3.72	459.4	4.11	195.3	3.96	214.4	4.25	55.3	4.35	96.1	4.75	0.2	5.26	4.70	4.71	5.90	5.1	3.10	5.11
2011.06	23 471.8	4.31	3 149.2	5.95	287.4	6.30	23.4	6.35	501.9	5.77	162.9	4.89	159.2	6.16	5.0	5.36	20.66	4.94	12.95	4.6	4.92	5.10
2011.07	27 449.0	4.30	2 898.9	5.20	517.3	5.88	29.2	6.05	170.6	6.31	55.3	5.74	180.1	6.06	67.6	5.75	65.01	5.48	12.20	5.5	15.17	4.94
2011.08	28 006.0	3.13	4 890.6	3.83	1 342.4	4.00	49.4	3.66	143.2	5.40	244.7	5.34	123.0	5.70	2.8	5.36	21.80	5.82	1.50	5.3	11.70	3.90
2011.09	19 211.2	3.47	4 729.3	4.06	1 710.9	4.80	645.1	5.01	207.0	5.75	69.0	5.95	148.3	5.72	—	—	100.62	5.79	—	—	1.00	6.30

全国银行间同业拆借各期限月加权平均利率
Monthly weighted average interest rates of inter-bank borrowing with different maturities

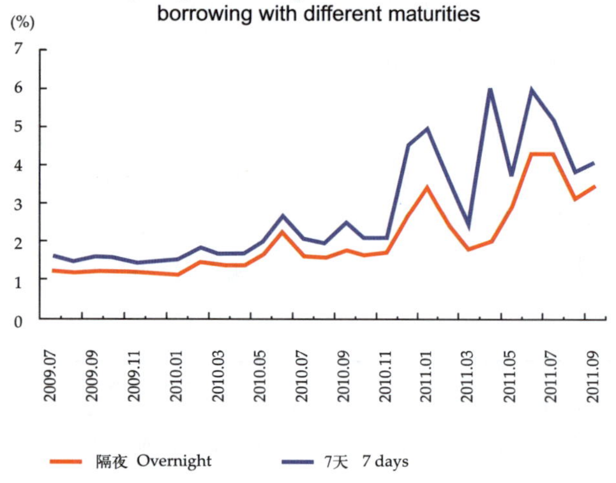

全国银行间同业拆借各期限当月交易量
Monthly transaction volume of inter-bank borrowing with different maturities

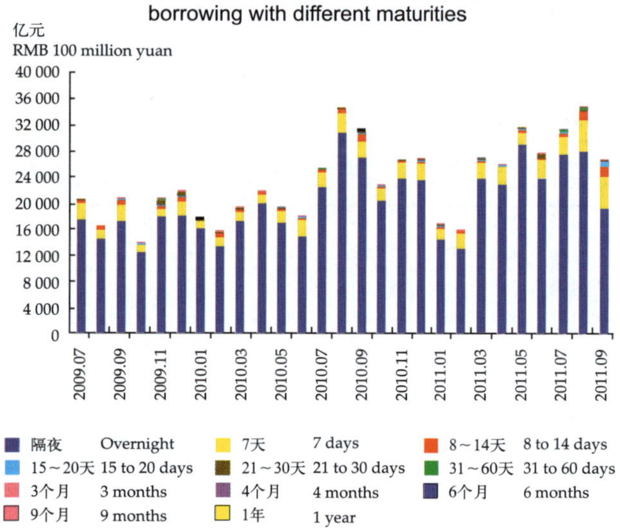

2. 债券市场
(2) Bond market

债券回购交易成交金额
Turnover of repurchasing

单位：亿元
Unit: RMB 100 million yuan

年/月 Year/Month	银行间债券市场 Inter-bank bond market	交易所 Stock exchanges
2009.10	40 792	2 895
2009.11	54 770	3 652
2009.12	73 319	4 256
2010.01	60 269	3 890
2010.02	46 254	2 920
2010.03	64 465	5 192
2010.04	68 354	4 850
2010.05	71 315	4 989
2010.06	73 152	5 856
2010.07	83 438	6 653
2010.08	100 903	6 950
2010.09	82 021	6 417
2010.10	66 401	4 924
2010.11	91 139	7 415
2010.12	78 825	10 319
2011.01	70 416	10 614
2011.02	53 737	8 285
2011.03	90 528	12 370
2011.04	86 319	10 966
2011.05	86 088	14 111
2011.06	77 755	17 654
2011.07	89 514	22 073
2011.08	90 811	24 301
2011.09	73 299	21 890

债券现券交易成交金额
Turnover of outright transactions

单位：亿元
Unit: RMB 100 million yuan

年/月 Year/Month	银行间债券市场 Inter-bank bond market	交易所* Stock exchanges
2009.10	25 736	100
2009.11	33 356	135
2009.12	48 490	156
2010.01	34 682	150
2010.02	25 680	155
2010.03	47 734	223
2010.04	46 794	146
2010.05	49 623	168
2010.06	40 184	128
2010.07	63 638	120
2010.08	73 780	111
2010.09	64 958	118
2010.10	57 660	115
2010.11	69 298	139
2010.12	66 390	88
2011.01	38 604	70
2011.02	26 656	54
2011.03	60 923	148
2011.04	56 162	89
2011.05	60 771	108
2011.06	64 171	140
2011.07	62 290	100
2011.08	61 976	107
2011.09	46 071	171

注：* 仅包含政府债券。
Note: * Only including government bonds.

债券回购交易成交金额
Turnover of repurchasing

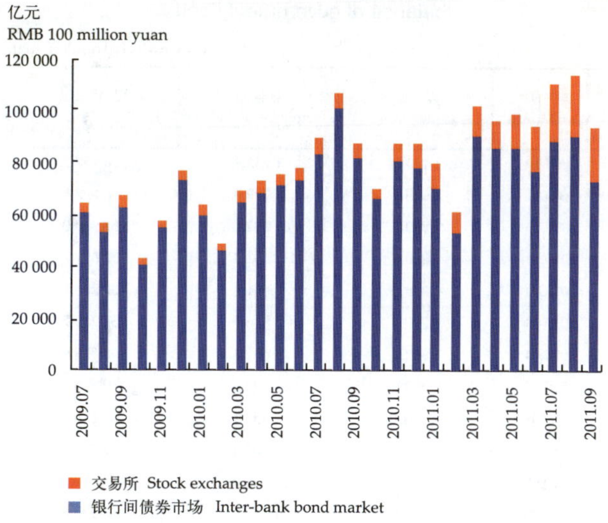

债券现券交易成交金额
Turnover of outright transactions

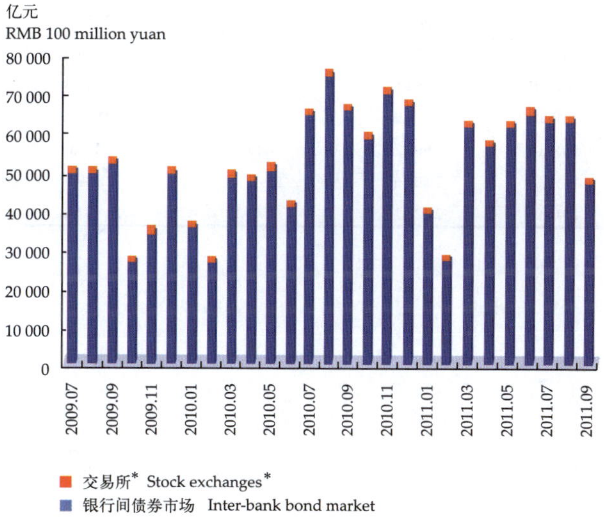

注：* 仅包含政府债券。
Note: * Only including government bonds.

国债发行、兑付、期末余额
Issue and redemption values and end-period balance of government bonds

单位：亿元
Unit: RMB 100 million yuan

年/月 Year/Month	发行额 Issue value	兑付额 Redemption value	期末余额 End-period balance
2009.10	1 113.5	1 132.4	56 967.3
2009.11	1 620.1	389.0	58 198.4
2009.12	843.7	1 092.1	57 950.0
2010.01	260.0	552.3	57 657.7
2010.02	260.0	651.2	57 266.6
2010.03	1 780.0	816.9	58 229.7
2010.04	1 982.9	1 655.7	58 556.9
2010.05	1 862.8	893.2	59 526.6
2010.06	2 150.1	452.1	61 224.6
2010.07	2 193.7	803.3	62 720.1
2010.08	2 591.6	856.9	64 454.7
2010.09	1 826.0	1 042.9	65 237.8
2010.10	1 243.4	1 196.2	66 285.0
2010.11	2 251.0	876.1	66 660.0
2010.12	1 376.8	351.9	67 684.9
2011.01	900.0	1 118.1	67 466.8
2011.02	580.0	374.7	67 672.1
2011.03	1 780.0	1 676.7	67 775.4
2011.04	1 712.4	1 177.3	68 310.5
2011.05	1 763.1	1 225.8	68 847.9
2011.06	1 642.5	465.5	70 024.9
2011.07	1 999.2	849.1	71 175.0
2011.08	2 552.6	1 178.3	72 549.3
2011.09	2 826.1	974.2	74 401.2

国债发行与兑付
Issue and redemption values of government bonds

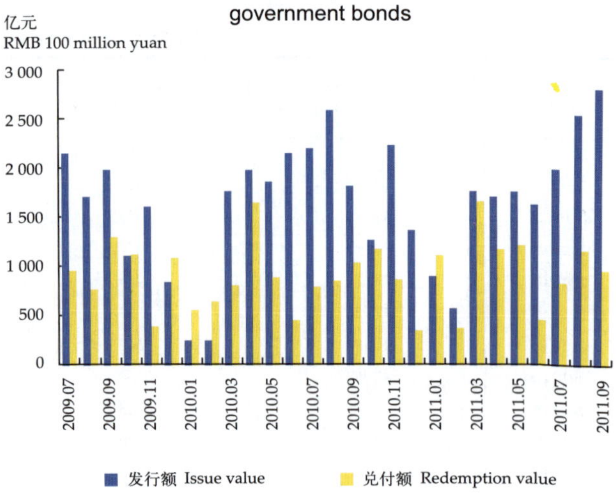

国债期末余额
Outstanding amounts of government bonds at end-period

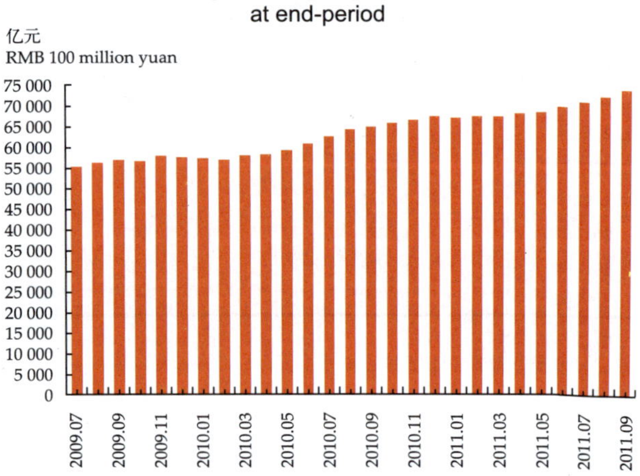

3.股票市场
(3) Stock market

股票成交、发行筹资额
Turnover of stock trading and funds raised in the stock market

单位：亿元
Unit: RMB 100 million yuan

年/月 Year/Month		成交金额 Turnover of stock trading		股票发行筹资额 Stock issues			股票配股筹资额 Issuance of share rights		企业可转债 Convertible corporate bonds	筹资合计 Total
		上海证券交易所 A股 A-shares on the Shanghai stock exchange	深圳证券交易所 A股 A-shares on the Shenzhen stock exchange	A股 A-shares	外资股(亿美元) Foreign-investment shares (USD100 million) B股 B-shares	外资股(亿美元) Foreign-investment shares (USD100 million) H股 H-shares	A股 A-shares	外资股(亿美元) Foreign-investment shares (USD100 million) B股 B-shares		
2006		57 245	31 972	2 417.9	—	394.9	4.3	—	40.0	5 592.9
2007		301 960	152 811	7 292.8	—	125.4	227.8	—	52.3	8 521.5
2008		179 762	86 129	3 045.0	—	45.7	99.3	—	55.6	3 637.6
2009		345 443	188 446	4 749.3	—	152.5	106.0	—	46.6	5 963.1
2010		303 216	138 701	7 432.5	—	353.9	1 438.3	—	717.3	12 037.8
2009	1	9 737	5 136	86.7	—	—	—	—	—	86.7
	2	26 285	13 967	91.6	—	3.0	—	—	—	112.3
	3	24 997	12 432	86.4	—	—	—	—	—	76.9
	4	30 024	15 557	230.8	—	—	—	—	—	230.8
	5	24 141	12 805	213.7	—	—	—	—	—	214
	6	30 770	15 212	188.5	—	2.3	—	—	—	213
	7	47 202	23 434	853.7	—	11.2	—	—	—	937
	8	33 262	17 072	465.5	—	1.1	11.2	—	—	484.0
	9	28 262	15 791	324.2	—	36.5	4.4	—	21.2	600.2
	10	19 955	12 307	459.7	—	—	7.5	—	25.5	504.6
	11	38 955	24 680	705.1	—	40.2	52.8	—	—	1 032.5
	12	31 853	20 055	1 043.5	—	58.3	30.1	—	—	1 471.9
2010	1	29 001	12 330	504.4	—	3.4	—	—	—	542.0
	2	14 256	6 768	633.7	—	—	19.6	—	—	653.3
	3	25 220	11 466	362.2	—	7.3	180.5	—	—	592.3
	4	28 689	13 495	432.2	—	—	—	—	—	432.1
	5	18 588	8 121	429.7	—	0.4	—	—	7.2	441.9
	6	12 914	6 032	359.0	—	—	349.9	—	406.5	1 115.4
	7	17 468	8 138	918.5	—	142.7	28.9	—	0.0	1 914.1
	8	24 665	12 104	695.8	—	0.1	—	—	20.0	716.4
	9	23 449	11 087	552.8	—	4.9	16.5	—	256.3	858.4
	10	36 784	16 204	848.2	—	14.7	6.1	—	0.0	1 017.1
	11	45 733	20 610	752.9	—	2.6	825.6	—	11.3	1 607.0
	12	26 450	12 347	943.2	—	177.8	11.1	—	16.0	2 147.7
2011	1	20 198	7 770	630.9	—	—	99.7	—	7.2	730.6
	2	21 593	8 928	263.6	—	—	6.8	—	34.0	270.3
	3	36 920	14 965	576.6	—	—	6.1	—	254.0	582.7
	4	27 271	11 583	536.5	—	7.7	113.7	—	32.0	700.2
	5	20 431	8 438	415.4	—	19.6	—	—	—	542.8
	6	18 480	7 431	316.2	—	33.4	3.3	—	—	535.7
	7	22 994	9 716	273.4	—	12.8	175.6	—	—	531.7
	8	19 128	7 821	260.7	—	—	—	—	63.0	552.1
	9	12 099	4 661	235.7	—	—	—	—	55.0	235.7

注：从2011年起，将企业可转债统计在企业债券中。
Note: Corporate convertible bonds have been readjusted to corporate bonds since 2011.

月末加权平均市盈率
Weighted average price-earnings ratio at month-end

年/月 Year/Month	上海证券交易所A股 A-shares on the Shanghai stock exchange	上海证券交易所B股 B-shares on the Shanghai stock exchange	深圳证券交易所A股 A-shares on the Shenzhen stock exchange	深圳证券交易所B股 B-shares on the Shenzhen stock exchange
2009.10	26.0	17.9	40.4	18.9
2009.11	27.9	21.2	45.7	21.4
2009.12	28.8	21.6	46.9	21.8
2010.01	26.2	20.7	43.9	20.7
2010.02	26.9	21.7	45.2	20.9
2010.03	27.5	22.1	40.6	18.1
2010.04	25.4	18.0	36.3	16.7
2010.05	19.9	16.2	34.3	15.3
2010.06	18.5	16.4	31.5	15.7
2010.07	19.9	18.6	36.0	18.3
2010.08	19.9	20.0	39.7	19.1
2010.09	20.0	20.4	40.1	21.3
2010.10	22.6	22.8	45.1	23.6
2010.11	21.5	23.4	45.5	22.7
2010.12	21.6	23.9	45.3	23.1
2011.01	21.6	24.1	41.6	23.3
2011.02	22.6	24.6	44.3	23.1
2011.03	22.8	24.9	35.9	14.8
2011.04	22.7	23.9	32.0	13.6
2011.05	16.3	15.8	29.7	12.6
2011.06	16.5	15.1	30.7	12.2
2011.07	16.1	15.7	31.4	12.4
2011.08	15.4	14.7	30.6	11.5
2011.09	14.2	13.5	27.0	9.4

股票成交金额
Turnover of stock trading

月末加权平均市盈率
Weighted average price-earnings ratio at month-end

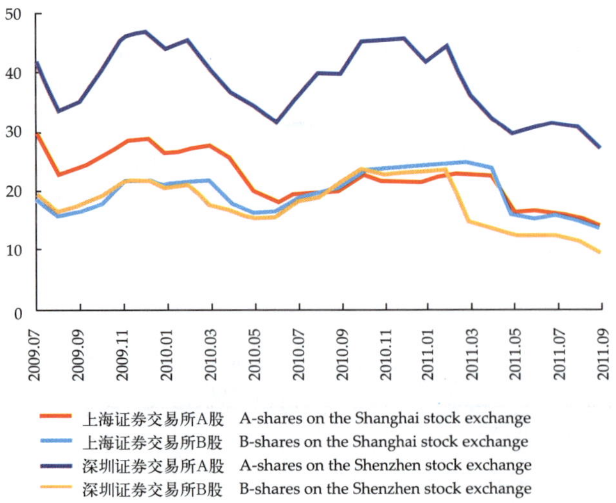

月末收盘指数
Closing index at month-end

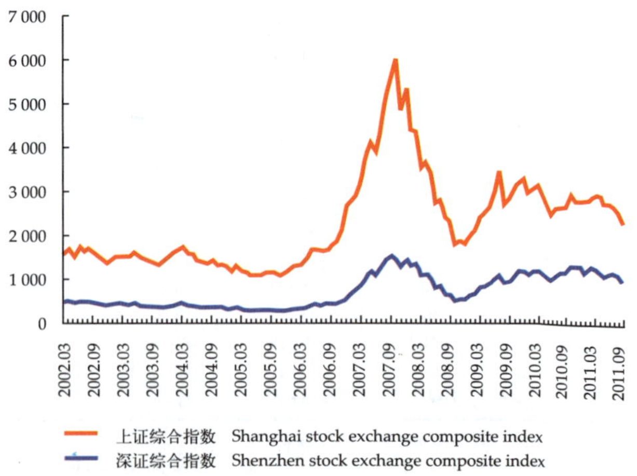

4. 票据市场
(4) Commercial paper market

票据市场交易额与期末余额
Transactions and outstanding balance of commercial paper market

单位：亿元
Unit: RMB 100 million yuan

年/月 Year/Month	商业汇票 Drafts	贴现 Discount bills	再贴现 Rediscount bills
发生额 Transactions during the period			
2009.10	7 066	15 069	23
2009.11	8 287	16 029	43
2009.12	9 009	19 623	81
2010.01	9 238	21 500	52
2010.02	6 993	14 977	66
2010.03	11 416	25 057	84
2010.04	9 443	18 922	91
2010.05	9 388	19 553	116
2010.06	8 434	19 526	177
2010.07	10 493	24 704	115
2010.08	10 444	18 079	122
2010.09	10 370	17 707	193
2010.10	10 254	20 754	123
2010.11	11 815	25 407	190
2010.12	11 227	22 503	343
2011.01	12 757	21 998	220
2011.02	7 481	17 075	111
2011.03	16 177	30 366	220
2011.04	13 216	20 642	167
2011.05	13 975	24 339	190
2011.06	12 604	17 417	264
2011.07	10 943	14 033	116
2011.08	11 768	14 608	116
2011.09	12 668	21 207	131
期末余额 Outstanding balance at the end of the period			
2009.10	42 563	24 137	95
2009.11	41 307	23 186	123
2009.12	41 267	21 881	181
2010.01	42 192	20 892	197
2010.02	43 263	19 263	230
2010.03	44 470	17 402	263
2010.04	46 584	17 736	298
2010.05	48 093	17 679	357
2010.06	46 890	14 866	386
2010.07	48 689	16 900	498
2010.08	52 299	16 693	542
2010.09	50 345	15 767	599
2010.10	53 902	15 767	583
2010.11	54 342	15 611	605
2010.12	56 075	14 810	791
2011.01	56 948	14 167	833
2011.02	55 755	13 421	782
2011.03	59 417	12 387	766
2011.04	62 893	12 679	727
2011.05	65 862	13 338	707
2011.06	67 467	13 589	817
2011.07	64 808	12 703	746
2011.08	69 620	14 301	705
2011.09	65 307	14 001	608

商业汇票交易情况
Draft transactions

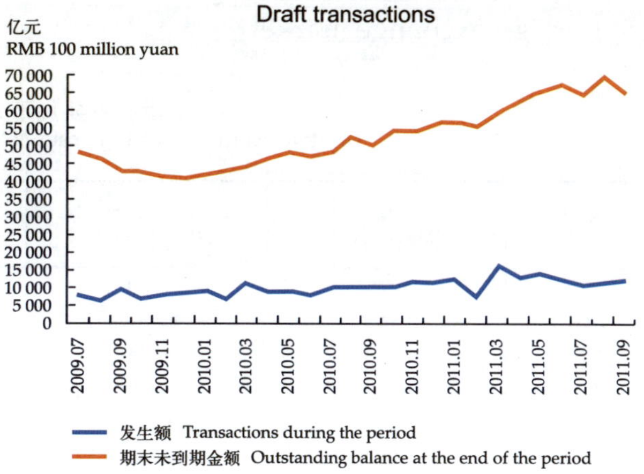

贴现情况
Discount bills

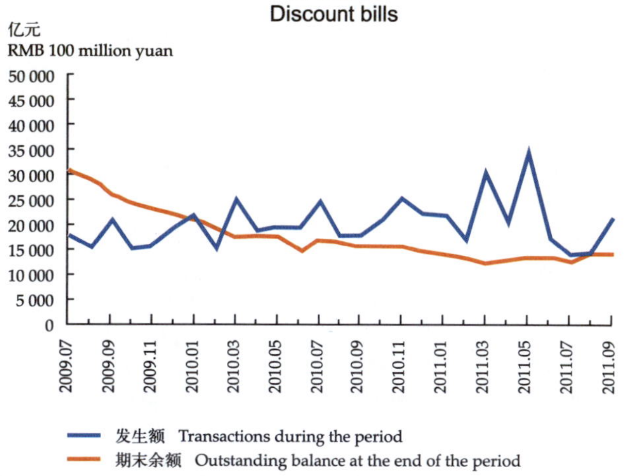

再贴现情况
Rediscount bills

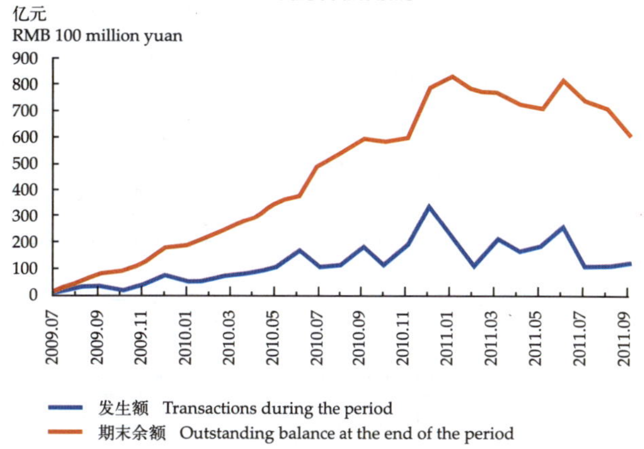

5.外汇市场
(5) Foreign exchange market

世界主要货币兑人民币月平均汇率
Monthly average exchange rate of the RMB against major foreign currencies

年/月 Year/Month	人民币元/美元 RMB yuan/USD	人民币元/欧元 RMB yuan/EUR	人民币元/100日元 RMB yuan/100JPY	人民币元/港元 RMB yuan/HKD	人民币元/卢布 RMB yuan/RUB
2009.10	6.8275	10.1561	7.5275	0.8810	
2009.11	6.8274	10.1860	7.6512	0.8809	
2009.12	6.8279	9.9708	7.6101	0.8807	
2010.01	6.8273	9.7584	7.4812	0.8795	
2010.02	6.8270	9.3656	7.5662	0.8790	
2010.03	6.8264	9.2700	7.5429	0.8795	
2010.04	6.8262	9.1696	7.3100	0.8794	
2010.05	6.8274	8.5604	7.4245	0.8768	
2010.06	6.8165	8.3220	7.5087	0.8753	
2010.07	6.7775	8.6438	7.7306	0.8714	
2010.08	6.7901	8.7624	7.9418	0.8739	
2010.09	6.7462	8.7692	7.9957	0.8686	
2010.10	6.6732	9.2909	8.1884	0.8600	
2010.11	6.6558	9.1078	8.0725	0.8583	4.6995
2010.12	6.6515	8.7837	7.9809	0.8556	4.6377
2011.01	6.6027	8.8127	7.9868	0.8487	4.5664
2011.02	6.5831	8.9838	7.9494	0.8450	4.4415
2011.03	6.5662	9.1921	8.0326	0.8426	4.3304
2011.04	6.5292	9.4444	7.8460	0.8400	4.2984
2011.05	6.4988	9.3100	8.0084	0.8359	4.2990
2011.06	6.4778	9.3161	8.0423	0.8320	4.3217
2011.07	6.4614	9.2385	8.1321	0.8296	4.3214
2011.08	6.4090	9.1876	8.3075	0.8219	4.4873
2011.09	6.3833	8.8010	8.3100	0.8189	4.7952

世界主要货币兑人民币期末汇率
Exchange rate of the RMB against major foreign currencies at the end of the period

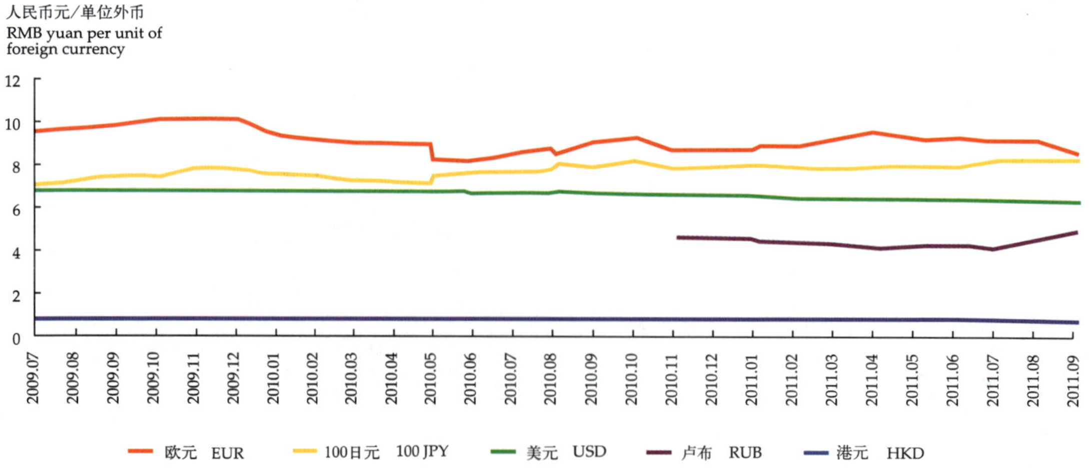

人民币元/美元中间价

Central parity of the RMB yuan against the USD

2005年7月21日至2011年9月30日

From July 21, 2005 to September 30, 2011

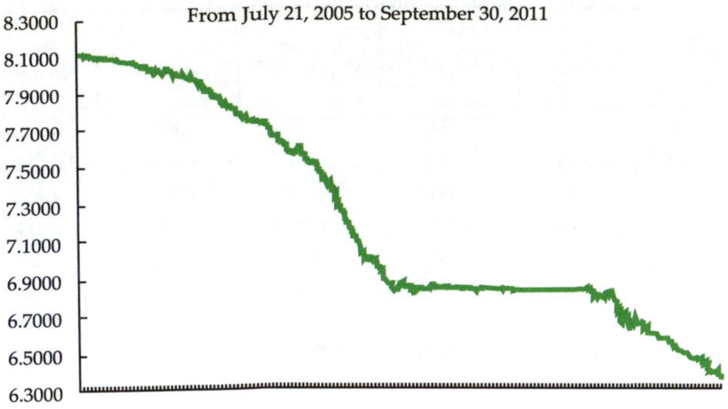

人民币元/日元中间价

Central parity of the RMB yuan against the JPY

2005年7月21日至2011年9月30日

From July 21, 2005 to September 30, 2011

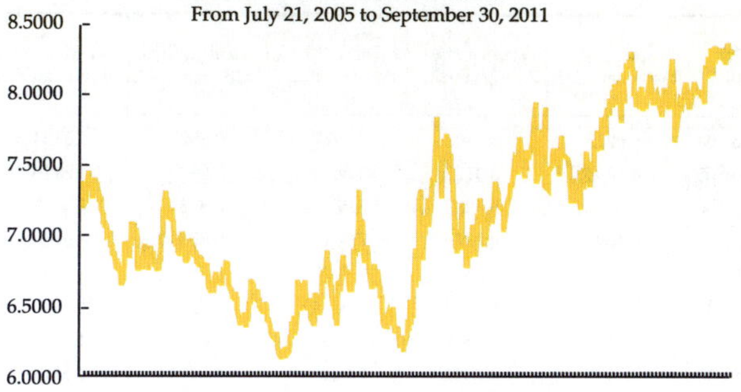

人民币元/欧元中间价

Central parity of the RMB yuan against the EUR

2005年7月21日至2011年9月30日

From July 21, 2005 to September 30, 2011

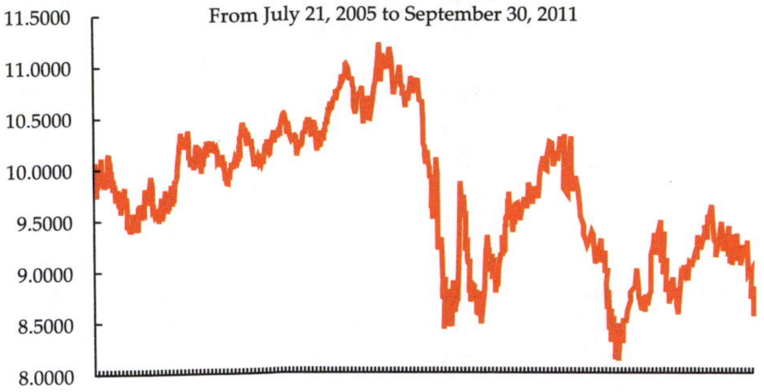

人民币元/港元中间价

Central parity of the RMB yuan against the HKD

2005年7月21日至2011年9月30日

From July 21, 2005 to September 30, 2011

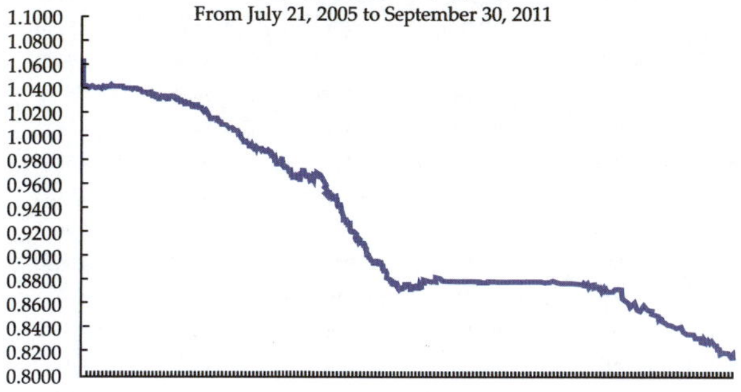

人民币元/卢布中间价

Central parity of the RMB yuan against the RUB

2010年11月22日至2011年9月30日

From November 22, 2010 to September 30, 2011

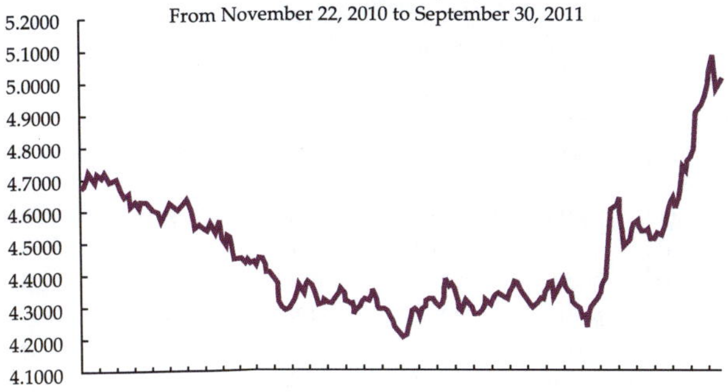

2011年1月4日以来人民币汇率中间价
Central parity of RMB against major foreign currencies since January 4, 2011

日期 Date	人民币元/美元 RMB yuan/USD	人民币元/欧元 RMB yuan/EUR	人民币元/100日元 RMB yuan/100JPY	人民币元/港元 RMB yuan/HKD	人民币元/卢布 RMB yuan/RUB
2011.01.04	6.6215	8.8301	8.0977	0.8521	4.6134
2011.01.05	6.6295	8.8123	8.0852	0.8533	4.6146
2011.01.06	6.6322	8.7283	7.9642	0.8534	4.5977
2011.01.07	6.6341	8.6276	7.9617	0.8534	4.6147
2011.01.10	6.6349	8.5567	7.9977	0.8535	4.6283
2011.01.11	6.6216	8.5674	7.9889	0.8515	4.6333
2011.01.12	6.6128	8.5851	7.9390	0.8504	4.6126
2011.01.13	6.5997	8.6684	7.9438	0.8491	4.5724
2011.01.14	6.5896	8.7866	7.9618	0.8475	4.5473
2011.01.17	6.5897	8.8061	7.9442	0.8476	4.5564
2011.01.18	6.5891	8.7362	7.9646	0.8473	4.5488
2011.01.19	6.5885	8.8253	7.9696	0.8471	4.5393
2011.01.20	6.5883	8.8603	8.0155	0.8470	4.5362
2011.01.21	6.5886	8.8765	7.9424	0.8464	4.5542
2011.01.24	6.5883	8.9558	7.9670	0.8457	4.5392
2011.01.25	6.5881	8.9872	7.9735	0.8451	4.5296
2011.01.26	6.5878	9.0065	8.0100	0.8456	4.5645
2011.01.27	6.5876	9.0316	8.0239	0.8464	4.5096
2011.01.28	6.5930	9.0505	7.9621	0.8465	4.4932
2011.01.31	6.5891	8.9552	8.0223	0.8456	4.5235
2011.02.01	6.5860	9.0350	8.0214	0.8448	4.5145
2011.02.09	6.5850	8.9757	8.0036	0.8459	4.4425
2011.02.10	6.5849	9.0292	7.9841	0.8457	4.4440
2011.02.11	6.5952	8.9794	7.9198	0.8467	4.4512
2011.02.14	6.5985	8.9208	7.9247	0.8466	4.4515
2011.02.15	6.5929	8.9017	7.9127	0.8459	4.4370
2011.02.16	6.5855	8.8954	7.8661	0.8450	4.4469
2011.02.17	6.5800	8.9294	7.8685	0.8449	4.4350
2011.02.18	6.5781	8.9544	7.8936	0.8447	4.4422
2011.02.21	6.5705	8.9947	7.9034	0.8441	4.4301
2011.02.22	6.5772	8.9657	7.9349	0.8448	4.4445
2011.02.23	6.5828	9.0112	7.9421	0.8448	4.4452
2011.02.24	6.5795	9.0646	7.9940	0.8441	4.4318
2011.02.25	6.5757	9.0794	8.0255	0.8436	4.4047
2011.02.28	6.5752	9.0205	8.0460	0.8436	4.4018
2011.03.01	6.5706	9.0819	8.0222	0.8437	4.3896
2011.03.02	6.5736	9.0535	8.0278	0.8437	4.3760
2011.03.03	6.5695	9.1073	8.0292	0.8432	4.3197
2011.03.04	6.5671	9.1660	7.9741	0.8432	4.2904
2011.03.07	6.5651	9.1816	7.9707	0.8430	4.2900
2011.03.08	6.5687	9.1742	7.9838	0.8435	4.2944
2011.03.09	6.5748	9.1294	7.9334	0.8440	4.2991
2011.03.10	6.5713	9.1423	7.9368	0.8438	4.3149
2011.03.11	6.5750	9.0824	7.9289	0.8441	4.3479
2011.03.14	6.5701	9.1512	8.0128	0.8434	4.3623
2011.03.15	6.5679	9.1836	8.0238	0.8430	4.3395
2011.03.16	6.5718	9.1834	8.1018	0.8431	4.3745
2011.03.17	6.5690	9.1283	8.2743	0.8419	4.3668
2011.03.18	6.5668	9.2007	8.0972	0.8417	4.3615
2011.03.21	6.5632	9.2958	8.1077	0.8415	4.3340
2011.03.22	6.5592	9.3298	8.1003	0.8412	4.3053
2011.03.23	6.5601	9.2934	8.0934	0.8415	4.3064
2011.03.24	6.5625	9.2538	8.1059	0.8420	4.3194
2011.03.25	6.5580	9.2979	8.0968	0.8413	4.3109
2011.03.28	6.5618	9.2128	8.0419	0.8418	4.3034
2011.03.29	6.5625	9.2446	8.0447	0.8415	4.3195
2011.03.30	6.5586	9.2555	7.9537	0.8415	4.3242
2011.03.31	6.5564	9.2681	7.8883	0.8423	4.3490

日期 Date	人民币元/美元 RMB yuan/USD	人民币元/欧元 RMB yuan/EUR	人民币元/100日元 RMB yuan/100JPY	人民币元/港元 RMB yuan/HKD	人民币元/卢布 RMB yuan/RUB
2011.04.01	6.5527	9.2829	7.8532	0.8424	4.3408
2011.04.06	6.5496	9.3279	7.6959	0.8427	4.3144
2011.04.07	6.5456	9.3697	7.6619	0.8419	4.3064
2011.04.08	6.5420	9.3603	7.6852	0.8418	4.3114
2011.04.11	6.5401	9.4531	7.6929	0.8418	4.2770
2011.04.12	6.5440	9.4322	7.7595	0.8419	4.2883
2011.04.13	6.5369	9.4671	7.7718	0.8408	4.3002
2011.04.14	6.5339	9.4206	7.8073	0.8402	4.3197
2011.04.15	6.5301	9.4611	7.8079	0.8399	4.3187
2011.04.18	6.5310	9.3906	7.8597	0.8399	4.3162
2011.04.19	6.5346	9.3020	7.9097	0.8398	4.3540
2011.04.20	6.5294	9.3792	7.8829	0.8396	4.3290
2011.04.21	6.5228	9.5027	7.9300	0.8394	4.2984
2011.04.22	6.5156	9.4958	7.9677	0.8388	4.2904
2011.04.25	6.5161	9.5109	7.9291	0.8386	4.2957
2011.04.26	6.5173	9.4553	7.9747	0.8386	4.2870
2011.04.27	6.5096	9.5525	7.9809	0.8376	4.2572
2011.04.28	6.5051	9.6445	7.9311	0.8373	4.2330
2011.04.29	6.4990	9.6348	7.9718	0.8364	4.2311
2011.05.03	6.5002	9.6164	8.0175	0.8368	4.2142
2011.05.04	6.5013	9.6398	8.0288	0.8370	4.2071
2011.05.05	6.5025	9.6413	8.0681	0.8367	4.2091
2011.05.06	6.5003	9.4722	8.0744	0.8363	4.2445
2011.05.09	6.4988	9.3511	8.0520	0.8363	4.2827
2011.05.10	6.4950	9.3112	8.0919	0.8356	4.2925
2011.05.11	6.4948	9.3519	8.0381	0.8357	4.2695
2011.05.12	6.5005	9.2457	8.0199	0.8363	4.2885
2011.05.13	6.5017	9.2457	8.0372	0.8365	4.2942
2011.05.16	6.5089	9.1639	8.0496	0.8374	4.3245
2011.05.17	6.5108	9.2216	8.0395	0.8372	4.3251
2011.05.18	6.5074	9.2769	7.9978	0.8370	4.3197
2011.05.19	6.5048	9.2911	7.9672	0.8367	4.3055
2011.05.20	6.4983	9.2922	7.9514	0.8359	4.3001
2011.05.23	6.4998	9.1777	7.9416	0.8361	4.3342
2011.05.24	6.5038	9.1307	7.9436	0.8362	4.3814
2011.05.25	6.4949	9.1367	7.9076	0.8351	4.3660
2011.05.26	6.4921	9.1724	7.9215	0.8341	4.3714
2011.05.27	6.4898	9.1824	7.9899	0.8338	4.3491
2011.05.30	6.4856	9.2679	8.0168	0.8335	4.3178
2011.05.31	6.4845	9.3215	8.0214	0.8337	4.2809
2011.06.01	6.4837	9.3450	7.9662	0.8337	4.3135
2011.06.02	6.4886	9.3111	8.0022	0.8340	4.3188
2011.06.03	6.4846	9.4040	8.0205	0.8337	4.3004
2011.06.07	6.4816	9.4554	8.0808	0.8332	4.2955
2011.06.08	6.4795	9.5058	8.0822	0.8329	4.2778
2011.06.09	6.4830	9.4684	8.1048	0.8331	4.2795
2011.06.10	6.4853	9.4270	8.0688	0.8334	4.2802
2011.06.13	6.4892	9.3139	8.0686	0.8337	4.3171
2011.06.14	6.4822	9.3263	8.0871	0.8327	4.3111
2011.06.15	6.4796	9.3446	8.0427	0.8324	4.3032
2011.06.16	6.4803	9.1962	8.0117	0.8318	4.3284
2011.06.17	6.4716	9.1978	8.0278	0.8294	4.3424
2011.06.20	6.4696	9.2256	8.0663	0.8301	4.3338
2011.06.21	6.4690	9.2811	8.0686	0.8302	4.3330
2011.06.22	6.4683	9.2949	8.0567	0.8305	4.3245
2011.06.23	6.4736	9.2666	8.0467	0.8311	4.3357
2011.06.24	6.4742	9.2338	8.0400	0.8311	4.3551
2011.06.27	6.4750	9.1356	8.0151	0.8312	4.3726

2011年1月4日以来人民币汇率中间价
Central parity of RMB against major foreign currencies since January 4, 2011

续表

日期 Date	人民币元/美元 RMB yuan/USD	人民币元/欧元 RMB yuan/EUR	人民币元/100日元 RMB yuan/100JPY	人民币元/港元 RMB yuan/HKD	人民币元/卢布 RMB yuan/RUB
2011.06.28	6.4723	9.2538	8.0147	0.8311	4.3586
2011.06.29	6.4718	9.2899	7.9933	0.8313	4.3449
2011.06.30	6.4716	9.3612	8.0243	0.8316	4.3288
2011.07.01	6.4685	9.3644	8.0056	0.8311	4.3175
2011.07.04	6.4661	9.4114	8.0011	0.8310	4.3016
2011.07.05	6.4650	9.3881	7.9958	0.8310	4.3000
2011.07.06	6.4715	9.3465	7.9959	0.8317	4.3131
2011.07.07	6.4732	9.2719	7.9931	0.8317	4.3251
2011.07.08	6.4705	9.2865	7.9603	0.8314	4.3157
2011.07.11	6.4709	9.1864	8.0140	0.8315	4.3357
2011.07.12	6.4748	9.0799	8.0738	0.8313	4.3620
2011.07.13	6.4728	9.0665	8.1450	0.8306	4.3743
2011.07.14	6.4640	9.1996	8.2093	0.8299	4.3283
2011.07.15	6.4665	9.1604	8.1782	0.8300	4.3490
2011.07.18	6.4680	9.1057	8.1863	0.8297	4.3661
2011.07.19	6.4684	9.1373	8.1868	0.8297	4.3838
2011.07.20	6.4592	9.1407	8.1437	0.8289	4.3516
2011.07.21	6.4536	9.2012	8.1924	0.8283	4.3430
2011.07.22	6.4495	9.2815	8.2081	0.8277	4.3048
2011.07.25	6.4503	9.2752	8.2290	0.8279	4.3046
2011.07.26	6.4470	9.2669	8.2342	0.8274	4.2988
2011.07.27	6.4426	9.3556	8.2666	0.8271	4.2682
2011.07.28	6.4438	9.2604	8.2703	0.8269	4.2715
2011.07.29	6.4442	9.2233	8.2846	0.8270	4.2356
2011.08.01	6.4399	9.2599	8.2685	0.8264	4.2941
2011.08.02	6.4419	9.1952	8.3342	0.8268	4.3058
2011.08.03	6.4441	9.1432	8.3403	0.8266	4.3214
2011.08.04	6.4386	9.2423	8.3493	0.8257	4.3197
2011.08.05	6.4451	9.0837	8.1568	0.8261	4.3727
2011.08.08	6.4305	9.2123	8.2295	0.8239	4.3915
2011.08.09	6.4335	9.1092	8.3061	0.8238	4.5018
2011.08.10	6.4167	9.2067	8.3236	0.8221	4.6025
2011.08.11	6.3991	9.0720	8.3132	0.8194	4.6067
2011.08.12	6.3972	9.0866	8.3086	0.8207	4.6370
2011.08.15	6.3950	9.1455	8.3074	0.8205	4.5600
2011.08.16	6.3925	9.2301	8.3187	0.8205	4.4853
2011.08.17	6.3996	9.1959	8.3361	0.8213	4.4951
2011.08.18	6.3942	9.2128	8.3421	0.8207	4.5049
2011.08.19	6.4032	9.1620	8.3283	0.8211	4.5580
2011.08.22	6.3997	9.1957	8.3378	0.8206	4.5594
2011.08.23	6.3987	9.1917	8.3289	0.8204	4.5439
2011.08.24	6.3896	9.2122	8.3149	0.8195	4.5318
2011.08.25	6.3936	9.2151	8.3093	0.8202	4.5314
2011.08.26	6.3950	9.2139	8.2644	0.8203	4.5391
2011.08.29	6.3883	9.2487	8.3219	0.8195	4.5085
2011.08.30	6.3849	9.2670	8.3029	0.8193	4.5097
2011.08.31	6.3867	9.2122	8.3296	0.8192	4.5272
2011.09.01	6.3859	9.1733	8.3031	0.8200	4.5242
2011.09.02	6.3896	9.1231	8.3025	0.8207	4.5376
2011.09.05	6.3926	9.0446	8.3194	0.8204	4.5647
2011.09.06	6.3946	8.9972	8.3117	0.8206	4.6164
2011.09.07	6.3968	8.9699	8.2529	0.8207	4.6321
2011.09.08	6.3889	8.9882	8.2539	0.8197	4.6100
2011.09.09	6.3922	8.8986	8.2411	0.8201	4.6404
2011.09.13	6.3982	8.7252	8.2927	0.8201	4.7300
2011.09.14	6.3945	8.7585	8.3126	0.8195	4.7165
2011.09.15	6.3878	8.7765	8.3245	0.8193	4.7578
2011.09.16	6.3797	8.8362	8.3064	0.8187	4.7609
2011.09.19	6.3848	8.7395	8.2968	0.8192	4.7923
2011.09.20	6.3880	8.7084	8.3280	0.8193	4.8987
2011.09.21	6.3772	8.7435	8.3542	0.8186	4.9187
2011.09.22	6.3808	8.6533	8.3197	0.8186	4.9396
2011.09.23	6.3840	8.6420	8.373	0.8185	4.9793
2011.09.26	6.3735	8.5634	8.3270	0.8170	5.0274
2011.09.27	6.3760	8.5999	8.3505	0.8177	5.0769
2011.09.28	6.3623	8.6324	8.3151	0.8161	4.9764
2011.09.29	6.3665	8.6148	8.3271	0.8166	4.9916
2011.09.30	6.3549	8.6328	8.2978	0.8154	5.0085

九、中央银行公开市场业务
9. Central Bank Open Market Operations

中央银行公开市场业务交易
Central bank open market operations

日期 Date		操作工具 Mode of transaction	招标方式 Mode of bidding	期限品种(天) Maturity (Day)	招标数量(亿元) Bidding amount (RMB 100 million yuan)	实际发行量/买入面额(亿元) Actual issue/ purchasing face value (RMB 100 million yuan)	发行价格(元)/买入金额(亿元) Issue price (RMB yuan)/ purchasing amount (RMB 100 million yuan)	中标利率/参考收益率(%) Interest rate of successful bidding/ reference yield (%)
2011.01.04	周二 Tuesday	中央银行票据 Central bank bills	价格招标 Price bidding	1年 1-year	10	10	97.45	2.6167
2011.01.06	周四 Thursday	中央银行票据 Central bank bills	价格招标 Price bidding	91天 91-day	10	10	99.46	2.1777
2011.01.11	周二 Tuesday	正回购 Reverse repurchase	利率招标 Interest rate bidding	14天 14-day	600	600	0	2.05
		中央银行票据 Central bank bills	价格招标 Price bidding	1年 1-year	10	10	97.35	2.7221
2011.01.13	周四 Thursday	正回购 Reverse repurchase	利率招标 Interest rate bidding	91天 91-day	80	80	0	2.26
		正回购 Reverse repurchase	利率招标 Interest rate bidding	7天 7-day	200	200	0	1.9
		中央银行票据 Central bank bills	价格招标 Price bidding	91天 91-day	30	30	99.44	2.2588
2011.02.10	周四 Thursday	中央银行票据 Central bank bills	价格招标 Price bidding	91天 91-day	10	10	99.35	2.6242
2011.02.15	周二 Tuesday	中央银行票据 Central bank bills	价格招标 Price bidding	1年 1-year	10	10	97.09	2.9972
		正回购 Reverse repurchase	利率招标 Interest rate bidding	28天 28-day	200	200	0	2.35
2011.02.17	周四 Thursday	中央银行票据 Central bank bills	价格招标 Price bidding	91天 91-day	100	100	99.35	2.6242
		正回购 Reverse repurchase	利率招标 Interest rate bidding	91天 91-day	200	200	0	2.63
2011.02.22	周二 Tuesday	中央银行票据 Central bank bills	价格招标 Price bidding	1年 1-year	10	10	97.09	2.9972
2011.02.24	周四 Thursday	中央银行票据 Central bank bills	价格招标 Price bidding	91天 91-day	10	10	99.35	2.6242
		正回购 Reverse repurchase	利率招标 Interest rate bidding	91天 91-day	200	200	0	2.63
2011.03.01	周二 Tuesday	中央银行票据 Central bank bills	价格招标 Price bidding	1年 1-year	10	10	97.09	2.9972
2011.03.03	周四 Thursday	中央银行票据 Central bank bills	价格招标 Price bidding	91天 91-day	10	10	99.35	2.6314
		正回购 Reverse repurchase	利率招标 Interest rate bidding	91天 91-day	400	400	0	2.63

中央银行公开市场业务交易
Central bank open market operations

续表

日期 Date		操作工具 Mode of transaction	招标方式 Mode of bidding	期限品种(天) Maturity (Day)	招标数量(亿元) Bidding amount (RMB 100 million yuan)	实际发行量/买入面额(亿元) Actual issue/ purchasing face value (RMB 100 million yuan)	发行价格(元)/买入金额(亿元) Issue price (RMB yuan)/ purchasing amount (RMB 100 million yuan)	中标利率/参考收益率(%) Interest rate of successful bidding/ reference yield (%)
2011.03.08	周二 Tuesday	中央银行票据 Central bank bills	价格招标 Price bidding	1年 1-year	10	10	97.09	2.9972
		正回购 Reverse repurchase	利率招标 Interest rate bidding	28天 28-day	1 100	1 100	0	2.5
2011.03.10	周四 Thursday	中央银行票据 Central bank bills	价格招标 Price bidding	91天 91-day	320	320	99.31	2.7944
		正回购 Reverse repurchase	利率招标 Interest rate bidding	91天 91-day	720	720	0	2.8
2011.03.15	周二 Tuesday	中央银行票据 Central bank bills	价格招标 Price bidding	1年 1-year	100	100	96.9	3.1992
		正回购 Reverse repurchase	利率招标 Interest rate bidding	28天 28-day	1 100	1 100	0	2.5
2011.03.17	周四 Thursday	正回购 Reverse repurchase	利率招标 Interest rate bidding	91天 91-day	600	600	0	2.8
2011.03.22	周二 Tuesday	中央银行票据 Central bank bills	价格招标 Price bidding	1年 1-year	500	500	96.9	3.1992
		正回购 Reverse repurchase	利率招标 Interest rate bidding	28天 28-day	850	850	0	2.5
2011.03.24	周四 Thursday	中央银行票据 Central bank bills	价格招标 Price bidding	91天 91-day	470	470	99.31	2.7944
		正回购 Reverse repurchase	利率招标 Interest rate bidding	91天 91-day	300	300	0	2.8
2011.03.29	周二 Tuesday	中央银行票据 Central bank bills	价格招标 Price bidding	1年 1-year	990	990	96.9	3.1992
		正回购 Reverse repurchase	利率招标 Interest rate bidding	28天 28-day	1 000	1 000	0	2.5
2011.03.31	周四 Thursday	中央银行票据 Central bank bills	价格招标 Price bidding	91天 91-day	260	260	99.31	2.7944
		正回购 Reverse repurchase	利率招标 Interest rate bidding	91天 91-day	600	600	0	2.8
2011.04.07	周四 Thursday	正回购 Reverse repurchase	利率招标 Interest rate bidding	28天 28-day	970	970	0	2.6
		正回购 Reverse repurchase	利率招标 Interest rate bidding	91天 91-day	100	100	0	2.88
		中央银行票据 Central bank bills	价格招标 Price bidding	1年 1-year	600	600	96.8	3.3058
		中央银行票据 Central bank bills	价格招标 Price bidding	91天 91-day	160	160	99.28	2.9168

中央银行公开市场业务交易
Central bank open market operations

续表

日期 Date		操作工具 Mode of transaction	招标方式 Mode of bidding	期限品种(天) Maturity (Day)	招标数量(亿元) Bidding amount (RMB 100 million yuan)	实际发行量/买入面额(亿元) Actual issue/purchasing face value (RMB 100 million yuan)	发行价格(元)/买入金额(亿元) Issue price (RMB yuan)/purchasing amount (RMB 100 million yuan)	中标利率/参考收益率(%) Interest rate of successful bidding/reference yield (%)
2011.04.12	周二 Tuesday	正回购 Reverse repurchase	利率招标 Interest rate bidding	28天 28-day	1 400	1 400	0	2.6
		中央银行票据 Central bank bills	价格招标 Price bidding	1年 1-year	650	650	96.8	3.3058
2011.04.14	周四 Thursday	正回购 Reverse repurchase	利率招标 Interest rate bidding	91天 91-day	300	300	0	2.88
		中央银行票据 Central bank bills	利率招标 Interest rate bidding	91天 91-day	600	600	99.28	2.9168
2011.04.19	周二 Tuesday	正回购 Reverse repurchase	利率招标 Interest rate bidding	28天 28-day	320	320	0	2.6
		中央银行票据 Central bank bills	价格招标 Price bidding	1年 1-year	550	550	96.8	3.3058
2011.04.21	周四 Thursday	中央银行票据 Central bank bills	价格招标 Price bidding	91天 91-day	100	100	99.28	2.9168
2011.04.26	周二 Tuesday	中央银行票据 Central bank bills	价格招标 Price bidding	1年 1-year	30	30	96.8	3.3058
2011.04.28	周四 Thursday	中央银行票据 Central bank bills	价格招标 Price bidding	91天 91-day	110	110	99.28	2.9168
2011.05.03	周二 Tuesday	正回购 Reverse repurchase	利率招标 Interest rate bidding	28天 28-day	330	330	0	2.6
		中央银行票据 Central bank bills	价格招标 Price bidding	1年 1-year	520	520	96.8	3.3058
2011.05.05	周四 Thursday	中央银行票据 Central bank bills	价格招标 Price bidding	91天 91-day	60	60	99.28	2.9168
2011.05.10	周二 Tuesday	正回购 Reverse repurchase	价格招标 Price bidding	28天 28-day	800	800	0	2.6
		中央银行票据 Central bank bills	价格招标 Price bidding	1年 1-year	300	300	96.8	3.3058
2011.05.12	周四 Thursday	中央银行票据 Central bank bills	利率招标 Interest rate bidding	3年 3-year	400	400	100	3.8
		中央银行票据 Central bank bills	价格招标 Price bidding	91天 91-day	500	500	99.28	2.9168
		正回购 Reverse repurchase	利率招标 Interest rate bidding	91天 91-day	100	100	0	2.88
2011.05.17	周二 Tuesday	正回购 Reverse repurchase	利率招标 Interest rate bidding	28天 28-day	30	30	0	2.6
		中央银行票据 Central bank bills	价格招标 Price bidding	1年 1-year	70	70	96.8	3.3058
2011.05.19	周四 Thursday	中央银行票据 Central bank bills	价格招标 Price bidding	91天 91-day	200	200	99.28	2.9168

中央银行公开市场业务交易
Central bank open market operations

续表

日期 Date		操作工具 Mode of transaction	招标方式 Mode of bidding	期限品种(天) Maturity (Day)	招标数量(亿元) Bidding amount (RMB 100 million yuan)	实际发行量/买入面额(亿元) Actual issue/purchasing face value (RMB 100 million yuan)	发行价格(元)/买入金额(亿元) Issue price (RMB yuan)/purchasing amount (RMB 100 million yuan)	中标利率/参考收益率(%) Interest rate of successful bidding/reference yield (%)
2011.05.24	周二 Tuesday	中央银行票据 Central bank bills	价格招标 Price bidding	1年 1-year	30	30	96.8	3.3058
2011.05.26	周四 Thursday	中央银行票据 Central bank bills	价格招标 Price bidding	91天 91-day	10	10	99.28	2.9168
2011.05.31	周二 Tuesday	中央银行票据 Central bank bills	利率招标 Interest rate bidding	1年 1-year	30	30	96.8	3.3058
2011.06.02	周四 Thursday	中央银行票据 Central bank bills	价格招标 Price bidding	91天 91-day	150	150	99.28	2.9168
		中央银行票据 Central bank bills	利率招标 Interest rate bidding	3年 3-year	230	230	100	3.8
2011.06.07	周二 Tuesday	正回购 Reverse repurchase	利率招标 Interest rate bidding	28天 28-day	1 000	1 000	0	2.6
		中央银行票据 Central bank bills	价格招标 Price bidding	1年 1-year	20	20	96.8	3.3058
2011.06.09	周四 Thursday	正回购 Reverse repurchase	利率招标 Interest rate bidding	91天 91-day	100	100	0	2.88
		中央银行票据 Central bank bills	价格招标 Price bidding	91天 91-day	270	270	99.28	2.9168
2011.06.14	周二 Tuesday	中央银行票据 Central bank bills	价格招标 Price bidding	1年 1-year	10	10	96.8	3.3058
2011.06.16	周四 Thursday	中央银行票据 Central bank bills	价格招标 Price bidding	91天 91-day	10	10	99.26	2.9985
2011.06.21	周二 Tuesday	中央银行票据 Central bank bills	价格招标 Price bidding	1年 1-year	10	10	96.71	3.4019
2011.06.28	周二 Tuesday	中央银行票据 Central bank bills	价格招标 Price bidding	1年 1-year	20	20	96.62	3.4982
2011.06.30	周四 Thursday	中央银行票据 Central bank bills	利率招标 Interest rate bidding	3年 3-year	150	150	100	3.89
		中央银行票据 Central bank bills	价格招标 Price bidding	91天 91-day	50	50	99.24	3.0801
2011.07.05	周二 Tuesday	正回购 Reverse repurchase	利率招标 Interest rate bidding	28天 28-day	220	220	0	2.8
		中央银行票据 Central bank bills	价格招标 Price bidding	1年 1-year	20	20	96.62	3.4982
2011.07.07	周四 Thursday	正回购 Reverse repurchase	利率招标 Interest rate bidding	91天 91-day	600	600	0	3.08
		中央银行票据 Central bank bills	价格招标 Price bidding	91天 91-day	300	300	99.24	3.0801

中央银行公开市场业务交易
Central bank open market operations

续表

日期 Date		操作工具 Mode of transaction	招标方式 Mode of bidding	期限品种(天) Maturity (Day)	招标数量(亿元) Bidding amount (RMB 100 million yuan)	实际发行量/买入面额(亿元) Actual issue/purchasing face value (RMB 100 million yuan)	发行价格(元)/买入金额(亿元) Issue price (RMB yuan)/purchasing amount (RMB 100 million yuan)	中标利率/参考收益率(%) Interest rate of successful bidding/reference yield (%)
2011.07.12	周二 Tuesday	正回购 Reverse repurchase	利率招标 Interest rate bidding	28天 28-day	990	990	0	2.8
		中央银行票据 Central bank bills	价格招标 Price bidding	1年 1-year	110	110	96.62	3.4982
2011.07.14	周四 Thursday	正回购 Reverse repurchase	利率招标 Interest rate bidding	91天 91-day	500	500	0	3.08
		中央银行票据 Central bank bills	价格招标 Price bidding	91天 91-day	460	460	99.24	3.0801
		中央银行票据 Central bank bills	利率招标 Interest rate bidding	3年 3-year	50	50	100	3.89
2011.07.19	周二 Tuesday	正回购 Reverse repurchase	利率招标 Interest rate bidding	28天 28-day	250	250	0	2.8
		中央银行票据 Central bank bills	价格招标 Price bidding	1年 1-year	50	50	96.62	3.4982
2011.07.21	周四 Thursday	中央银行票据 Central bank bills	价格招标 Price bidding	91天 91-day	60	60	99.24	3.0801
2011.07.26	周二 Tuesday	中央银行票据 Central bank bills	价格招标 Price bidding	1年 1-year	10	10	96.62	3.4982
2011.07.28	周四 Thursday	中央银行票据 Central bank bills	价格招标 Price bidding	91天 91-day	10	10	99.24	3.0801
2011.08.02	周二 Tuesday	中央银行票据 Central bank bills	价格招标 Price bidding	1年 1-year	10	10	96.62	3.4982
2011.08.04	周四 Thursday	中央银行票据 Central bank bills	价格招标 Price bidding	91天 91-day	10	10	99.24	3.0801
2011.08.09	周二 Tuesday	中央银行票据 Central bank bills	价格招标 Price bidding	28天 28-day	830	830	0	2.8
		中央银行票据 Central bank bills	利率招标 Interest rate bidding	1年 1-year	20	20	96.62	3.4982
2011.08.11	周四 Thursday	正回购 Reverse repurchase	利率招标 Interest rate bidding	91天 91-day	300	300	0	3.08
		中央银行票据 Central bank bills	价格招标 Price bidding	91天 91-day	70	70	99.24	3.0801
2011.08.16	周二 Tuesday	正回购 Reverse repurchase	利率招标 Interest rate bidding	28天 28-day	290	290	0	2.8
		中央银行票据 Central bank bills	价格招标 Price bidding	1年 1-year	50	50	96.54	3.5840

中央银行公开市场业务交易
Central bank open market operations

续表

日期 Date		操作工具 Mode of transaction	招标方式 Mode of bidding	期限品种(天) Maturity (Day)	招标数量(亿元) Bidding amount (RMB 100 million yuan)	实际发行量/买入面额(亿元) Actual issue/purchasing face value (RMB 100 million yuan)	发行价格(元)/买入金额(亿元) Issue price (RMB yuan)/purchasing amount (RMB 100 million yuan)	中标利率/参考收益率(%) Interest rate of successful bidding/reference yield (%)
2011.08.18	周四 Thursday	正回购 Reverse repurchase	利率招标 Interest rate bidding	91天 91-day	90	90	0	3.16
		中央银行票据 Central bank bills	价格招标 Price bidding	91天 91-day	70	70	99.22	3.1618
		中央银行票据 Central bank bills	利率招标 Interest rate bidding	3年 3-year	10	10	100	3.97
2011.08.23	周二 Tuesday	中央银行票据 Central bank bills	价格招标 Price bidding	1年 1-year	30	30	96.54	3.5840
2011.08.25	周四 Thursday	正回购 Reverse repurchase	利率招标 Interest rate bidding	91天 91-day	30	30	0	3.16
		中央银行票据 Central bank bills	价格招标 Price bidding	91天 91-day	30	30	99.22	3.1618
2011.08.30	周二 Tuesday	中央银行票据 Central bank bills	价格招标 Price bidding	1年 1-year	10	10	96.54	3.5840
2011.09.01	周四 Thursday	中央银行票据 Central bank bills	价格招标 Price bidding	91天 91-day	10	10	99.22	3.1618
2011.09.06	周二 Tuesday	正回购 Reverse repurchase	利率招标 Interest rate bidding	7天 7-day	200	200	0	2.7
		正回购 Reverse repurchase	利率招标 Interest rate bidding	28天 28-day	490	490	0	2.8
		中央银行票据 Central bank bills	价格招标 Price bidding	1年 1-year	30	30	96.54	3.5840
2011.09.08	周四 Thursday	中央银行票据 Central bank bills	价格招标 Price bidding	91天 91-day	40	40	99.22	3.1618
2011.09.13	周二 Tuesday	正回购 Reverse repurchase	利率招标 Interest rate bidding	7天 7-day	800	800	0	2.7
		正回购 Reverse repurchase	利率招标 Interest rate bidding	28天 28-day	300	300	0	2.8
		中央银行票据 Central bank bills	价格招标 Price bidding	1年 1-year	100	100	96.54	3.5840
2011.09.15	周四 Thursday	正回购 Reverse repurchase	利率招标 Interest rate bidding	91天 91-day	100	100	0	3.16
		中央银行票据 Central bank bills	价格招标 Price bidding	91天 91-day	20	20	99.22	3.1618
2011.09.20	周二 Tuesday	正回购 Reverse repurchase	利率招标 Interest rate bidding	7天 7-day	300	300	0	2.7
		中央银行票据 Central bank bills	价格招标 Price bidding	1年 1-year	10	10	96.54	3.5840

中央银行公开市场业务交易
Central bank open market operations

续表

日期 Date		操作工具 Mode of transaction	招标方式 Mode of bidding	期限品种(天) Maturity (Day)	招标数量(亿元) Bidding amount (RMB 100 million yuan)	实际发行量/买入面额(亿元) Actual issue/purchasing face value (RMB 100 million yuan)	发行价格(元)/买入金额(亿元) Issue price (RMB yuan)/purchasing amount (RMB 100 million yuan)	中标利率/参考收益率(%) Interest rate of successful bidding/reference yield (%)
2011.09.22	周四 Thursday	中央银行票据 Central bank bills	价格招标 Price bidding	91天 91-day	10	10	99.22	3.1618
2011.09.27	周二 Tuesday	中央银行票据 Central bank bills	价格招标 Price bidding	1年 1-year	20	20	96.54	3.5840
2011.09.29	周四 Thursday	中央银行票据 Central bank bills	价格招标 Price bidding	91天 91-day	20	20	99.22	3.1618

附录四 世界主要经济体经济和金融指标

Appendix 4 Economic and Financial Indicators of Major Economies

一、经济增长率

1. Economic Growth Rate

世界经济增长率

World economic growth rate

单位：% Unit: %

		2008	2009	2010	2011年6月预计 Projection in June, 2011		2011年9月预计 Projection in September, 2011	
					2011	2012	2011	2012
国际货币基金组织 IMF	按购买力平价方法计算的实际GDP增长率 Real GDP growth rate based on PPP	3.0	-0.7	5.1	4.3	4.5	4.0	4.0
	按市场汇率法计算的实际GDP增长率 Real GDP growth rate based on market exchange rate	1.8	-2.3	4.0	3.4	3.7	3.0	3.2
世界银行 World Bank	按2000年不变价及市场汇率法计算的实际GDP增长率 Real GDP growth rate based on 2000 constant price and market exchange rate	1.5	-2.2	3.8	3.2	3.6	—	—

数据来源：国际货币基金组织《世界经济展望》（2011年9月），世界银行《全球经济展望》（2011年6月）。

Source : *World Economic Outlook*, IMF, September, 2011; *Global Economic Prospects Forecast*, The World Bank, Jnue, 2011.

世界经济增长率

World economic growth rate

单位：% Unit: %

年 Year	国际货币基金组织按购买力平价方法计算的实际GDP增长率 Real GDP growth rate based on PPP (IMF)	国际货币基金组织按市场汇率法计算的实际GDP增长率 Real GDP growth rate based on market exchange rate (IMF)
1984	4.6	4.6
1985	3.6	3.6
1986	3.5	3.3
1987	3.7	3.5
1988	4.5	4.5
1989	3.7	3.7
1990	2.9	2.8
1991	1.5	1.0
1992	2.0	1.2
1993	2.0	1.2
1994	3.4	3.0
1995	3.3	2.9
1996	3.7	3.2
1997	4.0	3.5
1998	2.5	2.1
1999	3.5	3.1
2000	4.7	4.1
2001	2.2	1.5
2002	2.8	1.9
2003	3.6	2.6
2004	4.9	4.0
2005	4.4	3.4
2006	5.1	3.9
2007	5.2	3.7
2008	3.0	1.8
2009	-0.7	-2.3
2010	5.1	4.0
2011*	4.0	3.0
2012*	4.0	3.2

注：* 为预测数。

Note: * Projection.

世界经济增长

World economic growth

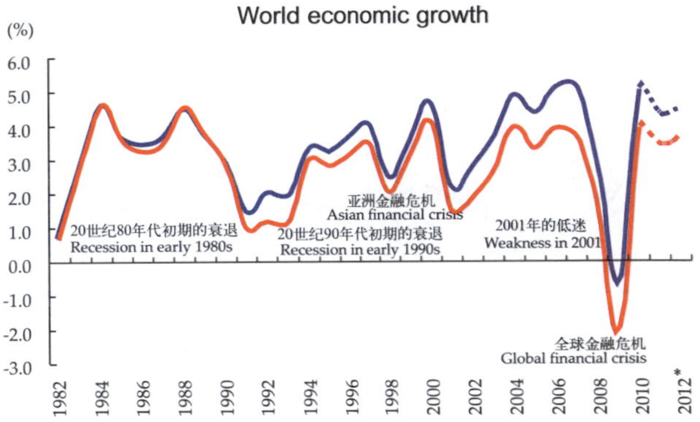

国际货币基金组织按购买力平价方法计算的实际GDP增长率 Real GDP growth rate based on PPP (IMF)

国际货币基金组织按市场汇率法计算的实际GDP增长率 Real GDP growth rate based on market exchange rate (IMF)

注：* 为预测数。

Note: * Projection.

GDP年度增长率
Annual growth rate of GDP

单位：% Unit: %

年 Year	美国 U.S.	日本 Japan	欧元区 Euro Area	英国 U.K.
2000	3.7	2.9	3.8	3.8
2001	0.8	0.2	1.9	2.4
2002	1.6	0.3	0.9	2.1
2003	2.5	1.4	0.8	2.8
2004	3.6	2.7	2.1	3.3
2005	2.9	1.9	1.6	1.8
2006	2.8	2.4	2.8	2.8
2007	2.1	2.3	2.7	2.6
2008	0.0	-1.2	0.5	-0.1
2009	-3.5	-6.3	-4.3	-4.9
2010	3.0	4.0	1.8	1.4
2011*	1.5	-0.5	1.6	1.1
2012*	1.8	2.3	1.1	1.6

注：*为预测数。
Note: *Projection.

GDP季度同比增长率
Year-on-year growth rate of GDP

单位：% Unit: %

年/季 Year/Quarter	美国 U.S.	日本 Japan	欧元区 Euro Area	英国 U.K.
2007Q4	1.7	1.6	2.1	2.4
2008Q1	-1.8	1.4	2.1	1.9
2008Q2	1.3	-0.1	1.4	1.0
2008Q3	-3.7	-0.6	0.6	-0.4
2008Q4	-8.9	-4.7	-1.5	-2.7
2009Q1	-6.7	-9.4	-4.9	-5.4
2009Q2	-0.7	-6.6	-4.8	-5.9
2009Q3	1.7	-5.6	-4.0	-5.3
2009Q4	3.8	-0.5	-2.0	-2.8
2010Q1	3.9	4.8	0.8	-0.3
2010Q2	3.8	4.4	2.0	1.6
2010Q3	2.5	5.4	2.0	2.5
2010Q4	2.3	3.1	1.9	1.5
2011Q1	0.4	-0.2	2.4	1.6
2011Q2	1.3	-1.7	1.7	0.6
2011Q3	1.8	-0.7	1.4	0.5

GDP年度增长率
Annual growth rate of GDP

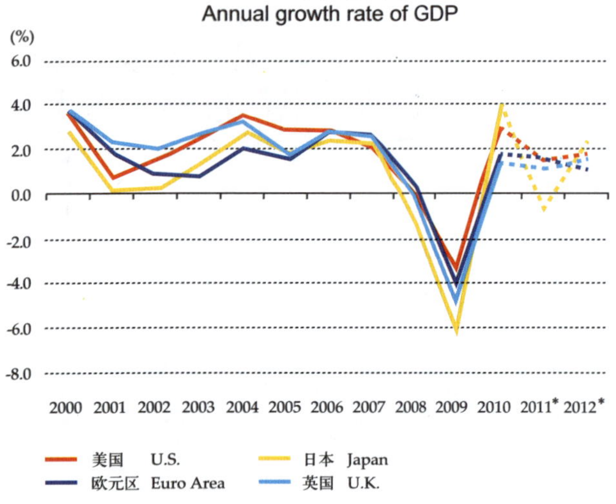

注：*为预测数。
Note: * Projection.
数据来源：国际货币基金组织《世界经济展望》(2011年9月)。
Source: *World Economic Outlook*, IMF, September, 2011.

GDP季度同比增长率
Year-on-year growth rate of GDP

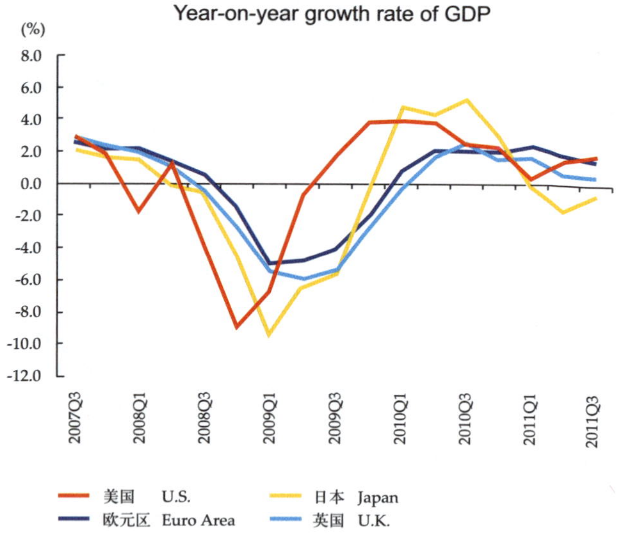

注：美国GDP增长率为环比折年率季节调整后的数据，折年率方法为 $[(GDP_1/GDP_0)^4-1]\times100$。
Note: The U.S. GDP growth rate is an annualized rate after a seasonal adjustment. It can be written as $[(GDP_1/GDP_0)^4-1]\times100$.
数据来源：各经济体官方统计网站。
Source: Official Statistical Websites of the Economies.

二、消费价格指数
2. CPI

消费价格当月同比指数
Monthly CPI (YOY)

单位：% Unit: %

年/月 Year/Month	美国 U.S.	日本 Japan	欧元区 Euro Area	英国 U.K.
2010.07	1.3	-0.9	1.7	3.1
2010.08	1.2	-0.9	1.6	3.1
2010.09	1.1	-0.6	1.9	3.1
2010.10	1.2	0.2	1.9	3.2
2010.11	1.1	0.1	1.9	3.3
2010.12	1.4	0.0	2.2	3.7
2011.01	1.7	-0.6	2.3	4.0
2011.02	2.2	-0.5	2.4	4.4
2011.03	2.7	-0.5	2.7	4.0
2011.04	3.1	-0.4	2.8	4.5
2011.05	3.4	-0.4	2.7	4.5
2011.06	3.4	-0.4	2.7	4.2
2011.07	3.6	0.2	2.5	4.4
2011.08	3.8	0.2	2.5	4.5
2011.09	3.9	0.0	3.0	5.2

数据来源：各经济体官方统计网站，日本数据调整为以2010年为基期。
Source: Official Statistical Websites of the Economies. The CPI of Japan is based on the year of 2011 since this time.

消费价格当月同比指数
Monthly CPI (YOY)

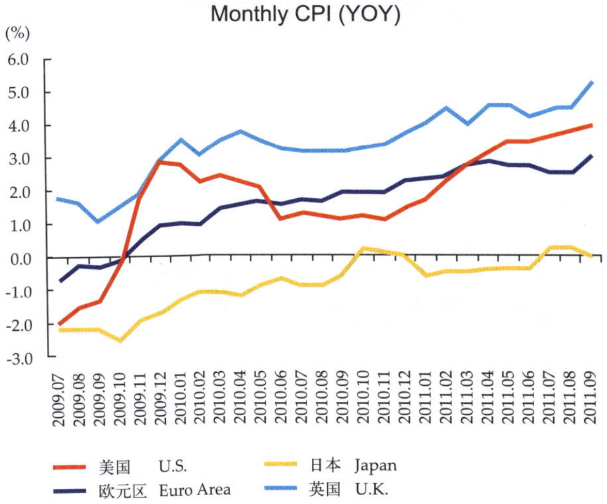

数据来源：各经济体官方统计网站。
Source: Official Statistical Websites of the Economies.

三、失业率
3. Unemployment Rate

失业率（季节调整后）
Unemployment rate
(after seasonal adjustment)

单位：% Unit: %

年/月 Year/Month	美国 U.S.	日本 Japan	欧元区 Euro Area	英国 U.K.
2010.07	9.5	5.1	10.1	7.7
2010.08	9.6	5.0	10.1	7.7
2010.09	9.6	5.0	10.1	7.7
2010.10	9.7	5.1	10.1	7.9
2010.11	9.8	5.1	10.1	7.9
2010.12	9.4	4.9	10.0	7.9
2011.01	9.0	4.9	10.0	7.7
2011.02	8.9	4.6	10.0	7.7
2011.03	8.8	4.6	10.0	7.7
2011.04	9.0	4.7	9.9	7.9
2011.05	9.1	4.5	10.0	7.9
2011.06	9.2	4.6	10.0	7.9
2011.07	9.1	4.7	10.1	8.3
2011.08	9.1	4.3	10.1	8.3
2011.09	9.1	4.1	10.2	8.3

数据来源：各经济体官方统计网站。
Source: Official Statistical Websites of the Economies.

失业率（季节调整后）
Unemployment rate
(after seasonal adjustment)

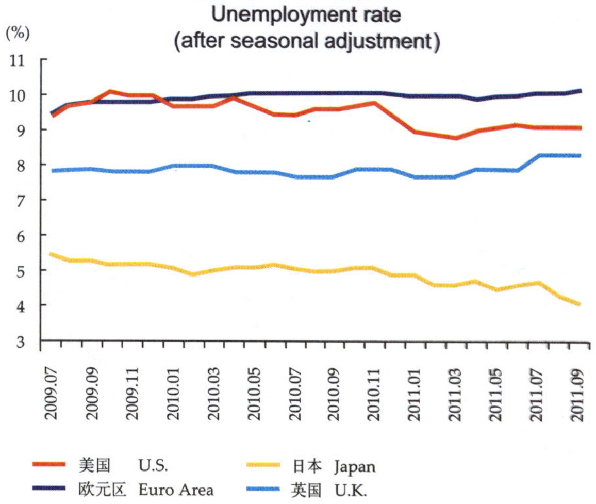

数据来源：各经济体官方统计网站。
Source: Official Statistical Websites of the Economies.

四、国际收支
4. BOP

经常项目差额
Current account balance

单位：10亿美元
Unit: USD billion

年/季 Year/Quarter	美国 U.S.	日本 Japan	欧元区 Euro Area	英国 U.K.
2006Q3	-229.98	45.55	2.06	-24.58
2006Q4	-188.44	42.97	26.49	-21.39
2007Q1	-179.42	57.19	8.08	-22.30
2007Q2	-190.21	46.41	-5.54	-17.85
2007Q3	-183.96	58.23	13.76	-25.57
2007Q4	-164.50	48.66	12.55	-5.36
2008Q1	-151.72	62.55	-51.44	-1.47
2008Q2	-175.36	36.73	-68.30	-13.33
2008Q3	-191.63	38.98	-54.52	-15.07
2008Q4	-150.15	18.38	-42.63	-11.29
2009Q1	-80.22	27.07	-41.29	-7.08
2009Q2	-83.15	33.42	-39.96	-16.78
2009Q3	-110.83	43.68	8.35	-9.73
2009Q4	-103.20	38.02	20.98	-3.46
2010Q1	-97.32	55.50	-28.20	-17.98
2010Q2	-122.09	39.25	-22.82	-15.58
2010Q3	-139.54	56.83	-9.29	-19.99
2010Q4	-111.96	44.17	4.34	-18.05
2011Q1	-94.88	48.44	-41.29	-18.41
2011Q2	-121.35	18.81	-29.95	—

资本项目差额
Capital account balance

单位：10亿美元
Unit: USD billion

年/季 Year/Quarter	美国 U.S.	日本 Japan	欧元区 Euro Area	英国 U.K.
2006Q3	0.00	-0.30	3.98	0.91
2006Q4	-0.08	-0.71	5.59	0.99
2007Q1	0.00	-2.09	5.22	0.71
2007Q2	0.44	-0.18	3.89	0.91
2007Q3	-0.06	-0.60	3.64	1.26
2007Q4	0.00	-1.16	-6.74	2.29
2008Q1	-0.01	-1.54	6.76	1.83
2008Q2	-0.02	-0.72	2.93	1.93
2008Q3	6.04	-1.10	2.39	1.12
2008Q4	-0.01	-2.11	2.21	1.17
2009Q1	-0.02	-1.04	2.70	1.05
2009Q2	-0.03	-0.76	2.47	1.43
2009Q3	-0.04	-1.98	1.89	1.25
2009Q4	-0.06	-1.21	1.58	1.41
2010Q1	0.00	-1.34	3.21	1.63
2010Q2	0.00	-0.75	1.22	1.22
2010Q3	-0.15	-1.91	0.97	0.85
2010Q4	0.00	-0.96	1.40	1.30
2011Q1	-0.03	-2.04	3.28	0.93
2011Q2	-0.82	-0.06	1.00	—

经常项目差额
Current account balance

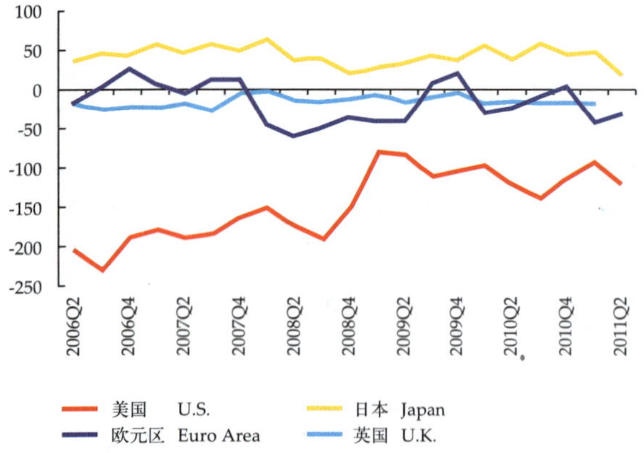

数据来源：国际货币基金组织《国际金融统计》(2011年12月)。
Source: *International Finance Statistics*, IMF, December, 2011.

资本项目差额
Capital account balance

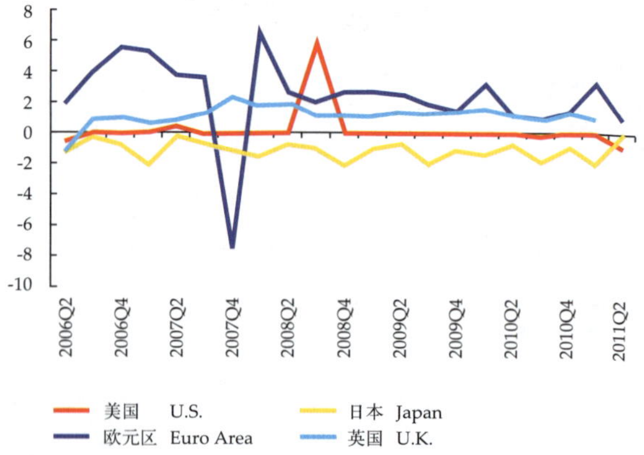

数据来源：国际货币基金组织《国际金融统计》(2011年12月)。
Source: *International Finance Statistics*, IMF, December, 2011.

金融项目差额
Financial account balance

单位：10亿美元
Unit: USD billion

年/季 Year/Quarter	美国 U.S.	日本 Japan	欧元区 Euro Area	英国 U.K.
2006Q3	239.97	-28.39	-6.56	25.70
2006Q4	217.84	-19.30	-44.92	31.05
2007Q1	239.17	-59.10	-9.21	4.20
2007Q2	171.19	-36.70	-6.93	9.77
2007Q3	64.58	-50.32	15.29	11.36
2007Q4	163.33	-41.12	-17.57	27.18
2008Q1	155.47	-66.17	49.35	-11.24
2008Q2	153.14	-37.24	59.00	9.92
2008Q3	137.71	-28.34	78.00	16.74
2008Q4	136.39	-40.88	50.05	25.59
2009Q1	1.41	-63.40	45.61	-6.83
2009Q2	15.20	-20.55	35.28	30.80
2009Q3	99.56	-28.18	40.24	44.43
2009Q4	179.29	-18.02	-20.09	2.72
2010Q1	25.97	-61.60	23.82	4.89
2010Q2	23.50	-17.14	18.84	19.62
2010Q3	162.93	-40.75	15.67	14.45
2010Q4	43.72	-11.38	15.99	24.61
2011Q1	149.46	-39.64	37.42	6.95
2011Q2	27.09	11.01	23.34	—

金融项目差额
Financial account balance

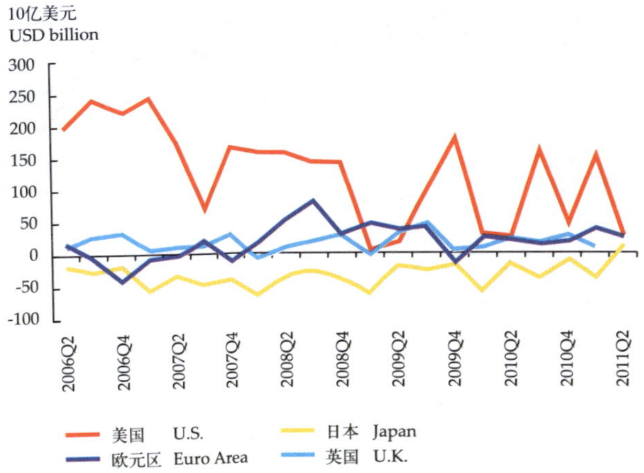

数据来源：国际货币基金组织《国际金融统计》(2011年12月)。
Source: *International Finance Statistics*, IMF, December, 2011.

五、利率

5. Interest Rates

1.中央银行目标利率

(1) Central bank base rates

中央银行目标利率
Central bank base rates

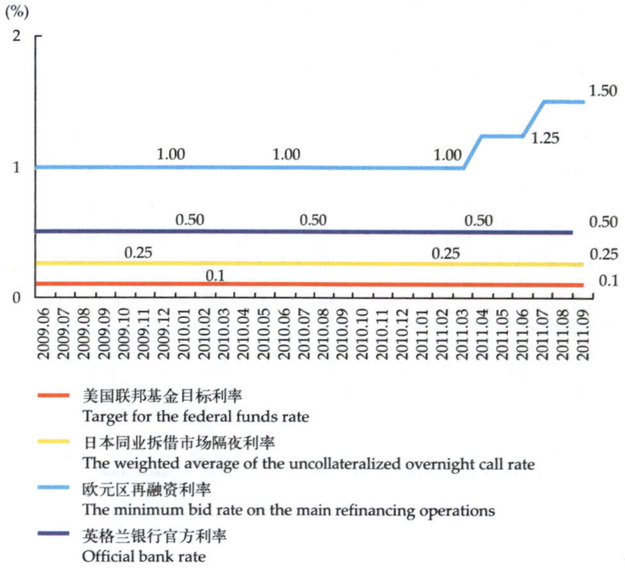

数据来源：各经济体中央银行网站。
Source: Central Bank Websites of the Economies.

2. 短期利率

(2) Short-term interest rates

3个月期银行间市场拆借利率（年率，月平均）
3-month inter-bank rate (annualized, monthly average)

单位：% Unit: %

年/月 Year/Month	美元 USD	日元 JPY	欧元 EUR	英镑 GBP
2010.07	0.51	0.24	0.85	0.75
2010.08	0.36	0.24	0.90	0.75
2010.09	0.29	0.22	0.88	0.75
2010.10	0.29	0.20	1.00	0.75
2010.11	0.29	0.19	1.04	0.75
2010.12	0.30	0.18	1.02	0.76
2011.01	0.30	0.19	1.02	0.78
2011.02	0.31	0.19	1.09	0.78
2011.03	0.31	0.20	1.18	0.78
2011.04	0.28	0.20	1.32	0.80
2011.05	0.26	0.20	1.43	0.80
2011.06	0.25	0.20	1.49	0.85
2011.07	0.25	0.20	1.60	0.86
2011.08	0.29	0.19	1.55	0.89
2011.09	0.35	0.19	1.54	0.97

3. 长期利率

(3) Long-term interest rates

10年期国债收益率（年率，月平均）
10-year government bond yield (annualized, monthly average)

单位：% Unit: %

年/月 Year/Month	美元 USD	日元 JPY	欧元 EUR	英镑 GBP
2010.07	3.01	1.12	3.62	3.61
2010.08	2.70	1.06	3.44	3.32
2010.09	2.65	1.05	3.50	3.22
2010.10	2.54	0.84	3.34	3.17
2010.11	2.76	0.97	3.73	3.43
2010.12	3.29	1.19	4.07	3.72
2011.01	3.39	1.21	3.94	3.84
2011.02	3.59	1.24	4.48	4.00
2011.03	3.42	1.31	4.49	3.85
2011.04	3.46	1.30	4.66	3.87
2011.05	3.17	1.13	4.37	3.61
2011.06	3.00	1.17	4.37	3.53
2011.07	3.00	1.17	4.59	3.43
2011.08	2.30	1.04	4.21	2.87
2011.09	1.98	1.08	4.04	2.56

3个月期银行间市场拆借利率（年率，月平均）
3-month inter-bank rate
(annualized, monthly average)

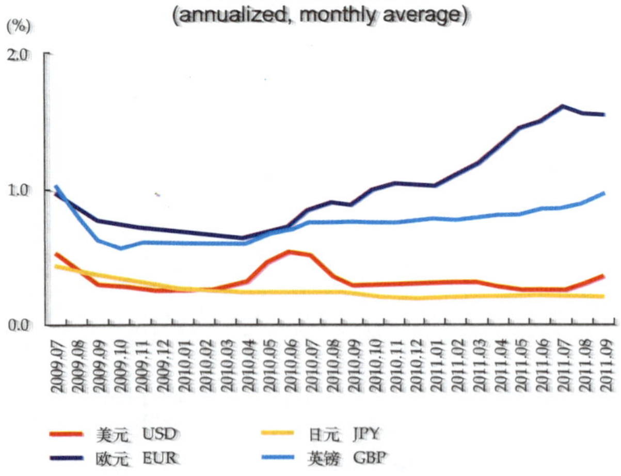

数据来源：《欧洲中央银行统计月报》及CEIC。
Source: *Monthly Bulletin of ECB*, CEIC.

10年期国债收益率（年率，月平均）
10-year government bond yield
(annualized, monthly average)

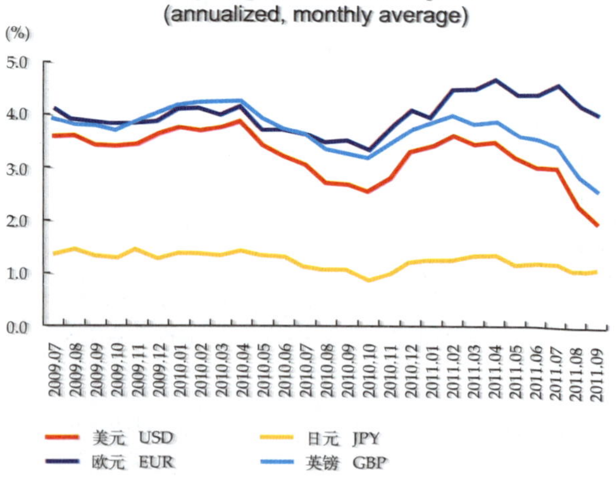

数据来源：CEIC。
Source: CEIC.

六、汇率
6. Exchange Rates

汇率（月平均）
Exchange rates (monthly average)

年/月 Year/Month	美元/欧元 USD/EUR	美元/英镑 USD/GBP	日元/美元 JPY/USD
2010.07	1.2778	1.5291	87.71
2010.08	1.2891	1.5661	85.47
2010.09	1.3069	1.5574	84.39
2010.10	1.3897	1.5858	81.87
2010.11	1.3654	1.5970	82.48
2010.12	1.3219	1.5621	83.43
2011.01	1.3360	1.5774	82.61
2011.02	1.3649	1.6124	82.50
2011.03	1.3999	1.6168	81.79
2011.04	1.4442	1.6343	83.35
2011.05	1.4348	1.6320	81.26
2011.06	1.4388	1.6369	80.51
2011.07	1.4251	1.6125	79.40
2011.08	1.4342	1.6373	77.22
2011.09	1.3749	1.5785	76.84

实际有效汇率（月平均，2005年=100）
Real effective exchange rates (monthly average, year 2005=100)

年/月 Year/Month	美元 USD	欧元 EUR	日元 JPY	英镑 GBP
2010.07	92.7	94.9	104.2	85.3
2010.08	91.8	94.4	105.6	86.5
2010.09	90.9	94.8	106.5	84.9
2010.10	88.0	98.2	106.7	81.1
2010.11	88.3	96.7	105.7	82.7
2010.12	89.5	94.5	104.8	83.1
2011.01	88.5	94.3	104.5	83.5
2011.02	87.7	95.1	103.4	86.3
2011.03	86.8	96.8	103.1	85.1
2011.04	85.5	98.4	99.4	84.2
2011.05	85.5	97.4	101.7	84.3
2011.06	85.1	97.6	102.2	83.5
2011.07	84.5	96.3	103.2	83.4
2011.08	84.8	96.7	105.6	84.5
2011.09	87.5	96.0	107.5	82.2

汇率（月平均）
Exchange rates (monthly average)

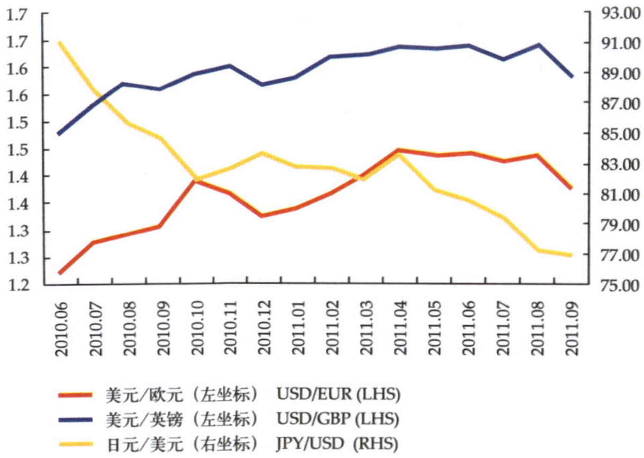

数据来源：国际货币基金组织《国际金融统计》(2011年12月)。
Source: *International Finance Statistics*, IMF, December, 2011.

实际有效汇率（月平均，2005年=100）
Real effective exchange rates (monthly average, year 2005=100)

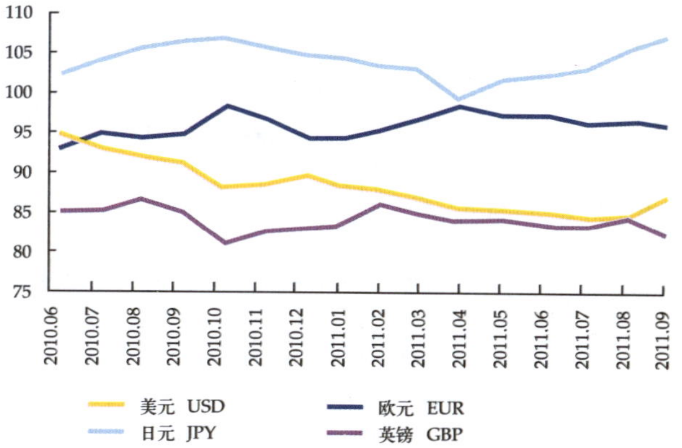

数据来源：国际货币基金组织《国际金融统计》(2011年12月)。
Source: *International Finance Statistics*, IMF, December, 2011.

七、股票市场指数
7. Stock Market Indices

主要股票市场指数（期末）
Major stock market indices (end-period)

年/月 Year/Month	美国道琼斯30种股票平均价格指数 Dow Jones 30	纳斯达克综合指数 NASDAQ	日本日经225种股票平均价格指数 Nikkei 225	道琼斯欧元区STOXX50股票指数 Dow Jones EURO STOXX 50
2010.07	10 466	2 255	9 537	2 742
2010.08	10 015	2 114	8 824	2 623
2010.09	10 788	2 369	9 369	2 748
2010.10	11 118	2 507	9 202	2 845
2010.11	11 006	2 498	9 937	2 651
2010.12	11 578	2 653	10 229	2 793
2011.01	11 892	2 700	10 238	2 954
2011.02	12 226	2 782	10 624	3 013
2011.03	12 320	2 781	9 755	2 911
2011.04	12 811	2 874	9 850	3 011
2011.05	12 570	2 835	9 694	2 862
2011.06	12 414	2 774	9 816	2 849
2011.07	12 143	2 756	9 833	2 670
2011.08	11 614	2 579	8 955	2 302
2011.09	10 913	2 415	8 700	2 180

主要股票市场指数（期末）
Major stock market indices (end-period)

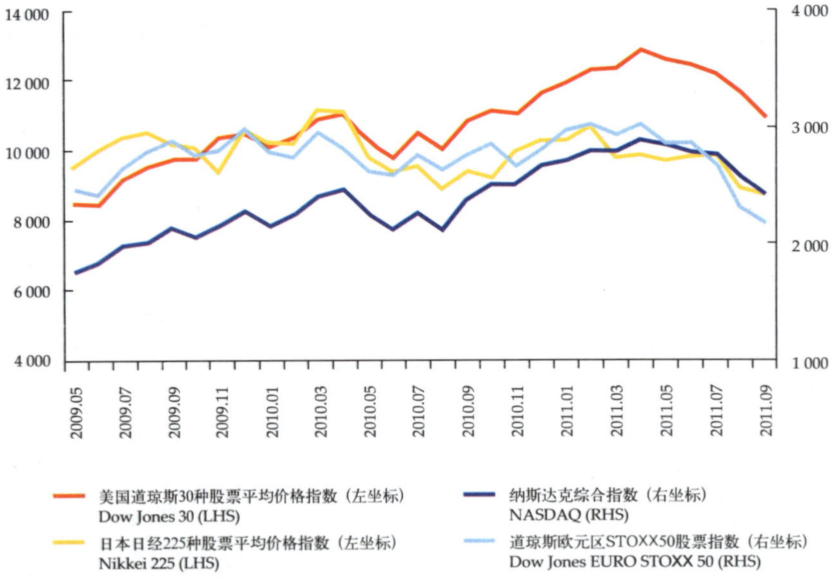